颐明遗文集

池鹏签

顾明远文集

第四卷

教师教育
教育对话录

顾明远 著

乔鹤 整理

北京师范大学出版集团
BEIJING NORMAL UNIVERSITY PUBLISHING GROUP
北京师范大学出版社

目　录

教师教育

教育对话录

教师教育

重视师范教育 提高师资质量[*]

科学技术现代化是实现"四个现代化"的关键，而科学技术人才的培养，基础在教育。但是如何才能办好教育呢？提高教育质量的关键在哪里？我们认为，关键就是要有一批既热爱教育事业又懂得教育规律的人来办教育，要有一支高质量的教师队伍。建立这样一支教育干部和教师队伍，毫无疑义，师范教育肩负着重要的任务。所以，有人把师范教育比作教育事业中的"工作母机"，不是没有道理的。师范教育质量的高低，也就是培养出来的师资质量的好坏，直接影响中小学教育的质量，进而影响到高等教育的发展和提高，也影响到建设"四个现代化"的人才的培养。

世界工业化国家都十分重视师范教育，对中小学教师有严格的要求，并且采取措施不断提高他们的教学质量。拿日本来说，第二次世界大战前，小学教师和中学教师分别在中等师范和高等师范学校培养。第二次世界大战后，它模仿美国教育制度，自1947年以后，这些学校都升格为高等教育机构，在各都、道、府、县设置了国立教育大学或在综合性大学中设教育学部，要求学生学完非教育学科的课程后，再学习教育专业课程。这样，小学教师至少需要受过两年或两年以上的高等教育，

---

* 原载《人民教育》，1979年第4期。

中学教师必须受过四年的高等教育，并且要由各级教育委员会对学习合格的人颁发"教育许可证"，然后才能当教师。法国和德国对教师的要求更为严格。法国的小学教师要由师范学校培养。这种师范学校招收中学毕业会考及格的学生，进行两年师范专业教育，毕业考试合格以后，在小学教学一年。在此期间，评审委员会进行观察和考试，合格者授予小学教学能力证书，获得正式小学教师资格。初中教师一般是师范学校毕业或取得大学普通文凭的二年级毕业生，再到教师培训中心学习三年，经过考试，取得证书。高中教师则需要大学毕业，取得硕士学位，并通过教师资格考试，才能取得中学教学能力证书，成为正式教师。

资本主义国家把教育当作一种投资，目的是追求高额利润，他们很讲究投资的效率。提高教师的质量，就是为了求得教育投资的较高效率。我们是社会主义国家，我们国家的性质与他们不同，我们培养的人不仅要掌握科学文化知识，而且要有共产主义的高尚品质，但是有一点是相同的，就是为了发展现代化的科学技术，发展国民经济。如此就要培养掌握现代科学技术的人才，就要讲求教育效率。提高师资质量，就是十分重要的事情。尤其是我国，经济基础和文化基础都比较薄弱，本来中华人民共和国成立以后17年，由于党和人民政府的重视，加强了师范教育，教师的质量不断提高。但是"文化大革命"的不良影响还没有肃清，有些人看不起教师这个职业，不愿报考师范，不肯当教师。其实教师应当是社会上最受尊敬的人，因为教师是启蒙者，是塑造人的巨匠，他们曾为每个人才的成长打下必要的品德、知识、情趣基础。教育水平是一个国家生产力发展快或慢的标志之一，教育落后必然拖整个社会生产力发展的后腿。因此，我们应该肃清"文化大革命"的影响，纠正轻视教师的错误思想，树立当教师的责任感和光荣感。

有的人认为，教师不需要高深的学问，只要能把课本上的知识教给学生就可以了。因此招生的时候，师范院校被放在最末等，师范院校新生的质量就比别的院校要低一等。表面看来他们重视理工，不重视师范。其实，轻视师范，人才不能大批培养出来，理工也就很难搞上去。他们是教育上的"近视眼"。还有些办教育的人，对师范教育有一种偏见，认为师范院校用不着搞什么科学研究，它的学术水平可以低一点。你要想搞成既是教学中心又是科研中心，他就说你是好高骛远，"向综合性大学看齐"。这完全是一种误解。在现代科学技术突飞猛进的时代，师范院校不搞科学研究，也就不可能提高其教育水平，就不可能培养出高质量的中学教师，以适应科学技术的不断发展。再说，在教育质量和科研水平上向综合性大学看齐，又有什么不好呢？当然，师范院校的科学研究，除了开展基础科学的研究以外，还应该着重开展教育科学的研究，总结我国教育工作经验，把它提高到教育理论上来，再去指导实践，这体现了师范院校的特点。

还有一种意见认为，没有必要办师范院校。他们认为综合性大学的毕业生水平高，底子厚，当教师比师范院校的毕业生有后劲，因此，他们主张师范院校中不讲教育学科，不搞教育实习，以便腾出时间来教授专业课。这也是一种偏见。教育是一门科学，有它自己的客观规律。只有遵循教育的客观规律，才能办好教育，提高质量，多出人才，快出人才。总的来说，学过教育理论的人总是比没有学过的人更懂得教育的客观规律。当然，教育规律就像其他学科的知识一样，不是说非在学校里学习才能获得。但是正如不能因为有人能够业余学好数学，就可以在学校取消数学课一样，师范院校也不能取消教育学科。我们要培养教师自觉地掌握教育的客观规律。至于过去确实有些师范院校的毕业生不如综合性大学的毕业生的知识宽厚，原因是多方面的，其中一个就是因为对师范教育的学术水平不够重视。有的同志还引用了有些国家近年来取消师范学校的建制事例，认为可以不要师范教育。殊不知，有些国家取消了师范学校，但并没有取消师范教育。他们要求学生从综合性大学毕业以后再上1～2年的教育学院，学习教育学科知识，参加教育实习，再经过考试才能成为合格的教师，可见他们取消师范院校是为了提高师范教育的水平。我们国家人口众多，中学发展很快，教师数量不足，不可能用延长学制的办法来提高教师的质量，最现实的办法就是努力把师范院校办好。

为了办好教育，我们认为，第一，教育要有立法，不仅我国的教育制度、各级各类学校的结构和任务要用法律定下来，而且对教师的要求要立法。法律要规定，达到什么水平才能担任那一级的教师，规定教师的考核制度和晋升制度。

第二，招生时要特别注意师范院校的新生质量，要动员优秀的中学毕业生报考师范院校。师范院校要像重点学校那样优先录取。

第三，各级教育部门要重视师范教育的建设。在经费上、设备上，要把师范院校放到和综合性大学同等重要的位置上。特别在当前师范教育已经落后的情况下，更要采取措施，改善师范院校的各种条件。

第四，可在综合性大学中开放教育学科。因为中学教师光靠师范学院来培养是不够的。从过去的经验来看，综合性大学有一部分毕业生将来要当中学教师，因此，要对他们进行师范专业教育，使他们掌握教育规律和艺术。中等专业学校的教师要由专业师范学院来培养，以保证专业教师的质量。

第五，加强现任教师的在职培训工作，使他们逐步达到法定水平。

总之，我们要充分认识到：提高全民族的科学文化水平，需要教师；为祖国实现"四个现代化"培养科学技术人才，需要教师；人类的文明进步，需要教师。让我们共同努力，办好师范教育，培养更多更好的教师，为从根本上提高我国的普通教育质量而努力。

加强师范教育是发展教育事业的根本[*]

党的十二大为我国社会主义建设确定了战略目标、战略重点和战略步骤，并且明确地提出教育和科学是经济发展的战略重点之一。胡耀邦同志在报告中指出："必须大力普及初等教育，加强中等职业教育和高等教育，发展包括干部教育、职工教育、农民教育、扫除文盲在内的城乡各级各类教育事业，培养各种专业人才，提高全民族的科学文化水平。"这个任务是比较艰巨的，但又是必须完成的。作为教育工作者，我们感到责任重大，任务艰巨和光荣。为了完成这个任务，当前要加强师范教育，提高师资水平，这是提高教育的关键。现在从三个方面来说明这个问题。

一、必须提高对师范教育的认识

教育工作在整个国民经济发展中的地位和作用，经过近几年来的宣传和教育，已经逐步为人们所认识。但是办好教育的关键在哪里？除了党的领导，各级领导的重视，还有一个很重要的条件，就是要由一批既热爱教育事业又懂得教育规律的人来办教育，要有一支高质量

* 原载《教育研究》，1982年第11期。

的教师队伍。建立这样一支教育干部和教师队伍，毫无疑义，师范教育肩负着重要的任务。因此，办好师范教育，是教育事业得以发展的根本保证。

但是，有些同志不重视师范教育。在他们的眼里，教师是什么人都能当的。因此，有的干部有了问题，在机关里不好安排，往往就精简下来往教师队伍中塞；在教师队伍中发现了优秀人才，就往机关里选拔。写到这里，我不禁想起50年前鲁迅在《热风·随感录二十五》中写的一段很有趣的话。他说："前清末年，某省初开师范学堂的时候，有一位老先生听了，很为诧异，便发愤说：'师何以还须受教，如此看来，还该有父范学堂了！'这位老先生，便以为父的资格，只要能生。能生这件事，自然便会，何需受教呢。却不知中国现在，正须父范学堂；这位先生便须编入初等第一年级。"这里说的是清朝末年的事。可惜啊！现在这种人还有。他们不理解教育者必先受教育。父母需要受教育，才懂得如何教育子女；教师更需要受教育，才会懂得如何教育学生。

更令人奇怪的是，有些办教育的人却不重视师范教育。他们认为，教师不需要高深的学问，只要能把课本上的知识教给学生就可以了。因此轻视师范院校，师范院校的经费可以比别的院校少一些，设备可以差一些。表面上看来，他们重视理工人才的培养，其实，轻视师范，培养不出好教师，中小学的教育基础打不好，理工人才也难培养出来，更何况要把课本上的知识教给学生并不是一件容易的事。教师不经过专门的严格训练，自己没有渊博的科学文化知识，不懂得教育教学规律，要想把课本上的知识教给学生，被学生所接受是不可能的。在当代科学技术突飞猛进的时代，一名教师不仅要掌握现存的知识，而且要具有吸收新知识的能力。师范院校必须开展科学研究工作，特别是开展教育科学的研究，总结我国教育工作经验，把它提升为教育理论，再去指导实践。

尤为奇怪的是，有些办师范教育的人也看不起师范教育，口口声声提出要"向综合性大学看齐"。他们认为综合性大学的毕业生水平高、底子厚，当教师比师范院校的毕业生有后劲（不知道他们是怎样得出这样的结论的）。而妨碍师范院校提高水平的，就是倒霉的教育学科。因此，他们主张不讲教育学科，不搞教育实习，以便腾出时间来教授专业课。也就是取消教育科目，摘掉师范帽子。这是极大的偏见。教育是一门科学，有它自己的客观规律。只有遵循教育的规律进行教学，才能提高质量，培养人才。要掌握教育规律，就要学习教育理论。当然，教育规律像其他学科的知识一样，不是说非在学校里学习才能获得。但是，学过教育理论的人总是比没有学过的人更懂得教育的规律，就像有人也能业余学好数学，并不等于学校就可以取消数学课一样，师范院校也不能取消教育学科。有的同志还引用了有些国家近年来逐步取消师范院校的建制事例，认为可以不要师范教育。殊不知，有些国家取消师范院校，然而并没有取消师范教育。他们通常在综合性大学内部设立教育学院，大学其他专业的学生想在将来当教师，就必须到教育学院修满必需的学分，或者在其他专业毕业以后再到教育学院学习1~2年，经过考试合格才能成为教师。可见，他们取消师范院校，不过是改变师资培养的方式，或者说是为了提高师范教育的水平，并不是取消师范教育本身。何况这种非定向的师范教育近年来已经受到一些学者的批评，认为这种学校出来的毕业生，专业思想不牢固，专业训练不扎实。日本近年来又重新建立了几所教育大学，就是这种思想的反映。

　　从我国的实际情况来讲，我国人口众多，教育发展很快，而师资数量不足，需要办各种水平的师范院校，以满足各级各类学校的需要。重点师范大学的学术水平不能低于综合性大学，但也不能要求所有师范院校都达到综合性大学的水平。各种院校都应该根据它的任务和培养目标达到高水平，而不能提倡这类学校向那类学校看齐。

二、办好师范教育，培养合格教师

办好师范教育，就是做好教师入职前的训练，培养合格的教师。世界各国都很重视教师的入职前训练，对此提出了严格的要求。如法国，教师的选拔要经过严格的竞争性考试，而且分几种等级：①国立中学的高级教师必须由取得大学硕士学位，或高等师范学校毕业，再经过严格的"中学教师会考"，取得教师学衔证书者担任。②中学一般教师由高等师范学校的毕业生，未通过"中学教师会考"者，或者取得大学学士学位后，经过一次考试，得到"中等教育职业证书"者担任。③助教是由具有硕士学位的大学助教，在大学不能取得讲师资格者担任，没有正式教师头衔，职位也不固定。④辅助教师由取得学士学位的大学毕业生担任，只是教师的助手，不能担任讲课教师。小学教师必须高中毕业，接受2年的师范教育，然后在一所初等学校从事2年教学工作，经考试合格，具有学士学位，才能获得"初等教育正式教师"的称号。联邦德国的基础学校和国民学校的教师，必须在师范学院学习3年专业知识，然后接受第一次教师资格考试，合格者以见习教师的身份受2～5年的实习训练，再接受第二次教师资格考试（包括提交有关教育实践的论文、进行观摩教学和口头问答），合格者才能被录用为正式教师。

这种对教师的严格选拔和入职前的严格训练是结合起来的。教师入职前的训练一般包括三个方面：①专业知识的训练。高等师范学院一般根据中学的课程设立专业，中等师范学校则不设专业。②教育专业训练。包括教育理论、心理学、教学法等方面的知识。③教育实习。各个国家在安排上各不相同，但这三者缺一不可，特别对教育实习非常重视。例如，法国培养小学教师的师范学校在2年教育专业训练中有4.5个月时间实习，毕业后还要从事2年的实际工作；培养中学教师的师范生在取得学士学位，并参加"中等教师资格证书"的理论考试及格后，还要进入"地区教育中心"接受1年的教育专业训练，在此期间总共进行27周的教育实习。

借鉴外国办师范教育的经验，我在这里对于如何办好我国师范教育提出几点意见。

第一，对各级各类学校教师的要求要立法。用法律规定达到什么水平才能担任那一级的教师，规定教师的考核制度和晋升制度；对新教师要按照法律的规定严格要求；对在职教师通过进修，逐步达到规定的标准。

第二，招生时要特别注意师范院校的新生质量。近几年来高校招生录取时，师范院校优先录取，这个办法很好，但还需要动员优秀的中学毕业生报考师范院校。中学的领导和老师要重视师范教育，要像挑选自己的接班人一样，把优秀的、有教育才能和组织能力的学生输送到师范院校。

第三，各级教育部门要重视师范教育的建设。在经费上、设备上，要把师范院校放到和综合性大学同等重要的位置上。把发展师范教育看作发展教育事业的战略措施，改善师范院校的办学条件。

第四，师范院校的课程设置要进行改革。要研究培养一个合格教师需要什么样的知识结构和能力结构，合理地安排专业训练、教育专业训练和教育实习的比例。现在的普遍现象是重视专业训练，不重视教育专业训练和教育实习，后两者在教学时数中所占的比例极小。这种比例不能培养合格的教师。师范生一进学校以后就应该让他们接触教育实际，进行教育专业思想教育。要加强教育学科的教学，改进这些学科的讲授方法，改变那种空讲理论、脱离实际的讲授方法，把讲课和见习、实习结合起来。实习的时间要适当延长，一般以3个月为宜。教育学课程可以在实习前和实习期间进行。学生学习时就有目的性、针对性，可以结合实习中的问题进行讨论，理论联系实际，学得深刻。由于延长了实习时间，重点师范院校可以适当延长学制。中等师范学校的学制也要延长，以便学完普通高中的课程。

第五，要在综合性大学中开设教育课程。因为中学教师光靠师范学院来培养是不够的。实际情况也是这样，过去综合性大学毕业生中有相当一部分要去当中学教师，因此，对他们进行师范专业训练，使他们懂得教育规律，掌握从事教育教学工作的技能是很有必要的。

第六，随着中等教育结构的改革，职业学校和中等专业学校要有很大的发展，这类学校的师资要有专门的训练。因此，要创办一些专业师范学院，以保证专业教师的质量。

三、加强在职教师的培训，提高师资质量

教师是如此重要，但是我们现有教师队伍的状况与要求极不相称。特别是经过"文化大革命"，教师队伍受到了严重的破坏。一方面，许多师范学校被撤销，新教师缺乏来源；另一方面，教育事业发展得很快，需要不断地补充新教师。据统计，1978年全国普通中学在校学生为1965年的7倍，专任教师为6.9倍。这些教师是从哪里来的？一是吸收了一批没有经过专业训练的高中毕业生；二是从下面层层选拔，从小学教师中选拔好一点的教初中，初中教师选拔上去教高中。不少人在小学、初中是好教师，提到初中、高中却难以胜任，结果不仅高中的教育质量受影响，初中、小学教育也受到严重影响。据教育部1978年的统计，全国高中教师中大学本科毕业的，1965年占教师总数的70.3%，1977年下降到33.2%；初中教师中大专程度以上的，1965年为71.9%，1977年下降到14.3%；小学教师中中师程度以上的，1965年为47.4%，1977年下降到28%。近年来由于压缩高中，情况稍有好转，但还没有起根本的变化。教师队伍的这种状况不改变，我国中小学教育的质量就不可能提高，教

育经费增加再多，也是白白地浪费。因此，加强在职教师的培训已经是刻不容缓的问题。

加强在职教师的培训，不仅在于把不合格的教师提高到合格的程度，而且要使现在合格的教师的业务水平进一步提高。在当代科学技术迅猛发展的时代，知识的陈旧周期不断加速，教师光靠过去在学校里学到的一些知识是不够用的。例如，固体物理学在20世纪60年代是前沿科学，现在固体物理学的理论已经应用得很普遍。60年代师范院校物理系的毕业生如果不继续进修，就会缺少这一部分知识。我们还应该看到，现在的中学生与60年代、70年代的中学生也大不相同了。现在的中学生通过广播、电视、电影等现代化的技术手段获得许多知识，他们要求教师进一步满足他们求知的欲望。如果教师不学习，就很难受到学生的欢迎。

因此，当前我国教师的在职培训应该分两种类型：一种是为了解决合格的教师问题；另一种是为了提高合格教师的水平问题。两者都需要重视，不能只顾一面，忽视另一面。当然，我们当前的主要任务，也是最艰巨的任务，是解决合格的教师问题。不解决这个问题，起码的教育质量就不能保证，但是也不能忽视胜任教师的提高问题。因为这部分胜任的教师是当前教师队伍中的骨干。他们的水平提高了，不仅对教育质量的提高有着重要意义，而且可以带动其他教师，帮助其他教师提高。同时，从长远的观点来看，教师今天是胜任的，如果不继续提高，明天可能就会变成不胜任的，因此，提高他们的水平，也是具有战略意义的。

要培训这两部分教师，可以做一些分工。地方上的教育学院和教师进修学校主要承担把不合格的教师培养成合格教师的任务；各师范学院，特别是重点师范院校，则承担提高胜任教师的任务。这是第一个问题，即解决教师培训中的普及和提高问题。

第二个问题是要建立一个培训的制度。近几年来各地都很重视教师的培训工作，但是缺乏规划，年年培训，年年过不了关。我觉得培训教师要有一个规划，有一个制度，一门一门课解决，不要零打碎敲。首先要规定，什么样的水平可以当小学教师，什么样的水平可以当中学教师。达不到这种水平的进行业余或脱产进修，修完一门课程，经过考试，合格发给证书；修完规定的全部课程，发给合格教师证书。也可以采用学分制，规定必须修完多少学分才能成为合格教师。

第三个问题是要把教师的培训制度和劳动工资制度、职称晋升制度结合起来。现在正在制定中小学教师的职称制度，这是很有必要的。各行各业都有职称，中小学教师也应该有职称，这样有利于教师的努力和提高。教师的培训制度要和它结合起来。不合格的教师通过进修，达到合格的标准就可以得到相应的职称，工资待遇也应相应地提高。对于获得一定职称的教师，还应定期检查，促进他们不断提高。苏联从1974年开始对中小学教师建立了定期评定考核制度，规定每个教师每五年评定一次。评定的主要内容包括：教师的教学和教育工作质量，运用和研究教学法情况，业务和政治理论水平的提高，道德行为和政治表现。评定的结果分四类：①称职并给予奖励；②称职；③称职，但须履行评委会的建议；④不称职。不称职的教师，应在评定后两个月内调离岗位。苏联这种对教师定期检查的基本精神是可以借鉴的。

总之，师范教育是发展文化教育事业的基础。要办好师范教育，需要办教育的同志对师范教育的性质与任务、学校的结构、课程的安排、训练的方法进行充分的研究，制定出一套切合我国实际的师范教育制度，培养更多更好的教师，以便从根本上提高我国的教育质量，促进党的十二大提出的宏伟目标的早日实现。

加强师范教育是开创教育新局面的
突破口[*]

在1983年召开的全国普通教育工作会议上，几位中央领导同志都强调加强师范教育的重要性。邓力群同志在会上说：根据实际情况看，发展普教事业需要解决的问题很多，但第一位的问题是师资问题。万里同志也强调：落实教育这个战略重点，首先要有人才，即合格的教员。这就把加强师范教育提高到开创教育新局面的战略地位。

"文化大革命"以后，教育战线经过"拨乱反正"，调整、整顿，教育质量有了明显的提高，教育事业有了较大的发展。但是，从总体上讲，教育质量仍然没有恢复到"文化大革命"以前的水平。一般地区小学的入学率较高，但巩固率较低，合格率更低。中学，特别是初中学生分化的程度很严重，初中毕业生的合格率也很低。这种现象的产生，原因是多方面的，但最根本的原因是我国目前师资水平低，不能适应教育事业发展的需要。因此，加强师范教育是当前刻不容缓的事情，是开创教育新局面的突破口。

要加强师范教育，首先要解决思想认识问题。要不要师范教育，在我国已经争论了20多年。有人主张培养师资并不需要办师范院校。师范

---

*　原载《光明日报》，1983年11月4日。

教师教育　15

大学可以"向综合性大学看齐"的口号，就是这些同志提出来的。他们认为综合性大学的毕业生业务水平高，底子厚，当教师比师范院校的毕业生有后劲；还有人认为妨碍师范院校提高水平的是教育学科，因此主张取消教育学、心理学，取消教育实习，腾出时间来教授专业课。这是一种对教育学科的偏见。综合性大学毕业生比师范院校毕业生有后劲，并无科学根据。什么叫高水平的师资？是不是专业知识学得越多，教师的水平就越高？专业知识只是教师必须具备的一个条件，但不是唯一的条件。不能把教师专业知识水平的高低和师资质量的高低等同起来。一名合格的教师，除了要有比较渊博的知识以外，还需要掌握教育学科的理论，懂得教育规律，善于把自己的知识教给学生；还要有高尚的品德和崇高的精神境界。教育学科是一门科学，师范生如果不学教育学科，不搞教育实习，就不可能懂得教育规律，将来就不会组织教育教学工作，不可能培养合格的学生。有人引用某些国家近年来取消师范院校建制的情况，企图说明师范教育并不需要，这是一种误解。事实上这些国家虽然取消了师范院校，但并没有取消师范教育，相反，他们提高了师范教育的水平。他们要求文理学院的学生再到教育学院学习1~2年教育学科课程和实习，并经过考试才能取得教师资格。不经过师范专业的训练而直接当教师，在世界发达国家中是没有的。

现在的问题是，优秀的青年不愿意报考师范院校，师范院校招收的新生的业务水平要比综合性大学招收的低，因而就很难把师范生的水平提高到综合性大学的学生水平上。因此，有的同志就认为，只有取消师范性，才能招到好学生，也才能赶上综合性大学的水平。但是他们没有想到，这样做的结果，招进来的学生就更没有当教师的思想准备，更培养不出合格的教师来。青年人不愿意当教师，是社会上长期存在的轻视教师的现象造成的。轻视教师的思想不解决，青年人即便考上综合性大学，毕业以后也不愿去当教师，或者把业务差的分配去当教师，最后也许连综合性大学都会招不到好学生。有的中学，特别是重点中学的教师，自己看不起自己的职业，总是动员好学生去报考清华、北大，认为好学生报考师范院校似乎是屈才。实现"四个现代化"，科技研究人才固然重要，但轻视师范，中小学教育的基础打不好，科技研究人才也难以培养出来。因此，要彻底改变师范教育落后的状况，必须彻底改变轻视教师的思想。要在社会上造成当教师光荣的强大舆论。中学教师尤其应尊重自己的职业，动员优秀学生报考师范。

教育行政部门一定要克服轻视师范的思想，制定出加强师范教育的切实措施。

1. 要加强对师范院校的领导，改善师范院校的办学条件

我们已经建立起了完整的师范教育体系。1982年，有培养中学师资的高等师范院校194所；培养小学和幼儿园师资的中等师范学校909所；各个县、区设有以脱产培训小学教师为主的进修学校，各省市和有些地区设有以培训中学教师为主的教育学院；此外还有函授教育。这些院校的建立，保证了教师的职前培训和在职教师专业水平的提高。但是，各地师范院校的发展很不平衡。有些学校师资缺乏，设备条件太差，尤其是进修学校，有的无固定校舍，教师仅三五人，特别缺乏教育学科的教师。因此，要使师范教育真正发挥教师"工作母机"的作用，各地教育部门要加强对它们的领导，配备最好的教师，改善它们的办学条件。

要办好一批重点师范院校。逐步做到每县设一所中等师范学校，一个地区有一所重点师范学校；每省有一所重点师范大学，全国有几所教育部直属的重点师范大学。重点师范大学的作用是为其他师范院校做示范，同时培养中小学的骨干教师。如果一所中小学，各门学科都有一两名骨干教师，这个学校的教育教学工作一定能搞好，重点师范大学就要起这样的作用。现在中等师范学校的学制有三年制和四年制两种。重点师范大学应该是四年制，这样文化科学知识水平不低于普通高中。重

点师范大学要办成两个中心：既是教育中心，又是科研中心。科研的方向主要是发展教育科学研究、基础研究和根据学校的条件，对提高基础研究有帮助的某几项前沿科学的研究，以提高学校的学术水平。重点师范大学一方面要坚定不移地坚持师范的方向，以培养高质量中学师资和高校师资为己任；另一方面要不断地提高学术水平，眼光不要局限于中学所教的课程，要根据当代科技发展的形势，面向现代化，面向世界，面向未来。这对于提高师资的质量不仅不矛盾，而且从长远来讲，是十分必要的。

2. 改革高等师范院校的学制、课程设置和教学组织

要研究一个合格教师需要什么样的知识结构和能力结构，要合理地安排专业训练、教育理论和实践训练、教育实习的比例，现在的普遍现象是重视专业训练，不重视教育理论和实践的训练，不重视教育实习。后两者在教学中所占的比重太小。而且越是重点师范大学，这些训练的比重越小。结果是，毕业生没有树立起从事教育工作的专业思想，缺乏组织教育教学工作的能力。应该让师范生一进学校就接触教育实际，进行专业思想教育，使他们在接触儿童和青少年的实际活动中培养起热爱学生、热爱教育事业的思想感情。

要加强教育学科的教学。改进这些学科的讲授方法，延长实习的时间，可以设想进行以下改革。

第一，高等师范院校的学制可以分四年制和五年制两种：一般师范学院为四年制，重点师范大学为五年制。五年制师范大学的教学组织也可以做两种试验：一种是把教育学科的教学和教育实习分散在五年中；另一种是前四年学习专业课，第五年集中学习教育学科和进行教育实习。综合性大学毕业生需要当教师的，也可采取后一种办法，进行一年集中的师范训练。为了区别五年制与四年制毕业生的学历，可以设双学士学位，即授予合格的毕业生以文（理）学士和教育学士两个学位。

第二，适当增加教育学科的教学时间。现在高等师范院校中教育学

科的教学时间大大少于中等师范学校中的教学时间是不恰当的，要适当增加。同时要改变那种空讲理论、脱离实际的讲授方法，把讲解和见习、实习、调查研究结合起来。增加学时不一定是增加讲课的时间，而是要引导学生自学。学点教育名著，看点教育小说，可能比教师空讲理论更具有启发性。讲课也要采用启发式、讨论式，以便调动学生的学习积极性。通过讨论，再加上教师的辅导、讲解，学生能树立正确的教育思想。

第三，要适当延长教育实习的时间。现在一般为6周，掐头去尾，只有5周，走上讲坛的时间更少，有的只讲四五节课。这么短的时间不可能真正了解学生，不可能锻炼教学的技能、技巧。现在世界许多国家在训练教师时都要求有半年以上的实习时间，有的国家要求1~2年。要让师范生有真枪真刀实干的体验和锻炼，就要有足够的时间保证。我们设想，四年制学校以安排3个月实习为宜，五年制学校可以延长到半年。

3. 加强在职教师的培训

要制定一个规划，根据本地区的条件，要求什么时候使所有小学教师都达到中师毕业水平，初中教师达到师范专科的水平，高中教师达到高等院校毕业水平。

在职教师的培训，不仅在于把不合格的教师提高到合格的程度，而且要使现在合格的教师的业务水平进一步提高。在当代科学技术迅猛发展的时代，知识的陈旧周期不断加速，教师光靠过去在学校里学到的知识是不够用的。合格的教师进一步提高，就能起到骨干的作用。如果不继续提高，今天是合格的教师，明天可能就会变成不合格的。

为了加强在职教师的培训工作，光靠教师进修学校和教育学院搞脱产培训是不能满足当前的需要的。因此，要加强不脱产的培训，最好的方法是函授教育。有条件的师范院校都应该设函授业务，担负起在职教师的培训和提高工作。

4．把教师的培训制度和劳动工资制度、职称晋升制度结合起来

经过培训、考试合格的教师发给证书。修完一门课程，发给一门课程的合格证书；修完规定的全部课程，发给合格教师证书，就可以得到相应的职称，工资待遇也应相应提高。过几年，如5年，对所有的教师要进行一次业务和政治理论水平的重新评定，分别调整职称和工资。

改革高等师范教育的几点意见[*]

　　师范教育是教育事业的"工作母机"。高等师范教育又是师范教育体系中的主干。它不仅为中等学校培养教师，而且为中等师范学校和各地教育学院、教师进修学校提供师资。因此，办好高等师范教育显得尤为重要。据统计，截至1983年，全国已有高等师范院校209所，占高校总数近1/3，其中，四年制的师范学院和师范大学共66所，师范专科学校143所，在校学生共约25万余人，占全体高等学校在校学生数的1/5还强。这是一个庞大的数字。200多所师范院校不断地把学生培养成合格的教师，给教师队伍增添新的血液，必将改变我国教育工作的面貌。但是，目前高等师范教育还存在着许多问题：一是各级领导对师范教育还不够重视，师范院校的经费比别的高等院校少，因而师范院校的校舍旧、设备差，不能满足教学的需要。二是师范院校的学制、专业缺乏科学的安排，有些专业教师过剩，有些专业教师奇缺。三是师范专业的训练不够，学生的专业思想不牢固，组织教学教育工作的能力太差。四是招生分配制度不尽合理，许多地方反映师范生"进不来，用不上，留不住"。招生时不能把优秀的学生招进师范，毕业后一部分优秀生报考研究生，一部分优秀生被机关选用。分配到学校的教师也不安心，千方百

* 　原载《光明日报》，1983年12月2日。

计地想离开学校。这样下去，师范院校办得再多也是白费。因此，调整和改革高等师范教育是当务之急。在这里，我提出几点不成熟的意见，供有关部门参考。

一、建立一个合理的高等师范教育体系和结构，培养各级各类学校的师资

高等师范院校最主要的任务是培养中等学校的师资，但中等学校有不同的水平，有初级中学和高级中学，有多样化的结构，有普通中学、职业中学、技工学校和中等专业学校等。因此，高等师范教育本身应该是一个多层次、多样化的结构，才能适应多种师资的要求。我们可以设想把高等师范院校分成四个层次：第一层次是师范专科学校，招收高中毕业生，学制两至三年，培养初级中学的教师；第二层次是四年制师范学院，培养高级中学教师；第三层次是五年制的师范大学和综合性大学，培养重点中学和中等师范学校的水平比较高的教师；第四层次是师范院校和综合性大学的研究生院（硕士研究生或研究班），培养师范院校和师范专科学校的教师。这是从纵的方面说的。从横的方面说，除了设立一般的师范院校外，目前亟待建立技术师范学院、艺术师范学院和体育师范学院。现在各地反映中学里普遍缺少政治课教师、外语课教师、体育课教师、音乐课教师、美术课教师，职业中学和中等专业学校缺乏专业技术教师。解决这类师资问题就要从高等师范教育结构上考虑，或者单独设立专业师范学院，或者在普通师范院校中建立这些专业。我个人的意见是在普通师范院校中设这些专业为好。因为这样不仅可以充分利用原有院校的设备和条件，而且单独成立学院往往容易把方向弄偏，只重视专业教育，忽视师范教育，结果违背了建校的宗旨。

二、综合性大学要承担培养中学师资的任务

这是因为目前合格的中学教师缺额太大，光靠师范院校培养是不够的；同时各地综合性大学的毕业生实际上有很大一部分是去当教师的。例如，杭州大学、苏州大学等原来就是由师范学院改建的，它们虽是综合性大学，实际上主要任务是培养中学师资，因此，应该明确规定综合性大学同样有培养中学师资的任务，在综合性大学中要开设教育专业的课程，学生也要进行教育实习。也可以在综合性大学里建立教育学院，像许多西方国家一样，将来准备当教师的学生，在专业系科结业以后再到教育学院学习一年教育理论和实践，取得教师资格。

三、办好几所重点师范大学，使它们成为全国的教育中心

高等师范教育在高等教育中所占的比重相当大，应该办好几所重点师范大学，使它起示范作用和"工作母机"的作用。重点师范大学的任务不单是培养中学教师，而且要为高等师范院校培养师资，要出科研成果，要编写高等师范院校和中等师范学校使用的教材。为此，要把重点师范大学办成既是教育中心又是科研中心。它们的业务水平不应低于综合性大学，而教育专业水平应该高于综合性大学。为了达到这个要求，重点师范大学在学制、专业设置和科学研究方面可做如下安排。

第一，学制延长为五年，用四年时间进行专业学科教学，一年时间进行师范专业教育。师范专业教育的内容安排可以分散，也可以像综合性大学培养师资那样，集中在最后一年进行。为了体现较高水平的学历，可以设立双学位，即既授予专业学士学位，又授予教育学士学位。

第二，重点师范大学的专业设置应该全面一些，不要局限于中学所授的科目，要根据当代科学技术发展的形势，设立一些新兴的有发展前

途和普及意义的专业，如电子计算机、环境保护等专业。

第三，设立研究生院，增加培养研究生和进修生的比重，同时改进研究生和进修生的培养方法。这些研究生和进修生大部分要到高等学校去当教师，因此，在学习期间应该参加一定的教学工作，培养从事高等教育的能力。

第四，建立一些研究机构，开展科学研究。重点师范大学的科研方向主要是开展教育科学的研究和基础学科的研究，当然也可以根据学校的条件和传统，开展一些新兴的前沿科学的研究，特别是对于提高基础学科有帮助的新学科的研究，以提高学校的学术水平和教师的业务素质。

四、改善教育学科的教学工作，培养学生的专业思想和从事教学教育的技能和技巧

现在师范院校的学生普遍不太重视教育学科的学习，这固然与学生不愿意当教师的思想有关，但教育学科的教学本身也存在着问题。最大的问题是理论脱离实际，学生听起来感到枯燥、乏味。许多学生反映，教育学科的教学不符合教学原则，这是很中肯的批评。我认为，最重要的是，教育学科的教师要到中学去，了解实际存在的问题，研究解决的办法，再去讲理论，就会讲得生动、具体，学生爱听。比如，教师在讲课时，可以举些中学里的实际例子，让学生讨论分析，教师最后做一些总结辅导，提高到理论上，使学生印象深刻，获得一个信念，懂得一些教育规律。师范院校的教育学科的教学时间和实习时间应该适当增加。增加的时间不一定用于讲课，而是引导学生自学；可以结合专题指导学生读点教育论文，课外看点教育小说，如《教育诗篇》等，看点教育电影，增加对教育工作的感性认识。教育部门和重点师范大学的现代化教

育技术研究机构应该搞出一套教育学科的教学软件，以供各地师范院校使用。教育实习以3个月为宜，最好在学生入校以后就让他们接触中学生，和中学生建立感情，这样既了解了中学情况，又可以逐步树立专业思想。实习的时候不仅要上堂讲课，而且要实习班主任工作，要熟悉中学的常规制度，学会组织教学和教育活动。

五、改善师范院校的设备条件

把"师范性"和"落后性"联系起来的思想是极端错误的。应该把"师范性"和"示范性"联系起来。实现"四个现代化"，教育是基础，教育首先要现代化，尤其是重点师范大学应该装备最新的教学仪器和设备，使它成为学校的模范、国家教育的橱窗。最近，邓小平同志给景山学校的题词"教育要面向现代化，面向世界，面向未来"，给我国教育事业的发展指明了方向，具有伟大的现实意义和长远意义。中小学教育要做到三个"面向"，师范教育尤应走在前头，现在师范院校的设备都很陈旧，需要尽快改变。

六、改善招生分配制度

现在已经给师范院校优先录取新生的权力，这是很好的措施。目前最重要的是动员优秀的中学毕业生报考师范院校。重点中学应该把动员学生报考师范院校作为光荣的任务。同时，为了吸引优秀中学生报考师范院校，可以采用保送和考试相结合的办法，以保送为主，参考统考的成绩和平时成绩，优先录取。鉴于目前合格的教师太少，不宜在在职教师中招生，在职教师主要通过在职培训进修来提高。要明文规定师范院校的毕业生原则上都要去当教师，至少要工作5年以上才能去从事其他工作。研究生也应在有一定工龄的大学毕业生中招考，制止对师范生层层截流的现象，以保证师范院校的毕业生都能到中学的第一线工作。

当然，要改变目前师范生"进不来，用不上，留不住"的状况，还要解决两个根本问题：一是要提高教师的社会地位，使全社会都尊重教师，爱护教师。二是要提高教师的待遇，使大学毕业生乐于当教师，比如，现在大学毕业生去当教师的就比做其他工作的工资待遇低，这就使许多优秀中学生不愿报考师范院校，毕业出来以后也不愿去当教师。

民族的启蒙者，心灵的工程师[*]

有一次，一个师范学院的学生对我说："我们青年人并不是不愿意当教师，而是不了解教师的职业，没有人给我们介绍教师从事什么事业。我们看了马卡连柯、苏霍姆林斯基的教育著作，很感动，对教师的职业发生了兴趣。"是的，过去师范院校中，板起脸孔讲教育理论的多，却很少讲讲教师是什么样的职业，他的劳动特点是什么，他的生活乐趣在哪里。因此，一部分青年人的头脑里产生一种错觉，以为教师的职业是微不足道的，工资待遇是最微薄的，甚至视为畏途，不愿意当教师。其实，教师是崇高的职业，是有创造性的劳动，在这个高尚职业中，充满着生活的乐趣。

教师是民族的启蒙者，是人类心灵的工程师。人类要生存，民族要发展，社会要进步，就要依靠教师传授知识、开发智力、塑造个性，把年青一代培养成为社会所需要的人才。政治家、科学家、工程师、教授、作家是伟大的，但是他们之所以能成为某一方面的专家，都是经过了教师的精心培养，特别是小学教师的启蒙。因此，教师的职业正如伟大教育家夸美纽斯所讲的，是"太阳底下再没有比它更优越的职业"。

教师的劳动是富有创造性的。这是因为教师劳动的对象是有思想、

---

* 原载《中国教育报》，1985年1月26日。

有感情的活生生的少年儿童，他们有各自的个性和特点，他们不是消极地接受教育，而是有极大的主观能动性，他们是在和教师共同活动中接受教育的。教师劳动的手段也是特殊的。他不是像物质生产那样，用工具去加工他的对象，而是用自己的知识和才能、品德和智慧去影响学生。教育过程是师生共同进行创造性活动的过程。不是采用固定的程式，使用一个模子去铸造，而是根据不同儿童的特点，循循善诱，点点滴滴地去塑造。正如一位古人所说："教育人是艺术中的艺术。"

少年儿童是祖国的花朵、民族的未来。教师生活在少年儿童之中，和他们一起学习，一起唱歌，一起旅行，会感到自己也永远年轻。特别是当你看到一个个孩子的身体在不断成长，知识水平在迅速提高，你就会看到你的劳动正在得到回报，待到他们长大成人，成为社会主义建设的栋梁，也就是你的劳动果实获得丰收的时候，那时你内心的喜悦将是难以用语言来形容的。世界上难道有比塑造人的职业更伟大，比看到孩子们在自己的教育下成长更快乐的事吗？让我们更多地了解教师这个崇高的职业，尊重这个职业，从事这个职业，为发展我国的教育事业，提高我们民族的文化素质，实现社会主义现代化而努力。

发展师范教育　培训在职教师[*]

　　陈云同志在1985年题词"四化需要人才，人才需要教育，教育需要教师"，概括了教师同"四化"的密切关系，以及教师所承担的历史重任。然而，我国现有的师资状况与这种要求很不适应，不仅数量不足，而且质量有很大差距。改变这种状况，加强和发展师范教育是关键。万里同志在全国教育工作会议上着重指出：要把各级师范教育提到重要地位。

　　根据统计和预测，教师的缺额很大。例如，北京市中学每年需补充教师2 300人，但北京市高等师范院校每年只招生1 000人，毕业分配到中学的只有700人。另据1982年底统计，四川高中教师中，大学本科毕业生占51%（"文化大革命"前为64%）；初中教师中，专科以上毕业生占17.8%（"文化大革命"前为68%）。这些数字表明，"文化大革命"对教育的破坏，其影响至今尚未消除，师资队伍的素质还没有恢复到"文化大革命"前的水平。同其他行业一样，教师队伍中间也缺了一代人。而这种不适应经济建设和教育事业发展的状况，到20世纪90年代一大批骨干教师退休后，将更加严重。因此，及早采取措施，积极培养新的合格教师，已成为具有战略意义的任务。有必要尽快做好以下几方面的工作。

---

[*]　原载《瞭望周刊》，1985年第22期。

一、教育要立法

要从法律上规定什么人能够当教师。汽车司机领取了驾照才能开车，否则难免造成人身伤亡的车祸。教师亦然。不合格的教师教书会耽误一代又一代人。

世界上一些发达国家早已实行教师证书制度，大学毕业生要当教师，必须通过取得教师证书的考试才行。而在我国，由于教育没有立法，加上政治、历史原因，似乎什么人都可以当教师。教师工作之所以被人瞧不起，缺乏吸引力，与这种做法不无关系。

目前，我国的900万名中小学教师，半数以上达不到应有要求，要考核的确困难很大。但凡事总要有个开头。有了教师资格的立法规定，就有了要求，有了标准，经过若干年的努力，教师队伍定将改观。

二、要提高现有教师的素质

多年来，我国已建立起一套教育进修系统。全国目前有提高在职中学教师的教育学院218所，在校学习的教师达162 900余人；提高在职小学教师的进修学校1 782所，学习的教师达503 000人。从1981年到1984年，平均每年培训中小学教师253 300人。按照这样的速度，需要20年才能使现有不合格教师在学历上达到合格。也就是说，20世纪末还不可能做到全部教师合格。因此，要花大力气加强各级教育学院和教师进修学校的建设，使它们发挥更大的作用。

在职教师的进修和提高，光靠脱产培训也不实际，还应发展师范院校的函授和夜大学，进行不脱产的培训。此外，在职教师的进修也要兼顾两个方面：一是使不合格者变为合格者；二是进一步提高骨干教师的水平，给他们更新知识的机会。而对后者，过去往往注意不够。

三、要加强师范教育，培养更多更好的新教师

据1984年年底统计，全国有高等师范院校242所，在校学生361 800人，中等师范学校1 008所，在校学生531 300人。每年从师范院校毕业30万人。但这远不能满足实际需要，特别是近年来发展迅速的职业中学的技术课教师没有来源。例如，北京市每年需要补充的职业中学技术课教师即达500名，涉及200多个专业。最近，北京师范大学分校改为职业技术师范学院[①]，就是想解决这个问题。但1985年开始招生，4年后才有毕业生。因此，除师范院校外，全国其他院校也应担负起培养一部分教师的任务。职业中学的技术课教师，尤其需要理工科院校帮助培养。

当前，还须特别注意加强师范生的专业思想教育和思想品德教育，使他们热爱教育事业，能够以身作则，为人师表。有了这些品质，再加上丰富的专业知识，将来就能够培养出高质量的学生，把我国的教育水平提高一步。

四、高等院校应关心中小学教育的质量

由于中小学师资水平不高，加上近些年来片面追求升学率的影响，中学毕业生的质量不能得到保证。高等院校已经尝到这个苦果。要改变这种状况，需要大家都来关心中小学教育。原复旦大学校长苏步青教授身体力行，亲自为中学数学教师讲课，这是老一辈科学家、教育家的远见卓识。如果每个大学教授都能每年挤出极少量时间向中学教师介绍一些新的科学知识，其作用将不是用任何数字可以表达的。

---

① 现北京联合大学前身。

五、师范院校本身要办好

在师范院校的办学思想上要克服两种偏见：一是认为教师不需要高深的学识，只要会把中小学课本中的知识传授给学生就可以了。这是一种偏见。俗话说："教师要给学生一杯水，自己应该有一桶水。"现在，世界许多国家都把小学教师的水平提高到大学本科毕业生的程度。在当代科学技术日新月异的情况下，教师如果不掌握先进的科学技术知识，教出来的学生就可能跟不上时代的步伐。二是认为教师不需要教育专业训练，只要有学问就能当教师。他们不承认教育是一门科学。有些人引用一些发达国家在第二次世界大战后把师范学院改变为综合性大学的做法，来说明师范教育的"消亡"。这是只知其一，不知其二。事实上，国外将师范学院改为综合性大学的原因是多方面的。其重要原因之一，是把高等教育的高水平和师范教育结合起来。例如，美国综合性大学里设有师范学院，它不收师范本科学生，却接受其他系科的毕业生，并对其进行教育专业的训练。

我国的师范教育有多种层次，其中少数几所师范大学与北京大学、南京大学齐名，应把它们办成更高层次的师范大学，使之享有与重点综合性大学一样的装备和得到同样的扶持。它们要为高等师范院校和其他高等院校培养一部分师资。各省也应办好一所师范大学，使它起到这个省师范教育的"工作母机"的作用。

六、师范教育的概念需要扩大

过去往往认为，中小学有什么课程，师范院校就设什么科系，这种传统的观念需要改变。如在中学开设电子计算机课程，前几年有些人还认为是可望而不可即的，现在已经迅速普及。其他如环境科学、生物化学、经济管理、信息论、控制论等都是现在的"前沿科学"，恐怕不久也会在中学普及。因此，有条件的师范学院，尤其是重点师范大学，应该放眼未来，除了加强基础学科外，还要发展前沿学科，开展科学研究（包括教育科学的研究），努力提高师范教育的学术水平。

论高等师范教育的改革*

当前，师资的数量和质量问题已经成为各级各类教育事业发展的关键，社会各界人士无不关心这件大事。加强师范教育，虽然在措施上还落实不够，但是已经被各级领导关心和重视。现在的问题是，如何加强师范教育，师范教育如何改革，才能适应我国教育事业发展的需要。这是一个值得严肃讨论的问题。

一

关于师范教育，历来就有许多争论，这些争论影响师范院校的办学方针和教学内容与方法，影响师资质量。因此，讨论师范教育的改革，还必须从澄清思想开始。统一思想，统一认识，才能把师范教育办好。最近，我率领幼儿教育代表团访问北美两国（美国和加拿大），无论是讲到幼儿教育，还是讲到幼儿教育师资的培训，他们都强调指导思想，他们称之为"哲学"（philosophy），而在确定指导思想的时候又首先要考虑文化历史背景。我觉得，不管他们的教育制度和方法是否对我们有用，但这种考虑问题的方法是对的。那么，我们就来探讨一下我国师范

---

* 原载《教育科学》，1988年第1期。

教育的指导思想（philosophy），以及我国的文化历史背景对这些指导思想的影响。

在指导思想上，有几个问题需要认真讨论一下。

第一个问题是：在我国要不要建立单独的师范教育体系。这个问题已经讨论了20多年。有人主张培养师资并不需要办师范院校，应该像现在大多数欧美国家一样，培养师资实行开放性，所有院校都可以培养师资。的确，现在世界上大多数国家已经很少设有单独的师范院校，苏联是一个例外。但是有两点需要注意：首先，独立的师范院校的消亡是有一个历史过程的。考察这些国家师范教育发展的历史，可以看到他们也存在过独立的师范院校体系，实行开放性的师范教育是由独立师范院校发展而来的。这种发展需要具备三个条件：一是师资数量在这个国家已经得到充分的满足；二是师资的质量需要提高，这种提高包括教师所教的学科专业水平和教育职业水平；三是教师的职业有一定的社会吸引力，有一定的竞争能力。美国是在20世纪20年代开始，逐步把师范院校改为综合性大学的，到了第二次世界大战后才基本上完成这个过程。即便如此，他们也并不排除有些专门培养师资的师范院校的存在。其次，实行开放性培养师资，并不等于取消师范教育，相反，它加强了师范教育，也即加强了师范的职业训练。我们看到欧美开放性培养师资的形式有两种：一种形式是在综合性大学或者学院里设立教育学院或教育系，在本科生阶段直接培养教师。这些学院和学系大多是培养幼儿教育工作者或基础学校（即小学）的教师。这里教育学科，特别是课程和方法的内容占很大比重。另一种形式是在综合性大学里设立教育学院，不开设本科生课程，而是招收具有其他学科毕业水平的学生，开设硕士以上的教育课程或符合政府对教师资格证书要求的课程，使学生具有教师的资格，时间1~2年不等。学习的科目主要是教育学科和教学方法。从以上两种情况可以看出，所谓开放性的师范教育，不是对师范教育的削弱，而是加强，对教师的职业培训大大加强了。

我国现在这样做，办得到吗？我国现在有1 000万中小学教师，而其中约有一半在学历上还没有达到国家规定的基本要求；到20世纪末，我们要求普及九年义务教育，需要补充新教师约300万名。在这种文化历史背景下，我们能不能取消单独设立的师范院校，实行开放性师资培训的办法？我想，这是不现实的。首先，我国现在对教师资格的要求是低水平的，大致处于发达国家20世纪二三十年代的水平，小学教师只要求有中等教育的文化水平，初中教师只要求有高等专科教育的文化水平，高中教师才需要大学本科毕业的水平。这种要求是十分低的，在现代科学技术迅速发展的时代，这种要求应该说是不符合时代要求的。但是由于我国现阶段还处在社会主义发展的初级阶段，文化发展水平还较低，师资又严重不足，这种要求恐怕还要维持几十年，等到现有教师都能达到这个基本要求，师资有足够数量以后才能谈得上进一步提高教师培训的水平。其次，当前在我国，教师的职业还不具备较大的社会吸引力，更没有竞争力，要让其他专业的本科生毕业以后再到教育学院学习1年是办不到的。

在我国当前情况下，我们不是要取消师范院校的单独建制，而是要在办好师范院校的同时，提倡其他院校也来承担培养师资的任务，以便加速我国师资队伍的建设，在较短的时间内使我国全体中小学教师都能达到国家的最基本要求。到那个时候再来学习欧美开放性师范教育，才具有最起码的可能性。

第二个问题是：师范教育的办学方针是什么，也就是学科专业培训与职业培训的关系如何处理。有两种错误思想：一种主张当教师不需要特别的职业训练，只需要把专业学科学好即行。他们认为综合性大学的毕业生业务水平高，底子厚，当教师比师范院校的毕业生有后劲。另一种认为教育学科妨碍师范院校提高水平，他们主张取消教育学、心理学，取消教育实习，腾出时间来教授专业课。这是一种歧视教育学科的偏见。综合性大学毕业生比师范院校毕业生有后劲，这并无科学根据。也许有这种现象，但这种现象的出现是多年来轻视师范教育的结果。因为师范院校的设备条件差，教师水平不如综合性大学，再加上青年不愿意上师范院校，生源质量就比综合性大学差许多。拿一种表面现象不加分析地来说明本质问题是不科学的。

另外，什么叫高水平的师资？是不是专业知识学得越多，教师的水平就越高？显然不是。专业知识只是教师必须具备的一个条件，但不是全部的条件。不能把教师专业知识水平的高低和师资质量的高低等同起来。一名合格教师，除了要有比较渊博的知识以外，还需要掌握教育科学的理论，懂得教育规律，善于把自己的知识教给学生，启发学生的创造性思维，发展学生的能力，并且要用自己的高尚品质和崇高的精神境界去影响学生，使他们成为优秀的社会主义公民。

在这个问题上的另外一种错误思想是认为当教师不需要什么高深的学问，只要能够把中小学的知识教给学生就行。由于有这种思想，所以他们认为师范院校不需要综合性大学那样的设备和条件，认为师范院校不需要搞科研。这是轻视师范教育的另一种偏见，或者是一种陈腐的观念。当科学技术尚不发达时，工人、农民主要靠自己的手艺干活，那个时候，除了少数人为了升学在特殊的学问性学校（如英国的公学）学习外，一般只要求有极低水平的文化科学知识，对中小学教师的专业要求当然不高。即便如此，他们对那种培养高级人才的预备教育的高中教师的要求是很高的。现时代可不同了，科学技术迅猛发展，许多过去只是在大学课程中学到的东西，现在已经在中小学里出现。中小学生发展水平也与几十年前大不相同。教师如果只有中小学生所要学习的那点知识，是远远满足不了青年学生求知的要求的，而且也教不好那些课程。中学教育是给青年学生打基础的，但是如果教师只知道学生要学习的那点知识，对整个学科不了解，对学生以后将要学习什么不了解，教师就不知道如何给学生打好基础。正如建筑师没有整个楼房的建筑蓝图，他就不知道基础应该打多深一样。苏步青教授为什么要给中学教师办数学讲座呢？他说，是为了让教师在教学中做到心中有数，言之有物，避免不懂装懂，贻误青年。他说，现在数学上的有些问题，在中学里是作为已知的东西给学生讲的，没有证明，有的教师对这些问题并不了解。他说，只有用高等数学观点来指导初等数学的教学，才能使教师望得高，讲得透彻，收到深入浅出地启发学生的效果。要培养这样的教师，高等师范院校本身应有较高的水平。

有的同志总喜欢和外国比较。那么，看看外国师范教育发展的趋势吧！经与许多外国专家讨论得知，现在师资的培养是向着两个深度发展的：一个深度是专业水平，另一个深度是教育训练。近些年来，确实有加强专业水平的趋势。许多专家认为，要当好教师，教师本身的专业水平是极其重要的，但是又强调教育方法的训练。他们强调的职业训练与我们强调的不同，他们强调教育的应用方法。他们的教育课程很注意联系实际。以学生为对象来研究方法问题，而不是从抽象理论出发，对学生说教。我国的现状，无论专业学科的教学还是教育职业训练都不够，由于师范学习的年限与普通综合性大学一样长，但要学习两类课程，学生的来源又不及综合性大学，因此，两方面的训练都嫌不足。要从两个方面来加强，不能只强调一方面而忽视另一方面。当前从领导层面来讲，尤其要重视师范院校的物质设备和教师队伍的建设，因为过去对师范教育欠账太多，要使师范院校跟上综合性大学的水平，需要对师范教育重点扶植才行。

二

高等师范院校的主要任务是培养中等学校的师资，但中等学校有不同的水平：有初级中学和高级中学；有多样化的结构，有普通中学、职业中学、技工学校和中等专业学校等。因此，高等师范教育本身应该是一个多层次、多样化的结构，才能适应多种师资的要求。我们可以设想把高等师范院校分成四个层次：第一层是师范专科学校，招收高中毕业生，学制两至三年，培养初级中学的教师；第二层是四年制师范学院，培养高级中学教师；第三层是五年制的师范大学和综合性大学，培养重点中学和中等师范学校的水平比较高的教师；第四层是师范院校和综合性大学的研究生院（硕士研究生或研究班），培养师范专科学校和师范院校的教师。这是从纵的方面讲。从横的方面讲，除了设立一般师范院校外，目前亟待建立技术师范学院、艺术师范学院和体育师范学院。另外，要确立综合性大学和其他理工学院承担培养中等师资的任务。

从纵的方面来讲，就要根据不同的师范院校提出不同的要求。这种不同的要求是根据任务来确定的，不存在哪个学校高级、哪个学校低级的问题；也不存在用这种要求来确定哪个学校办得好、哪个学校办得不好的问题，学校办得好坏主要看它的任务完成得如何。我们这次参观了位于纽约的银行街学院，这所学院培养的幼儿教师在北美有突出的名气，我们走到哪一所大学，只要提到幼儿教育，他们就会问你，参观过银行街学院没有。由于它办得好，办得有名气，这个学院的气派很大，参观的人络绎不绝。如果我们的师范院校，不管是哪个层次，能办成像银行街学院那样有名气，我想，就是一所好学校，一所名牌学校。

从横的方面来讲，大家对办技术师范学院有争议，主要是认为职业中学、技工学校的师资光靠技术师范学院来培养是不可能的，这固然有一定的道理。但是目前技术教师缺乏，理工学院又不可能大量培养这方面的师资，适当建立技术师范学院是必要的。特别是有些专业，如服务性的专业，服装设计、烹饪、家用电器修理等专业的教师没有地方培养，设立技术师范学院可以弥补理工学院的空白。与此同时，应该明文规定一切高等院校都有培养师资的任务，这样才能解决我国各类中等学校师资的不足。尤其是综合性大学，要确定培养一定比例的师资。实际上，地方办的综合性大学，大部分毕业生出来后当教师，因为这些大学有的是由原来的师范学院改名而成的，不过增加了几个非师范专业。这类综合性大学应以师范教育为主，其他一些综合性大学也应开设教育专业的课程，也可以在综合性大学里建立教育学院，像欧美国家一样。将来准备当教师的学生可以在学习期间选修教育课程，或结业后再到教育学院学习1年教育理论和实践，取得教师资格证书。这样，综合性大学的学生多一种就业的机会。我想这条路子，随着我国职业构成的变化，会越来越宽。

三

应该办好几所重点师范大学，使它起示范作用和"工作母机"的作用。高等师范院校在高等教育中所占的比重很大，现在全国有高等师范院校265所，占全国高等院校的1/4。要把这么多师范院校办好是很不容易的，只有办几所重点师范大学，才能带动其他师范院校。这些重点师范大学的任务不仅要为中学培养师资，而且要为其他高等师范院校培养师资，要出科研成果，要编写高等师范院校用的教材。这样的师范大学既是教育中心，又是科研中心。它们的专业业务水平不应低于综合性大学，而教育业务水平应该高于综合性大学。为了达到这个要求，重点师范大学在学制、专业设置和科学研究方面要进行改革。

第一，学制延长为5年，用4年时间进行专业学科教学，1年时间进行师范职业培训。师范职业培训的内容可以分散进行，也可以像综合性大学教育学院培养师资一样，集中在最后1年进行。为了体现较高水平的学历，可以设立双学位，即授予专业学士学位和教育学士学位。在毕业后的工资待遇上，也应该体现他们学历的不同，也可以取消1年的实习试用期。

第二，重点师范大学的专业设置应该全面一些，不要局限于中学所授的科目，而要根据当代科学技术发展的形势，设立一些新兴的有发展前途和普及意义的专业，如电子计算机、环境保护、社会学、人口学等。

第三，增加研究生和进修生的比重，同时改进培养办法。这些研究生大部分要到高等学校当教师，因此，他们在学习期间应该参加一定的教学工作，兼作助教或政治辅导员，培养从事高等教育的能力。

第四，建立一些研究机构，开展科学研究。重点师范大学的科研方向主要是开展教育科学研究和基础学科研究，当然也可以根据学校的条件和传统，开展一些新兴的前沿科学的研究，特别是对于提高基础学科有帮助的新学科的研究，以提高学校的学术水平和教师的业务素质。教育科学研究不要局限于教育理论的研究，应重视教育实际的研究，如中学教材教法、中学思想教育的研究。

第五，改善重点师范大学的管理水平。重点师范大学应该研究自身的建设，改革管理制度，提高管理水平，应该成为高等院校的模范。

四

要努力改善教育学科的教学工作，培养学生的专业思想和从事教育教学的技能和技巧。现在师范院校的学生普遍不太重视教育学科的学习，这固然与学生不愿意当教师的思想有关，但教育学科的教学本身也存在着严重的问题。最大的问题是理论脱离实际。学生听起来感到枯燥、乏味，许多学生反映，教育学科的教学最不符合教学原则，这个批评很中肯。教育学科的教师要改变一种观念，即认为理论必须是思辨式的，必须用概念来套概念。其实，理论是一种经验的概括，在实际应用中概括出规律来，就是理论，不必把理论看得过于神秘。过去我们把哲学看得很神秘。这次我到北美，他们口口声声讲philosophy（哲学）。所谓哲学，就是你做什么事的指导思想，并无神秘可言。他们讲哲学，不是讲大篇的道理，而是和学生一起分析一种现象，找出为什么发生这种现象，应该如何对待这种现象，非常强调在实际中学习理论。我们就缺乏这一点。我们教育学科的教师，自己很少到中学去，不了解中学的实际，不在学生中分析中学发生的现象，空讲一套理论，学生当然感到很枯燥。因此，教育学科的教师首先要到教育实际中去，了解中学存在的问题，研究解决实际问题的方法，同时把学生带到实际中去，让他们去观察，和学生一起讨论实际中发生的现象，研究解决的办法。这样不仅使学生真正掌握了教育的理论，而且使学生对教育思想有深刻的认识，并建立起一定的信念，懂得一些教育规律，同时还可以获得进行实际教育教学工作的技能和技巧。

师范院校用于教育学科的学习和教育实习的时间应当适当增加，增加的时间不一定用于讲课，可以引导学生自学。例如，结合专业，指导学生读点教育论文、教育小说，看点教育电影，增加对教育工作的感性认识。学校应从学生一进校门开始就从各方面对学生进行做教师的熏陶，教育部门和现代教育技术研究单位应该搞出几套教育软件，配合教育学科的教学，改变过去一本讲稿、一支粉笔的教学方式。

师范院校要办好一两所附属中学。不要把附属中学办成追求升学率的重点中学，而是要办成真正的实验学校。我们这次去访问几所著名的大学，教育学院都有自己的附属实验学校。这种学校和大学的关系十分密切，大学教师在那里亲自讲课，研究生在那里搞实验，做助理教师。校舍的设计也是为实验用的，都是装有单向玻璃的观察室，研究人员可以在不妨碍教师教学的情况下观察、录像录音。我们在多伦多路尔圣技术学院儿童早期教育系参观，看到50多岁的教授麦凯在儿童教育中心和孩子们一起坐在地毯上，教孩子唱歌，学习音乐的节奏。这在中国似乎是办不到的。但是只有这样，教师才有教育儿童的实际经验，也才能把这些经验化为理论，教育自己的学生，否则，只能是空洞的说教。

五

要改革师范院校的招生分配制度。现在已经给师范院校优先录取新生的权力，许多地方还采取师范院校提前考试的办法，这些都是很好的措施。但最重要的是要动员优秀的中学毕业生报考师范，这样才能真正保证师范生的质量。这当然要靠提高教师的社会地位和工资待遇来解决，但是教育部门和宣传机关也有许多事可以做。

第一，宣传教师职业的重要性，教师劳动的特点和他的苦与乐。教师的劳动是很辛苦的，但也有他的乐趣。宣传部门不要只讲教师辛苦的一面，也应讲有乐趣的一面，使中学生感到教师是一个既重要又很有乐趣的职业，要让学生乐于当教师，而不是苦于当教师。

第二，采取考试和保送相结合的办法。师范院校可以增加保送名额，但也不宜太多，因为有些学校并不把真正的优秀学生保送上师范，而只是中等的学生保送，以便增加学校的升学率。因此，保送的名额要控制，可以把考试和推荐相结合，在考试成绩达到基本要求的情况下，优先录取推荐的学生。

第三，规定师范毕业生服务的年限。现在为了稳定教师队伍，中小学教师不容许流动。这固然可以稳定现有的教师，但是把未来的教师吓到门外去了，青年人一看进了门就出不了门，就不敢进门了。同时，用不容许流动的方法来稳定教师，教师的积极性不可能发挥。因此，要容许流动，但要求有一定的服务年限。规定的服务年限不宜太长，以5年为宜。工作满5年可以转职业，这是一个方面。另一个方面，我们要尽力改善教师的工作条件，提高教师的社会地位和福利待遇，这样才能使教师在工作中心情舒畅，觉得有前途、有出路，才能真正把教师稳定住。也就是说，我们改革的方针是开放，而不是封闭，只有开放搞活才有出路，封闭、僵化是搞不好的。经济是这样，教育也同样是这样。技术人才流动能够促进技术改革，我想教师的流动也能促进教育的改革，促使社会各界都来关心教育，激发教师的积极性。

论教师的职业和教师的社会地位[*]

教师的地位问题是各国议论最多的问题，也是我国人民现在议论的热门话题。这是因为教师的社会地位关系到教师队伍的稳定性，关系到教育质量问题。只有教师有较高的社会地位，教师的职业才有吸引力，才能吸引优秀青年从事教育工作，保证教师队伍的高质量，从而保证较高的教育质量。但是，如何提高教师的社会地位，人们往往只是在提高教师的工资待遇上做文章。提高教师的工资待遇当然是十分必要的。一种职业，工资待遇比较优厚，自然具有较大的吸引力，成为社会上人人羡慕的职业。即有了经济地位才有社会地位。但是，这只是问题的一个方面。任何一项职业，只有职业性越强，具有不可替代性，这项职业的社会地位才越高。如果一项职业，不需要经过专门训练，人人都可以干，那么它就不会受到社会的重视和尊重。

因此，我们在呼吁提高教师工资待遇的同时，还要注意提高教师的职业性，也即专业性。要改变那种只要有知识，人人都可以当教师的旧观念。

教师是一种专门性很强的社会职业，必须经过专门训练才能从事这一职业。因为教育是一种复杂的社会现象，它要把一个无知的少年儿童

---

* 原载《光明日报》，1989年4月12日。

培养成为对社会有用的人才。教师必须懂得少年儿童身心发展的规律和个性差异，懂得教育规律和教育方法，善于巧妙地运用教育机智和技巧，使少年儿童获得知识，增长才智。因此，有人称教育不仅是一门科学，而且是一门艺术。教师只有掌握这门科学和艺术，才能成为一名优秀教师。这就要进行专门的训练。同时也只有掌握了这门科学和艺术，教师的地位才会被社会承认，教师的职业才会受到社会的重视和尊重。

中国目前教师的社会地位还不够高。虽然政府和有远见的政治家、社会活动家、学者一再呼吁要尊重教师，国家还为此专门设立了教师节，但至今教师的职业还没有吸引力。原因也在于两个方面：一方面，教师的工资待遇太低；另一方面，教师职业的专业性不强，教师的素质不高，还没有具备不可替代性，人们还没有改变人人都可以当教师的旧观念。这两个问题解决了，教师的社会地位自然会提高。

如何加强教师的专业性？这就是师范教育的任务。在我国，一方面，要加强教师的职前训练，使新一代教师都成为经过专门训练的合格教师；另一方面，要加强在职教师的进修提高，使一部分不合格的教师经过专门训练成为合格的教师，使一部分合格的教师经过进修，不断提高自己的专业水平。

我国已经建立了完整的师范教育体系，培养新教师的有各级师范学校：小学教师由中等师范学校培养，初中教师由师范学院和高等专科学校培养，高中教师由师范学院和师范大学培养；在职教师的进修由各级教师进修学校和教育学院负责。小学教师由县一级教师进修学校负责培训，初中教师由地市一级教师进修学院或教育学院负责培训，高中教师一般由省级教育学院负责培训。有些师范院校也设夜大学或函授部，招收在职教师学习，但这种学习的主要目的是提高教师的学历，使小学教师达到能教初中或高中的学历，教初中的能达到教高中的学历，同时使没有学历的教师达到符合相应学历的要求。当然，这相应地也就提高了教师的专业能力。教育学院也承担着小部分培养新教师的任务，但它的主要任务是使在职教师更新知识，提高专业能力，使一部分未达到学历要求的教师达到相应的学历。

我们认为，只有这样的师范学校体系还不够，其他高等学校也应担负起培养师资的任务。这是因为：首先，中国人口众多，普及教育的任务很重，教师缺乏，只靠师范学校培养补充是不够的。其次，经过中等教育结构的改革，以及在中学里增设劳动技术课程，职业技术教育的师资尤其缺乏，而许多技术性较强的教师是一般师范学校的专业不能培养的，需要如工科院校、农林医学院校进行专门培养。最后，我国经济体制改革，以及教育适应市场经济发展的需要，要求教师拓宽专业面，使大学培养的人才适应多种职业的需要。其他高等学校也培养教师，可以增强教师职业的竞争力。

要加强教师的专业性，就要加强对师范教育的投入和建设。提高师范生的奖学金，改善师范院校的设备条件。目前我国有270多所高等师范学校，其中招收四年制本科生的师范学院和师范大学有77所。每个省、市、自治区都有1所师范大学，它是全省的重点大学。省、市、自治区政府都应增加这些师范大学的投资。原国家教委直属师范大学有6所，分布在华北、东北、华东、华中、西北、西南6个区域，是重点师范大学。这些师范大学由原国家教委直接投资，系科设置较齐全，设备条件较好，师资队伍较强。它们除了为中学培养教师外，还为其他高等师范学校培养教师，为高等学校的教师提供进修的机会。这些师范大学既是教学教育中心，又是科学研究中心。它们拥有一批研究所，开展基础理论的研究工作。因为只有这样，这些师范大学才能在师范教育体系中起到骨干作用，其他高等师范学校才有师资来源；同时只有这样，才能保持师范院校的学术水平与其他综合性大学相当。

要提高教师的地位，还应该严格实行教师合格证书制度。不允许不合格的人进入教师队伍，这样才能改变有点知识就能当教师的旧观念，同时才能保持教师队伍的高质量、高水平。

提高教师的素质是迎接21世纪教育中的
优先课题*

一

　　教育是未来的事业，教育发生的效益往往要在几年以后或者十几年以后才能显示出来。今天我们教育的学生，如果是大学生，则将在20世纪末才能使他们在学校获得的知识和能力为社会发展服务；如果是中小学生，则他们成为人才将是21世纪的事。因此，我们在考虑21世纪人类将如何发展的时候，就不能不优先考虑今天的教育问题。今天的教育是不是能适应21世纪社会发展的需要？有什么需要改进的？这是每一个政治家、教育家都应该思考的问题。

　　21世纪将是个什么样的世纪？未来学家有各种预测。我不是未来学家，由于我的知识所限，我只能说出与教育有关的几点预测的特征。

　　第一，科学技术将更加迅猛地发展，它将带来生产力的不断提高，以及生产技术和工艺的不断革新，从而造成劳动的变换、职业的变更。职前教育已经不能适应这种劳动变换的要求，必须把职前教育和职后教

*　本文为作者参加联合国教科文组织1989年在北京召开的"面向21世纪教育国际研讨会"的论文，原载《未来教育面临的困惑与挑战——面向21世纪教育国际研讨会论文集》，人民教育出版社，1991年。

育结合起来。而这种结合将以职前教育为基础。如果职前教育没有打好坚实的基础，职后的继续教育就无法进行。

第二，地球上的资源将进一步枯竭。人类一方面要节约资源；另一方面要开发新的资源，新能源、新材料、新技术将由此而产生。它要求教育为开发新资源培养掌握高科技、新科技的人才。

第三，世界局势将进一步缓和，但是经济领域的竞争和意识形态领域的斗争将会越来越激烈。谁能培养出对自己的事业有坚定信念并有竞争意识和能力的人才，谁就能在竞争中取胜。

为了适应上述这些特点，教育改革要从今天开始。特别是今天的初等教育和中等教育，将决定着21世纪国家的命运和未来。

二

人们天天在讲要提高教育质量，但如何才能提高教育质量？改革教学内容、改善教学设备无疑都是需要的，但我认为最关键的还是提高教师的素质。理由如下。

第一，即使是最完善的教材、最先进的教学设备，也最终要由教师来使用。如果教师本人不掌握这些教材、这些设备，或者不善于把这些教材或这些设备的使用知识传授给学生，那么提高教学质量就会变成一句空话。先进的教学设备也需要教师首先会使用，才能由他们引导学生去使用。

第二，未来的人才不仅要有知识，更重要的是要有完善的人格，要充满着对自己的事业的忠诚和信心。这就需要教师用自己完善的人格去培养学生的人格，这是任何教材和技术设备都不能替代的。

第三，有的教育家认为，为了培养学生的独立思考、独立工作能力，就要强调学生的自主性，就要淡化教师的作用。我不认为这是正确的。为了培养学生的独立思考和独立工作能力，教师固然不能越俎代庖，但需要加强引导和指导。学生的主动性靠谁来激发？靠教师。学生的活动由谁来设计和组织？由教师。学生的才能靠谁来发现和扶植？靠教师。学生遇到挫折靠谁来帮助？靠教师。学生才能的发展是由无知到知，由知之甚少到知之较多的过程。在这个过程中，没有教师，学生就不能迅速地顺利发展。自学成才，对一个有一定学习基础的人来说是可以的，但对一个尚无知识和能力的儿童来讲是不现实的。

因此，教师在人才的培养上起着极为重要的、不可或缺的作用，教师本身素质的高低就成为教育成败的关键。

三

今天的教师需要具备什么样的素质，才能适应21世纪教育的需要？我认为教师的素质主要表现在三个方面。

第一，必须具备教师的职业意识，即愿意献身教育事业，热爱自己工作的对象——青少年儿童，对工作能够用心钻研，不断提高自己的服务水平。在当前各国教师的工资待遇普遍较低的情况下，我们除了要呼吁有关部门不断提高教师的工资待遇外，更要培养教师的职业意识。要告诉教师，他在物质上的收获是微薄的，但精神上的收获是充实的。献身教育事业，看到自己教育的学生成长为社会需要的人才，每个教师都会在精神上得到满足。

第二，业务能力，即善于把知识传授给学生，并在传授知识的同时发展学生的智力。在几个问题上，目前有几种不同的意见。

首先，教师掌握的知识应当宽一些，还是深一些？

一种意见主张教师的知识应该宽广，而不求专深。他们的论据是，中小学生所学的知识是普通基础知识，不需要高深的理论。教师的知识宽广了，有利于满足学生多方面的求知要求。另一种意见则主张教师的知识应当专深。他们的论据是，只有教师精通地掌握了本门学科的高深知识，才能深入浅出地把基础知识教给学生。

这两种意见都有一定的道理，我认为应该把这两种意见结合起来：教师的知识既应宽广，又应专深。但这两者又都是相对的，是有一定限度的。所谓专深，是指教师对所教的学科有一个深刻的理解，但不应该像对一个科学家那样要求他；所谓宽广，是指教师应尽量多地掌握多方面的知识。随着科学技术的进步，科学向着分化和综合两个方面发展。所谓分化，即学科分得越来越细，专深程度越来越高；所谓综合，即某个课题的研究越来越需要多种学科的配合。科学这种发展趋势也要求教师掌握的知识既宽广，又专深。但是教师职前培训的时间是有限的，在师范学校的三四年时间里不可能要求教师掌握那么宽广和专深的知识。因此，教师的培训要把职前和职后结合起来，许多知识应该在工作中通过不断进修学习而获得。

其次，教师的职前培训着重于掌握知识，还是着重于职业技能的训练？

有一种意见主张，一名教师，重要的是他掌握的知识的多少，而不在于有没有经过教学方法的训练。他们认为，方法是可以在工作中摸索的，经验是可以积累的。另一种意见是，一名教师，重要的不在于他掌握了多少知识，而在于他是否掌握了教书育人的方法，因此，职前培训要加强职业技能的训练。

实际上两者都是十分重要的，教师既要掌握宽广、专深的知识，又应该有熟练的职业技能。教育是一门科学，又是一门艺术，需要通过学习研究才能掌握这门科学和艺术。在实际工作中固然可以摸索到经验，但也可能失败，而且需要的时间较长。师范教育就是要用较短的时间把职业技能教给学生，使他们将来胜任教师的职业。现在看来，师范教育，特别是中国的师范教育，应该在职业技能训练上加强。

第三，教师必须具备较好的心理素质。首先表现在有理想，对事业充满信心。在中国，就是要坚信社会主义，热爱社会主义祖国。其次是要有崇高的思想品质，为人师表，一言一行都能作为学生的榜样。最后是要善于处理师生关系和其他人际关系。教育是师生双边活动过程，双方融洽的关系才能使教育过程取得成功。许多调查研究证明，教育失败的原因之一就是师生关系不协调，学生不愿意接受教师的教诲。建立融洽的师生关系的基础是相互信赖，民主和平等。特别是教师要信赖学生，相信学生是愿意学习的，愿意坚持真理的，即使学生有某些错误，但经过耐心的教育是可以改变的。教师只有对学生信任，才能换来学生对教师的信任。一旦学生对教师有了信任感，教育就变成十分容易的事了。

教师不仅要与学生有良好的人际关系，而且要与其他教师、与家长有良好的人际关系。因为学生的成长绝不是只靠一位教师就行，而是要靠多位教师和家长的共同的、协调一致的努力。如果教育者之间没有融洽和谐的关系，要想教育好学生是不可能的。

教师为了处理好各种人际关系，就需要具备不屈的意志、开朗的性格、同情心和毅力等多种心理品质。

四

为了提高教师的素质，我有以下建议。

第一，适当延长师范教育的年限。现在高等师范教育的4年时间，既要学习学科知识，又要进行职业技能的训练，时间不足。在中国，职业技能训练的时间过少。建议把大学毕业后1年的试用期改为教育实习期，集中进行教育职业技能的训练。

第二，把教师的职前教育和职后继续教育结合起来，规定教师每五年应该进修一次，以便更新知识、总结经验。

第三，严格教师的考核制度。社会上任何一种职业，只有它具有不可替代性，才能有较高的社会地位，才能被人们尊敬，这个职业也才有吸引力。为了做到这一点，就必须严格教师的考核制度。把不合格的教师拒之教师队伍的门外，才能保持教师队伍的质量。当然，由于当前教师缺乏，一部分不合格的教师只好暂时保留，但要尽快提高他们的水平，使他们成为合格的教师。不过，不能因为教师缺乏，就降低对教师的要求。对于合格的教师，也要几年考核一次，以督促他们不断跟上时代的要求。

教育过程的又一次革命[*]

　　"电化教育"又称"现代教育技术",是教育现代化的标志之一,必将引起教育过程的一场新的革命。

　　学校的产生改变了过去手工业式的个别教学形式,大大地提高了教育效率。但是,无论是个别教学还是集体教学,都没有摆脱教师讲、学生听的局面。在这个过程中,学生的视听觉器官没有被充分利用,从而影响到学生对客观世界的认识。电化教育的开展改变了这种局面。这种变革可以从以下几个方面来理解。

　　第一,它改变了学生在教学过程中认识事物的过程。传统的教学过程是由感知教材、理解教材、巩固知识和运用知识几个环节连续地组成的。电化教育打乱了这几个环节的顺序,把感知、理解、巩固、运用融为一体。电化教育有形有声,不仅有较强的直观性,而且能够引导学生直接揭开事物的本质和内在的联系。心理学告诉我们,教学过程中运用的感觉器官越多,它们的作用发挥得越充分,对学习的知识就越容易理解和巩固。而且许多肉眼看不到的宏观世界和微观世界,以及一些事物的运动规律,都可以在电化教育中看到,使学生容易理解和掌握事物的本质,有利于学生思维能力的培养和发展。

---

*　原载《北京电化教育》,1991年第4期。

第二，它改变了某些教学原则。传统教育学中的直观性原则和循序渐进原则强调教学由近及远、由浅入深、由具体到抽象，电化教育改变了这个顺序，它可以把远方的东西放到学生的眼前，把复杂的东西变得简单，把抽象的事物化为具体。它既可以把时间和空间放大，又可以把时间和空间缩小，怎样有利于学生的认识就怎样做。

　　第三，它改变了教学内容和教材形式。通过电化教育，过去许多不容易理解的新科技的内容可以增加到教学内容中，使教学内容现代化。同时，电化教材不同于普通的书面教材，电化教材把声、像和文字结合起来，而且以声像为主，增加了教材的艺术感染力。

　　第四，它改变了教学过程中教师、学生、教育影响三者之间的关系。这三者是构成教学过程的要素，它们互相影响、互相作用。但是在传统的教学过程中，教育影响仅指教材。电化教育使教育影响中增加了教学技术手段，而且它越来越起到重要的作用，所以有些学者把教育技术手段称为第四个要素。教育技术手段的运用，改变了旧的师生关系。在传统教学过程中，学生往往处于被动的局面，在电化教育中，学生的各种感觉器官被调动起来，学生变得积极主动。优秀的电化教育教材，学生可以自己使用、自己学习，也便于教师因材施教，个别教学。当然，有些学者认为，电化教育将改变班级授课制。这样的说法根据还不足，但它确实改变了旧的班级授课制的某些固定模式。

　　电化教育的出现，不能简单地看作一个教育手段问题、方法问题。它对教育过程的影响是很深刻的，必将引起教育过程的革命。关于这一点，我希望所有教育工作者都能认识到。

教师要自觉地育人[*]

从教师的劳动特点来讲，需要教师有较高的职业道德水平。教师的劳动对象是学生，是生动、活动、主动发展的少年儿童。他们有思想、有感情，教师只有用自己的思想和感情才能培养学生的思想和感情，也就是一些教师所说的："只有心灵才能塑造心灵。"

我们常常讲"教书育人"，实际上教书和育人是分不开的，教书必然育人。问题是用什么思想感情育人，是不是自觉地育人。有的教师说我只管教书，不管育人，实际上这就是在育人，在不知不觉地用教师自己的世界观、人生观育人。这种状况很容易使学生养成一种只问业务学习，不问政治，不关心集体的倾向。教师对学生的影响是全面的，不仅在课堂上影响学生，课堂外、日常生活中也在影响学生；不仅有直接的影响，而且有间接的影响，有人叫作显性的影响和隐性的影响。有时隐性的影响更深刻，作用更大。因为学生是最苛刻的裁判者，他对教师的评判往往不是在课堂上，而是在教师的日常生活上。因此，教师要时时刻刻想到自己是学生的榜样，是少年儿童心灵的塑造者，要严格要求自己，一丝不苟，持之以恒。

---

* 原载《人民教育》，1991年第11期。

师范教育要面向21世纪[*]

教育是人类社会特有的活动，它与人类社会共始终。专门从事教育的教师职业，是人类社会最古老的职业之一，也是人类社会中永恒的职业。古往今来，人们用种种美好的语言来歌颂教师，这是因为教师对人才的成长和社会文化科学的发展，乃至人类的发展，发挥着不可估量的作用。17世纪伟大的捷克教育家夸美纽斯曾经说过："我们对于国家的贡献哪里还有比教导青年和教育青年更好、更伟大的呢？"他认为，教师的职业是太阳底下再没有比它更高尚的职业。然而，在当今物质利益泛滥的世界，教师的职业被一部分人忽视。教师的社会地位远不如银行家、企业家、律师，教师的收入总是在社会各行业收入的平均水平以下，从而造成优秀的青年不愿意当教师，在职教师的流动性很大。这种情况不仅发生在发展中国家，甚至在一些发达国家也不例外。这是一个极大的矛盾。社会发展需要人才，人才成长要依靠教师，而教师的职业得不到应有的重视。这个矛盾不解决，必然会影响到人才的培养，影响到整个国家综合国力的提高和民族未来的素质。

教育是未来的事业，教育产生的效益具有滞后性，往往在多少年以后才能显示出来。今天在学校学习的学生，将是21世纪的人才。因此，

---

[*]　本文为作者1993年在北京召开的中美师范教育会议上的主题发言。

教育要面向21世纪，培养教师的师范教育也需要面向21世纪。

高等师范教育的任务主要是培养中等学校的教师，师范教育要面向21世纪，就需要预测21世纪对人才的要求，特别是对中等教育的要求。但中等教育是一个复杂的阶段。由于各国教育发展水平的不同，各国中等教育的任务也不同。在中国，中等教育分为两个阶段：第一个阶段是初中，它担负着义务教育的任务，属于基础教育范畴；第二个阶段是高中，它的任务就比较复杂。由于高中阶段不属于义务教育，因此，目前的入学率还较低。据1989年统计，普通高中在校学生为716.12万人，职业中学在校生为282.27万人，技工学校学生为126.7万人，中等专业学校学生为217.75万人。如果把它们分成两类，则一类是普通教育性质的高中，现有学生700余万人；一类是职业教育性质的高中，也有700余万学生。他们的培养目标不同，课程设置不同，因而对教师的要求也不同。师范教育要适应中等教育有多种结构、多种性质的要求。目前我国师范教育的体系主要是培养普通中学教师的体系，师范院校的系科是按照普通中学的课程设置的。例如，普通中学里设有语文、政治、数学、物理、化学、生物、地理、历史、体育等科目，高等师范院校里也就设有中文系、政治教育系、数学系、物理系、化学系、生物系、地理系、历史系、体育系等。除了全国少数几所职业技术师范学院以外，就没有培养职业高中、技工学校和中等专业学校教师的地方。这也是一个矛盾。要解决这个矛盾，就要扩大师范教育的范围，改变培养教师的方式，实行开放式的师范教育。即除了原有师范院校增设一些职业技术教育专业以外，还要赋予理工科院校培养教师的任务。理工科院校的毕业生只要选修规定的教育课程，通过教师的职业培训，就有资格当教师。这种制度在国外已普遍采用，但在我国还没有采用。这是因为一方面，社会对理工科人才的需求量很大；另一方面，教师工资待遇较低，缺乏吸引力。这个问题终究要解决，否则，发展中等职业技术教育就会遇到困难。

中国当前面临着经济体制的变革，经济体制的变革必然会影响到教育。过去，我国的教育体制是按照计划经济建立起来的，从教学计划到教学方式、方法，全国都是统一的。这种教育模式不适应社会主义市场经济体制的要求。市场经济的特点是开放性、竞争性、创造性、法制性。它要求人才具有广阔的视野，敢想敢做，勇于创新的精神；要具有效率的观念、竞争的观念；但又要有法制的观念，会处理好人际关系。过去，我们的师范教育只注重培养未来的教师如何把知识传授给将来的中学生，不注重如何教育师范生将来培养中学生具有上述各种心理品质。因此，为了适应中国经济体制的改革，高等师范教育从专业设置、课程内容到培养方法也要进行改革。师范生本身就要有广阔的视野、敢于创新的精神，具有讲求效益的观念、竞争的观念等。只有教师本身具有这些品质，才能培养中学生具有相应的品质。

由于科学技术的迅猛发展，21世纪将是一个全新的世纪，同时21世纪也将是充满着矛盾的世纪。我不是未来学家，但是有科学知识和社会常识的人都会看到，21世纪世界将遇到新的挑战。由于人类滥用自然资源，地球上的各种资源将达到枯竭的程度，人类生存的自然环境正在受到自己的破坏，生态失去平衡，环境遭到污染，人类生存将受到威胁。与此同时，人类互相争斗，激烈竞争，进一步加剧了人类对自然资源的掠夺，使人类的生存环境恶化。当然，政治家、银行家、企业家应该首先觉醒起来，为人类发展担负起自己的责任。但教育应该做些什么？21世纪的教育首先要教育学生懂得关心环境、关心大家，要有全球观念。人类生活在同一个小小的地球上，不论穷人还是富人，如果环境遭到破坏，谁也逃脱不了厄运。只有大家都关心，共同来治理环境，人类才能继续生存。未来的教师要有全球意识、环境意识，克服狭隘的地方观念、种族观念，教育学生懂得世界和平的重要性、友谊的重要性。

当前世界局势仍然动荡和紧张，局部地区还战火不绝，而世界争斗的焦点主要体现在经济的竞争上。经济的竞争实际上是综合国力的竞争，是人才的竞争。人才是要通过教育来培养的，因此，教育面临着经济竞争的挑战，教育要为经济竞争培养能够战胜对手的人才。美国高质量教育委员会1983年的报告《国家处在危险之中：教育改革势在必行》中的第一句话就是："我国一度在商业、工业、科学和技术上的创造发明无异议地处在领先地位，现在正在被世界各国的竞争者赶上。"英国在高等教育的绿皮书中也提道："我们国家的竞争对手，正在培养或计划培养比英国更多的合格科学家、工程师、工艺和技术人才，繁荣经济需要这些专门人才，方能发挥企业家的才智和支持他们的成就。"可见各国都在关心教育改革，以便培养在21世纪能够战胜对手的人才。中国的教育也不例外，也要为21世纪中国的繁荣培养人才。邓小平为中国的发展设计了宏伟的蓝图，中国到20世纪末要达到小康水平，即国民人均收入要达到800～1 000美元，然后到21世纪中叶达到中等发达国家的水平。要实现这个目标，就需要教育培养大量的人才。这些人才不仅应是生产的能手，而且应有国际经济竞争的头脑，在国际经济竞争中战胜对手。

21世纪将是科技高速发展的世纪，国际竞争要靠高科技，战胜环境污染要靠高科技，发现和创造新的能源要靠高科技。21世纪要加强科技教育，中学教育的内容及手段都将有重大的变革。师范教育不仅要适应这种变革，而且要走在变革的前面。师范教育要掌握高科技，要把握学科发展前沿，了解学科水平和教育水平。有些人认为师范教育是高等教育中低水平的教育，认为只要把现存的知识传授给学生，培养几名能教中学的教书匠就可以了。这种观念是陈旧、落后的，是十分错误的。师范教育是教育的"工作母机"，师范教育水平的高低直接影响到中学教育，影响到未来的人才，在今天，就是影响到21世纪的人才。因此，师范教育要面向未来，面向未来的科技发展，改革师范教育的内容和方法，培养高水平的中学教师。我国当前教师的学历还较低，小学教师只要求中等师范学校毕业，初中教师只要求大学专科毕业，高中教师只要求大学本科毕业。未来教师的学历要提高，现在世界发达国家已要求小学教师大学本科毕业，要求中学教师有硕士学历。我国由于经济发展水平还较低，教师的数量又较大，不可能在短时期做到，但是沿海发达地区、有条件的地区要提高教师的学历要求。有了高水平的教师，才能培养出高水平的学生，这是不用解释的道理。

过去，在中国师范教育中有学术性和师范性之争。也就是一部分人认为师范教育只要面向中学，中学设什么课程，高等师范院校就设什么学科，高等师范院校的任务只是培养学生能把现存的知识教给学生，只强调教师技能的训练，不重视教师学术水平的提高。另一部分人认为，高等师范教育不仅要面向中学，有一定的教育技能，善于把现存的知识传授给学生，而且要面向未来，面向未来学科的发展，重视提高师范生的学术水平。现在看来，要培养21世纪的教师，这种争论已毫无意义。只有把学术性和师范性有机地统一起来，才能培养出21世纪合格的高水平教师。

高科技的发展带来了社会生活的变化及人们价值观念的变化。高度的物质文明提高了人们的生活水平，但是也带来了许多消极的观念，例如，拜金主义思想的滋长，个人自私自利思想的泛滥，青少年讲究物质享受，却不爱劳动，道德品质下降等。这些问题正困扰着世界各国的教师。在未来科技发展和物质文明不断提高的社会里，尤其要重视和加强青少年的道德教育，这已经为世界各国教育改革所重视。师范教育要适应这种形势的要求，把提高师范生的思想品德放在极重要的地位。教师的职业不同于其他职业，教师职业的对象是青少年，教师不是用什么劳动工具去塑造产品，而是要用自己的心灵、自己的高尚品德去塑造一代新人，用自己的人格去影响学生。因为只有教师自己拥有高尚品德，才能培养学生的高尚品德。

21世纪社会将是一个高度国际化的社会，国际交往将日益频繁，国际化已经成为当前各国教育改革的重要原则。我国师范教育也要重视培养国际化的人才，要教育学生有全球意识、国际合作的精神、国际交往的能力。要教育学生尊重别人，尊重别国的文化传统，尊重别人的价值观，不要把自己的观念强加于人。培养全球意识并不等于不培养爱国主义，相反，只有具有强烈的爱国主义才能有较强的国际主义，只有爱自己的祖国才能爱人类。没有祖国的意识，没有爱祖国的精神的所谓全球意识，只能是一种屈从于别人的意识，屈从于强权的意识，这不是真正的全球意识。真正的全球意识是全世界意识，这就要求首先热爱自己的祖国，然后热爱世界和平。未来的教师要教育学生热爱祖国的优秀文化，继承和发展祖国的优秀文化，使中国古老的优秀文化在世界文化中发出新的光芒，并为世界新文化增加新的光辉。

几十年来我国师范教育有了很大的发展，建立了完整的体系，取得了很大的成绩，但我国师范教育如何适应21世纪的要求，还有许多工作要做。我愿中美师范教育会议的两国学者能共同讨论大家关心的问题，互相学习，使中国的师范教育更加发展和完善。

教师思维是属于教师高层次的能力[*]
——《教师思维论》序

教师的地位和作用已经论述得很多了，但如何才能真正提高教师的地位？除了社会上要对教师有一个正确的认识以外，教师本身需要不断提高自己各方面的素质，使教师职业具有不可替代性。任何社会职业想要得到社会的承认和尊重，都必须有其职业所必须具备的知识和能力，具有不可替代性。为什么科学家受到社会的尊重？因为他们为科学进步、社会发展做出了贡献，他们具备渊博的知识和智慧。为什么医生受到社会的尊重？因为他能治病救人，别人无可替代。虽然当前我国科学家、医生的工资待遇并不高，但因为他们有本职业的专门知识和能力，所以社会很尊重他们。教师的情况就有所不同。虽然社会舆论一再呼吁要尊重教师，但似乎至今效果仍不佳。原因是多方面的，其中一个原因就是教师不像其他职业那样具有不可替代性。人们似乎认为，只要上过几年学，认识几个字就能当教师，这当然是极大的误解。但不可否认，长期以来我国对教师的要求是不够高的。国家规定中师或中学毕业就可以教小学，师专或大专毕业就可以教初中，高等师范学校或大学本

---

* 原载《连云港教育学院学报》，1994年第4期。

科毕业就可以教高中。没有教师合格证书考试要求，也就是说没有对教师职业的特殊要求。这是国家规定。至于实际情况，则离达到国家规定的要求还很远。近些年来国家也举办了教师上岗合格考试，但大多走了过场，真正合格的教师在全国恐怕也只占半数多一点。有一个地方，小学生六年只学到三年级的课程，原因是四年级以上的课程没有教师教得了，无怪乎有个劳动人事部门的同志说，小学教师怎么能算知识分子！小学教师听了这句话一定会感到很气愤，但事实上确实有一部分教师至今恐怕刚刚脱盲。此种情况怎么不叫人忧心忡忡！百年大计，教育为本，教育的根本又在于教师，如果今天再不重视师范教育，重视教师素质的提高，则我国教育将走入危险的境地，教师的地位也难以提高。

提高教师的素质，不仅要提高教师的学历，更重要的是要提高他们的职业能力。教师的职业能力包括：科学文化知识与所教学科的知识水平；教师的教学能力，即能够把他的学识按照教学计划的要求传授给学生的能力；组织教育活动的能力；教师本身的思想品质等。其中还有一个综合能力，就是教师的思维能力。虽然教师的思维能力既不是知识也不是技能，但它支配着教师的一切行为，属于更高层次的能力，而且是不可或缺的。有人会说，谁不会思维？的确，思想是每个人都有的，人人无时无刻不在思维。但是思维的品质有好坏之分。有的人的思维敏捷，有的则迟钝；有的人思维很全面，有的则片面；有的人思维较宽广，有的则钻牛角尖；有的人思维有条理、合逻辑，有的则杂乱无章。思维品质的好坏会影响到教师的行为，影响到教育效果。因此，要使每个教师有好的思维品质，就要对师范生和教师进行思维的训练。当今时代，思维科学已经成为一门学科，在国外许多学校，包括中小学都开设有思维课程。

要对教师进行思维训练，就必须对教师的思维特点有所研究。但是，我国在这方面的研究甚少，甚至可以说是空白。另外，我认为，思维修养问题固然可以训练，但更重要的是教师自觉地修养。如何修养？就是要了解思维的规律，具有思维的知识，然后对照自己的思维，不断纠正自己不符合思维规律的思维定式，逐步培养起科学的、优良的思维定式。

钱玉干同志的《教师思维论》的贡献，就在于它不仅填补了我国对教师思维研究的空白，而且给教师思维训练和自我思维修养提供了极好的教材。我没有来得及细细阅读这部专著，但看了它的内容简介、全书的目录和第一章绪论，我很同意他对教师职业思维训练重要性的论述，同意他对教师思维方方面面的研究设计。至于他论述的内容，我则没有资格妄加评论，因为这是学术研究成果，只有对本课题有研究的人才有发言权。作者要我为他写几句话，我只好借题发挥，写了以上一些。

加强师范教育，迎接21世纪教育的挑战*

　　21世纪就要到了。可以预言，21世纪将是一个高科技的时代。在20世纪遇到的许多难题可望在21世纪解决，但也会有些问题将在21世纪恶化。科学技术的进步并不总是给人类带来财富和幸福，有时还会带来灾难。世界是个大家庭，要确保和平共处，进步发展，必须通过教育来培养人才。20世纪80年代以来，世界各国教育改革非常频繁，各国有识之士都在寻找出路。出路在培养人才，培养有科学技术、有创造精神、有献身精神的人才。许多专家指出，今后的人才不仅要有知识，而且要有创造性能力，要对社会有责任心。有人认为，21世纪人才走向社会，要有三张证书：一是知识水平证书；二是职业能力证书；三是对社会责任心的合格证书，要有完善的人格。

　　20世纪80年代以来，教育改革非常注重人格培养，而高质量的人才培养，需要高质量的教师面对这样的挑战。师范教育如何发展才能适应21世纪教育的发展，这已成为一个跨世纪的课题，摆在我们面前。教师素质分两个方面：一方面是人才素质；另一方面是职业能力。教师的职业特点是什么？我认为，它区别于其他职业的最大特点是教育者与教育工具或教育手段融为一体。教育工具不是指粉笔、黑板，而是指塑造

＊　原载《江苏教育学院学报（社会科学版）》，1996年第1期。

人的工具，这是和教师自身合二为一的。教师要用自己的智慧去启迪学生，用自己的知识去武装学生，用自己的心灵去塑造学生，用自己的人格去熏陶学生。教师在教育过程中的作用是任何工具都不可替代的。以后教育媒体先进了，教育技术先进了，远距离教育开展了，但教师的这个特点是不可能变化的。教育课程更新得再好，如果没有教师，那是不可能实现的。1980年全国师范教育工作会议召开时，胡耀邦同志曾讲过教师三方面的要求，即高尚的品德、渊博的知识和教学的能力。我认为这讲得很好。

目前，我们的教师现状如何？

首先，教师学历层次太低。小学教师中师毕业，严重影响教学水平的提高。因为小学教师文化水平偏低，所以减轻学生负担、纠正片面追求升学率总是收效甚微。现阶段由于劳动人事制度等方面的原因，强调学历主义，不讲能力资格，因而追求升学率便是追求职业。现在北京、上海等地要求小学教师大专化。北京搞小学教师自学考试，我认为小学教师自考不能分几个专业，只能一个专业，即小学教育。这个专业要学文化知识，教育学、心理学知识，人文科学知识，自然科学知识。自学考试好是好，但有一个缺陷，就是考生没有经过校园文化的熏陶。大学校园不仅有教师，大学的学术、文化氛围也很宝贵。怎么弥补？我建议让教师到大学来进修课程，在校园里生活、学习。对教师不能只讲学历要求，不讲能力要求。教师资格要求要有硬指标，要把资格、学历与能力分开。

其次，要强化教师职业道德要求，在师范教育过程中要有对应措施。所以，面向21世纪的师范教育要高水平发展。师范院校要坚持搞科研，因为搞科研对教师知识结构的完善、创造力的培养十分重要。现在，师范院校与综合性大学是不公平竞争，具体表现为对师范院校的资金投入明显偏低，科研经费更少。职业训练方面很不规范，教育学、心理学学习时间、教育实习时间也很短，这种状况必须得到改变。

最后，教师是不可替代的职业，要加强职业训练，要提高教师工资待遇，更要提高教师专业性程度。师范教育改革要与人事制度改革相配套。

总的来说，目前教师学历层次低，文化水平要提高，职业技能训练要加强，要规定教师资格证书的要求。教师资格证书要经过教育专业课程学习，可以考虑通过延长学习年限的办法进行，即本科后加一年的办法，用整整一年时间学习专业训练。这里涉及工资待遇等一系列问题，基本设想是师范生毕业后实习一年，可以预分配，工资由单位支付，享受职工待遇，但集中学习教育专业课程、进行职业技能训练，然后经过考核，取得资格证书。当然，这仅仅是设想，操作起来可能还有许多困难要解决，仅供讨论，供决策者参考。

提高教师素质是深化教育改革的关键*

办好一所学校需要许多条件，但最重要的是要有高质量的教师队伍（包括校长）。否则，即使有最先进的设备、最好的教材，也难以培养出高质量的人才。抗日战争时期的国立西南联合大学在极为艰苦的条件下能培养出众多的人才，就是靠一支高质量、高水平的教师队伍。虽然今天与抗日战争时期不同，许多高科技教学和科研需要有较先进的设备条件，但教师的质量仍是关键。基础教育更是如此。基础教育之所以走不出"应试教育"的怪圈，原因固然很多，但就教育内部而言，是教师的教育观念问题和业务水平问题。从教育观念来讲，许多教师缺乏正确的人才观。他们心目中的人才是考上重点中学、最终考上大学的人；他们心目中的好学生是门门考满分、唯书听话的学生。从业务水平来讲，许多教师既缺乏广博的专业知识，又缺乏科学的教育方法，只会用笨办法让学生死记硬背，多做练习，搞模拟考试，增加学生的学业负担，抑制学生才能的发展。

对教师队伍水平的估计不能太乐观。教师合格考试有许多水分，有些地方走了过场。即便都达到学历标准，我国教师的学历依然是全世界

---

* 原载《求是》，1996年第22期。

较低的。就小学教师而言，即便学历全部达标，也只有中师水平，其文化水准不如一个高中毕业生。这样一支小学教师队伍是难以胜任21世纪小学教育需要的。我们要重筑教师队伍这个长城，就要大力提高教师队伍的素质。

素质教育与师范教育[*]

一

《中国教育改革和发展纲要》提出："基础教育是提高民族素质的奠基工程，必须大力加强。""中小学要由'应试教育'转向全面提高国民素质的轨道，面向全体学生，全面提高学生的思想道德、文化科学、劳动技能和身体心理素质，促进学生生动活泼地发展。办出各自的特色。"这充分阐明了基础教育的任务、目标和当前应克服的不良倾向，但是也引起了教育理论界的不同意见和争论。这种争论并不是什么坏事。学术争鸣是学术繁荣的表现，同时也是接近真理的重要途径。问题总是越争越明，通过争鸣，人们会在一些问题上达成共识。

争论的焦点是什么呢？大致有下列几个方面。

第一，什么叫素质？素质原本是指一个人从先天获得的生理特征，或叫遗传素质，后天获得的各种品质通常叫素养。但是，文字总是在变迁发展的，有人把后天获得的品质也称为素质，如国民素质、教师的素质、作家的素质、艺术家的素质等，从而扩大了"素质"这个词的内涵，久而久之被大众接受，这就叫作约定俗成。因此，今天所讲的"素

---

* 原载《高等师范教育研究》，1997年第3期。

质教育"的"素质"的含义，既包括了一个人从先天获得的生理特征，又包括了从后天获得的各种品质。如果硬要说素质只能指先天获得的遗传素质，其他说法都不科学，那么这个争论也就没有意义了，而实际生活中大家讲的人的素质也就难以理解了。

第二，什么叫"应试教育"？实际生活中存在不存在"应试教育"？要不要反对"应试教育"？有的同志说，考试是一种评价学生、选拔人才的手段，在当今时代是不可缺少的，有考试就有应付考试的教育，"应试教育"也是无可非议的。

我的理解是，所谓"应试教育"，是指以应付考试为目的的教育。考试能评价一个学生学习的成绩，甚至学习的能力，考试也是选拔人才的一种手段。但是，考试本身并非目的，把手段变成目的，必然会使教育走入误区。当前，教育中的种种弊端不能不说是由此引起的。

为什么考试不能成为教育的目的？因为考试本身就有先天的缺陷。考试只能评价一个学生的学习成绩，甚至学习能力，却不能评价学生的整体素质。作为评价学生的手段来讲，考试也不是唯一的，还应采取其他辅助的办法。1996年日本文部省就提出要以"新学力观"评价学生，即除了记录学生的考试成绩外，还要评价学生"学习意愿和态度""思考判断和创意构思""表现应用""理解鉴赏"的能力。把考试作为目的，就会忽视考试无法衡量的其他素质的教育。

"应试教育"的弊端存在不存在？实事求是地说，是存在的，而且正在严重地影响着我们下一代的素质。且不必从理论上分析，从现实生活中就可以看到，现在中小学生负担过重，心理压力太大，偏科，忽视思想教育和体育锻炼，缺乏创造性的活动，缺乏幸福的童年等。之所以如此，就是因为整天为了应付考试而忙碌。长此下去，我们的民族还能有希望吗？

"应试教育"还有一个很大的弊端，就是它阻碍着教育改革。教育是要在改革中前进的，教育理论是要从教育实践中提炼的。但是，任何改革实验一遇到"应试教育"就会碰壁，就会萎缩。北京师范大学实验小学从1958年创办开始就实行五年制的学制实验，采用自编的教材，实验了30年，卓有成效。但是，由于北京地区都是实行六年制学制，小学升初中要以六年制的教学大纲统考。实验小学虽然采取了种种补救办法，在统考中也取得了较好的成绩，但终因学生负担过重，迫于家长的压力，在1988年改为六年制。30年的实验付诸东流，这并非个别的事例。

有人说，既有考试存在，就有"应试教育"。一点不差，这正是克服"应试教育"困难之所在。但不能因为存在，就认为它是合理合法的。既然"应试教育"带来了诸多弊端，就应该设法克服它，包括改革考试制度。

第三，素质教育和全面发展教育有什么区别？为什么一定要提出素质教育？我的理解是，素质教育就是全面发展教育。那为什么要提素质教育？我想，这是因为"应试教育"的干扰，使全面发展的教育方针没得到贯彻。素质教育的提出是针对"应试教育"的。要克服以应付考试为目的的教育，提倡以提高学生的素质为目的的教育，这种素质教育就是全面发展的教育。

素质教育的提出还有一个大的背景，即时代的要求。科学技术的迅速发展、市场经济体制的变革，并由此带来的各种竞争和社会问题，都要求每个人具有较高的素质，包括思想道德素质、文化科学素质、心理生理素质和劳动技术素质等。我们常常在日常生活中说某某人素质不高，或者某某产品不合格是由于工人的素质不高造成的，总不会说，某某人全面发展不够，工人的全面发展不够。这说明处处存在人的素质问题。素质教育与全面发展教育只是相同的内涵、不同的提法。

第四，有的同志认为"应试"也是一种能力。考分高的并不一定素质低，考分低的不一定素质高。这是对的。反对"应试教育"，并不反对考试，只是不要把考试当作目的，把考分当作衡量人的唯一标准。考分高的并不一定素质低，但也不一定素质就高。

有人说，当前的人才都是考出来的，"世界上85%的为人类做出杰出贡献的素质较高的成功者，都是应试场上的佼佼者"。这是因为当前只有考试这种办法选拔人才，只有通过考试才能受到较高水平的教育。但是反过来想一想，有没有统计，由于考试埋没了多少人才？考试场上的佼佼者中有多少人成为碌碌庸人？可见，不能认为高分与人的高素质等同。应试的能力只是人的一种能力，而且要看考试考的是什么，怎么考，怎么应试，才能具体说明这种应试能力是否为一个人所必须具备的素质。也就是说，如果为了应付考试而死记硬背，或投机取巧，这种能力还是少一些好。

二

克服"应试教育"，提倡素质教育，是一项系统工程，绝不是提出一个口号就能做到的，需要采取有力的措施，让全社会都来关心这件事。

"应试教育"的存在是有它的社会根源的。从表面上看，是因为高等教育不够发达，招生人数不能满足青年求学的要求，为了应对高考的竞争，出现了"应试教育"。但如果探其究竟，还有更深刻的社会原因。

首先是我国长期处在计划经济的条件下，商品经济不发达，就业门路较狭窄，追求升学，实际上是追求就业，因为学历越高，就业门路越宽。

其次是我国的劳动人事制度只重学历，不重能力。学历越高，工资待遇就越高，缺乏应有的学历，难以晋升，难以就任较高的职位。这就驱使青年和家长走高考的独木桥。

再次是旧式的教育价值观念作祟。我国封建社会长期轻视工农、轻视生产、轻视技术，"学而优则仕"，读书是为了做官，不能按照社会的需要、个人的能力来确定读什么书，而是用读书来追求社会地位。

最后是地方政府领导从本位或个人利益出发，总是用升学率、考分来评价学校和教师的成绩。

可能还有其他原因。因此，当前存在"应试教育"不能怪学校，不能怪校长，更不能怪教师，是整个社会的问题，需要综合治理。

社会主义市场经济体制的建立，商品经济的发展，正在拓宽就业门路。职业教育近些年来在我国有了较大发展，初中后的分流基本上已经实现。应该说，这大大减轻了高考的压力。但由于高中的分流，加大了小学和初中的考试压力。

应该改变当前学历主义的劳动人事制度，把用人标准放在能力上，而不是放在学历上。为此，应实行毕业证书和资格证书分开的制度，持资格证书上岗。资格的认定应有严密的考核制度做保障，鼓励自学成才，鼓励通过各种途径获取应有的知识和能力，获取资格证书，克服"独木桥"现象。

各级政府领导要转变教育思想和作风，切实把提高质量和办学效益放在首位，严禁单纯用升学率和考试分数作为评价学校和教师的标准，要用全面质量的观点评价学校和教师的工作，鼓励学校和教师进行教育改革和创新实验。

以上是从社会外部条件来讲的，教育系统内部更应该锐意改革，克服"应试教育"的思想和模式，实现向素质教育转轨。

首先，要改革考试制度。现在许多地方已经取消小学升初中的考试，但上初中的竞争依然很激烈。因为虽然取消了重点学校的说法，但好学校与差学校的差距依然很大。要减轻小学升初中的竞争压力，只有尽快地办好薄弱学校。高考仍然是最主要的指挥棒,高考制度必须改革。改革的思路是改变一次考试定终身的做法,同时减少考试科目、考试内容和方法,力求能够全面评价学生的学习能力。这个问题需专门研究和论述。

其次,要改革课程。通常说考试是指挥棒,但考试的根据是课程和大纲。因此,从根本上讲,要改革课程。改革的思路是要适当降低难度,适当减少必修课,增加选修课,充分照顾学生的爱好和特长。

再次,要改革教学方法。要把培养学生的学习能力放在第一位,而不是死记硬背书本上的知识。

最后,最根本的一条是要改革教育思想,转变教育观念。教师的教育观念要转变,校长的教育观念要转变,家长的教育观念要转变,各级领导干部的教育观念更需要转变。

三

素质教育对教师的素质提出了较高的要求。

第一,要有正确的教育思想,要树立正确的人才观、学生观、成功观。学生千差万别,但有一点是共同的,即他们都处于成长期,可塑性很强,每个学生只要教育得法,都能够成才。人才是多种多样的,不能说升入大学的是人才,不能升学的就不是人才。每个学生都有一定的长处,都是要求上进的。要从小培养学生的自信心、自尊心、自强心,不要随意地把学生当作后进生。对表现较差的学生,要更耐心和谨慎,不可伤害他们的自尊心。

第二,要有渊博的专业知识。克服"应试教育"的关键是提高课堂教学的质量。课堂教学的质量提高了,就能减轻学生的负担。现在学生负担重的一个原因是有些知识,学生在课堂上就没有弄明白,作业又多，学习不是处在轻松、愉快的氛围之中。要提高课堂教学质量，就需要教师有渊博的专业知识，能够举一反三。俗话说，要给学生一杯水，教师要有一桶水。在当今科学技术迅速发展、知识暴增的形势下，教师只有不断学习，充实自己的知识，才能真正提高教学质量。

第三，要有精湛的教育艺术。教育既是一门科学，又是一门艺术。少年儿童的心灵是很娇嫩的，稍有不慎，就容易受到伤害。教师必须懂得少年儿童的心理、生理特点，掌握教育艺术，善于鼓励、启发和诱导，使学生自觉地追求进步，掌握知识，发展能力。

总之，要提高学生的素质，教师本身要有更高的素质，即有较高的思想道德素质、文化科学素质、劳动技术素质和身体—心理素质。

按照素质教育要求来审视我国师范教育，就会发现有许多需要改革的地方。首先要确立一个观点，即师范性不是落后性。有一种偏见，认为中小学教师不需要多少学问，只要把中小学课本中的东西弄懂了就行了。这是极不正确的。中小学课本中的知识虽然比起大学的专业学科要简单得多，但它是各门学科的基础，没有渊博的知识就驾驭不了这些基础知识，就很难深入浅出地教给学生。

我国当前各级教师的学历层次太低，特别是小学教师，只要求中师毕业，而中师只相当于高中水平。又由于师范生还要学习教育学、心理学、教材教法，还要实习，中师学生的文化科学知识实际上远不及普通高中生。用很贫乏的一些知识去教育求知欲旺盛的儿童，教师是难以胜任的。初中教师由师范专科学校来培养，也是极不适应的。因此，在国家财力允许下，应尽快提高各级教师的学历层次。

高等师范院校应该把提高学术水平、提高教学质量放在重要位置，使师范生掌握渊博的专业知识。同时，要确立一个观点，即不是有了专业知识就能教好书，教师必须学习教育理论，掌握教育规律，掌握教育艺术。认为教育理论、教育方法是可有可无的，只要有学问，就能教好书，这是一种极为有害的偏见。教育是人类社会的一项专门实践活动，教育是有规律可循的，少年儿童的成长也是有规律的，只有遵循教育规律，才能取得预期的教育效果。师范院校应该加强教育理论的教学，加强教育实习，提高师范生的教育教学能力。

师范生既要学习专业理论，又要学习教育理论和实习，高等师范院校三四年的学习时间显得短了一些。因此，有必要在财力允许的条件下延长师范院校的学习年限。将来条件成熟，逐渐过渡到开放式的培养方式，即普通高等学校毕业以后再进行一年师范教育的专门培训，以提高师范生的总体水平。

师范教育中要重视正确的教育思想的教育和培养。为此，要改革当前教育专业理论学习的方式、方法，要加强教育理论和教育实际的联系。师范院校的学生一上学就应该接触中学，了解中学。有了实际经验才能热爱教育专业，才能对教育理论感兴趣，才能真正理解教育的规律和法则。

师范院校的教育学科要彻底改革。目前师范院校的教育学、心理学还是20世纪50年代的旧面孔，学生不爱学，老师不愿教。要让教育学、心理学换一个新面孔。改革的思路是拓宽教育学科的知识面，少一点说教，多一点实例。可以设想，把教育学改为教育学科群，由一组教育课程组成，由学生任选3~4门。这些课程可以是教育学概论、教育哲学、教育社会学、教育经济学、现代教学论、现代课程论、中国教育史、外国教育史、教育名著选读、比较教育、当代教育问题研究、教育案例分析、学科教学论、某门学科的教学法研究等。课程不宜太多太重，可以让学生多选几门，使教育课程丰富多彩。

要采用先进的现代教育技术来改进师范教育，要教会师范生使用这些现代教育技术手段。教育技术的运用不仅会引起教育领域的革命，而且会促进教育思想的变革。它在教育中的影响是不可估量的，应该引起师范教育工作者的高度重视。

师范教育的改革是多方面的，除上述内容外，还包括领导体制的改变、校内各项工作的改革，这里就不一一论述了。

提高教师素质　提高教育质量

　　办好一所学校，必须具备几个条件：一是必要的校舍和设备；二是一套切合学生实际又反映当代科学文化发展的教材；三是训练有素的教师（当然包括校长）。其中最重要的是教师。我经常在想，抗战时期国立西南联合大学在那么艰苦的条件下，为什么能培养出那么多人才？就是因为有一批著名的学者在那里当教师。当然，现在的条件不同了，我们已经有了较好的物质基础来改善学校的办学条件，但是教师的作用仍然是主要的。

　　教师集体是学校的灵魂。他们塑造着学校的精神风貌、文化氛围，即一所学校的校风。学生在这种氛围中潜移默化地受到教育。

　　教师是智慧的启迪者。教师不仅要把书本知识传授给学生，而且要开启学生的心智，使他们变得聪明，有能力自己去获得更多的知识，有能力解决生活中遇到的实际问题。

　　北京市已经实现了普及九年义务教育目标，教师也基本上达到了国家规定的学历要求。但是，教育质量是否已经达到了令人满意的程度呢？恐怕还没有。比如，还存在少数基础薄弱学校，于是就出现了学生纷纷挤入重点中学的激烈竞争。这种竞争势必走入"应试教育"的怪

　原载《北京教育（普教版）》，1997年第6期。

圈，造成学生课业负担过重，影响人才的成长。为改变这种状况，北京市采取有力措施，加强基础薄弱学校的建设。如何建设？我认为关键仍是教师，要把重点放在教师队伍的建设上。设备条件固然重要，但最好、最先进的设备还要靠教师去使用。

要尽快提高小学教师的学历规格。中师毕业生教小学，这在世界上已经很少存在。中师毕业生的文化程度比不上普通中学毕业生，怎么能适应当代科学技术发展的要求，满足儿童强烈的求知欲望？由于他们本身文化素质低，因此，在学校中常常出现违反教育规律的事。

要不断提高中学教师的文化素质和业务能力。过去有一种偏见，认为掌握了中学教科书上的基本知识就能当好中学教师。中学是人才成长最重要的阶段，是站在进入知识和艺术殿堂的门槛上。有水平的教师能够很快地把学生引入殿堂，而水平低的教师却会使学生永远徘徊在殿堂之外。

要提高教师的素质，除了提高教师的学历层次外，更重要的是加强继续教育，应该对教师的继续教育立法。继续教育的方法最好是到高等学校选修学分。小学教师通过自学考试获得高一级的学历，固然是一种途径，但自学考试本身有它的局限性，它只是一种"应试教育"，缺乏高等学校校园文化的熏陶。中学教师的教研活动固然也很必要，但它只局限于教材、教法的研究，缺乏对学科前沿的接触和了解。只有经常到高等学校走一走，才能获得学科的最新信息，才能受到学术的熏陶。总之，教育质量的提高，与教师质量息息相关。看教师的素质不能仅仅看教学能力，而应该从思想道德、文化科学、生理与心理做全面考察。提高教师的整体素质是提高教育质量的关键。

师范教育面临的挑战和改革方向[*]

我国的师范教育历经一百年，有了很大的发展，特别是新中国成立以后，经过多次规划和调整，建成了一个包括职前培养、在职培训的多层次、学科门类比较齐全、布局比较合理的师范教育体系，为我国普及义务教育和发展基础教育创造了良好的条件。

要办好一所学校，最关键的是要有一支合格的教师队伍。而合格的教师需要依靠师范教育来培养。早年盛宣怀在创办师范院的时候就说"惟师道立则善人多"，师范"尤为学堂一事先务中之先务"。一百年以前是如此，今天尤为重要。当我们即将跨入21世纪的时候，我国师范教育正面临着种种挑战。

——当代科学技术高速发展向师范教育提出的挑战。自20世纪中叶以来，科学技术已经历了多次革命，人类进入了利用核能、摆脱地球引力、探索生命奥秘、开发人工智能、信息网络化的新时代。知识积累明显加快，新学科不断涌现，但是我国教师的学历层次还很低，小学教师只有中等师范学校的学历，初中教师也只有师范专科的学历。这显然与科技发展的要求不相符合。

——我国"科教兴国"战略的实施，经济发展和社会进步向师范教

---

* 原载《光明日报》，1997年9月12日。

育提出的挑战。目前我国经济发展正处在两个根本转变的历史时期：一是从计划经济体制向社会主义市场经济体制转变；二是经济增长方式从粗放型向集约型转变。这两个转变都要依靠科技进步和劳动者素质的提高。教育必须为社会主义现代化建设培养各类人才，要提高教育质量和办学效益。

——基础教育改革向师范教育提出的挑战。基础教育是面向全体学生，提高国民素质的奠基工程，必须革除目前教育中存在的以应付考试、片面追求升学为目的的弊端，加强素质教育。而实施素质教育首先要求教师本身有较高素质，即具有正确的教育思想、高尚的道德品质、渊博的专业知识和科学的教育方法。师范教育担负着培养高素质教师的艰巨任务。

——年青一代价值观的变化向师范教育提出的挑战。随着科学技术的发展和应用，学生可以从多种媒体获取信息，接触多元文化，这影响了他们的价值观的形成和变化，从而给教育增加了难度。今天的教师需要有较深的文化素养、较强的判断是非的能力、娴熟的教育艺术，才能引导年青一代向着正确的方向发展。

总之，只有努力提高教师的整体素质，才能迎接这些挑战，为社会主义现代化建设培养高质量的人才。这个责任显然要落在师范教育上。

师范教育必须改革，才能适应形势发展的要求。

首先，要提高对师范教育的认识。要克服两种错误倾向：一种倾向是教师不需要多么高的学术水平，只需要有一定的科学知识，能够把这些知识传授给学生就可以了，因而师范教育也可以是低水平的。这是一种陈腐的观念。如果说在师范教育创建之初只能做到这一点的话，那么师范教育发展到今天，这种认识只能阻碍师范教育的发展。前面讲到，当今科学技术迅猛发展，学生接受知识的渠道增多，一名教师如果没有渊博的知识和较高的学术水平就不可能跟上时代的步伐，就不可能把学生引入当代科学技术的殿堂。另一种倾向是教师只需要渊博的知识和高深的学问就能培养出高质量的学生，无须学习教育理论和掌握教育技能，因而师范教育可以取消，师范院校应向综合性大学看齐。这是另一种偏见。教育是一门科学，是有规律可循的。只有掌握教育规律，才能事半功倍；违背教育规律不仅会事倍功半，有时甚至会摧残人才。因此，要克服上述两种偏见，把学术性和师范性有机结合起来。

其次，要逐步提高教师的学历层次。其中首要的是提高小学教师的学历层次。现在世界上由中等师范学校培养小学教师的国家已不多。我国由于人口众多，过去文化教育的基础比较薄弱，加上穷国办大教育，不可能一个晚上就把小学教师提高到大专学历水平。但是有条件的地区，如沿海发达城市，应该及早规划，逐步提高小学教师的学历层次，也要考虑提高初中教师的学历层次。国务院学位委员会决定为中学教师设置教育硕士专业学位，这是提高中学教师素质的强有力的举措。它为中学教师获取研究生学位开辟了渠道，这是我国师范教育发展史上，乃至整个教育发展史上的一件大事，将对我国教育的改革和发展产生巨大而深远的影响。

再次，要改革师范教育的课程结构，优化师范生的知识结构和能力结构。长期以来，师范院校的本科课程分为三类：一是公共基础课，即政治课、外语课、体育课；二是学科专业课；三是教育专业课，包括教育理论和教育实习。这三类课程中以学科专业课为重点，约占全部课程的70%。学科专业课分得很细，而且到高年级还有专门课。师范生掌握的专业知识过细过专，往往不能适应中学教学的实际需要。教育专业课过少，教育实习时间过短，再加上教育课程的陈旧，几乎不可能让师范生在学校中获得应有的教育理论知识和掌握实实在在的教育技能。师范专科学校则是本科课程的"压缩饼干"，更不能适应我国广大农村初中的需要。师范院校的课程必须改革，总的要求是加强基础课，拓宽专业面。基础课不仅要包括政治、外语、体育，还应增加人文科学和自然科学课程，以提高师范生的文化素质。学科专业课以基础理论和学科前沿知识为主，使师范生有较宽厚的专业知识，并了解学科的发展趋势。要减少必修课程，增加选修课程，使师范生能选学自己爱好和专长的课程。应该说，对一名中小学教师来讲，知识面宽不仅不会影响到他的学科教学，反而会有利于他的学科教学。

还要注意加强对师范生职业道德的培养。教师是人类灵魂的工程师，对教师的职业道德应该有更高的要求。教师职业道德的核心是热爱教育事业，热爱学生。教师要热爱每个学生，特别是对后进的、有缺点或错误的学生，要用加倍的热情去帮助他，使他成为社会有用之才。

最后，要加强师范继续教育。终身学习已经成为现代社会的重要标志。科技的高速发展、知识的暴涨和加速更新，都要求教师不断学习、终身学习。师范教育不仅要培养新教师，而且有责任为在职教师提供继续学习的机会。教师的继续学习光靠教育学院和进修学校是不够的，应该制定政策，定出要求，让在职教师定期到大学选修一定学分的课程。这是因为大学总是站在学科的前沿，教师可以选学到最新的知识。同时，大学作为最高学府，其校园文化的氛围对教师的熏陶是别的场所难以比拟的。因此，高等院校应该向在职教师开放，允许他们和大学生一样选修各种课程。

中国教育发展史上的里程碑[*]
——谈教育硕士专业学位

一

1996年国务院学位委员会通过设置教育硕士专业学位的决议，为中学教师获取研究生学位开辟了渠道。这在我国教育发展史上还是第一次，它的意义是巨大而深远的。

"科教兴国"已经成为我国的国策。教育是"科教兴国"的基础工程，只有打好基础，社会主义现代化强国的大厦才能拔地而起。而要搞好教育，教师队伍的质量将是关键。但是我国教师的学历要求还偏低，很不适应现代科学技术和文化发展的要求。为中学教师开设教育硕士专业学位，就为中学教师提高学历层次、提高专业水平提供了条件。虽然不可能在短期内使多数教师获取研究生学位，但一部分获得学位的教师必将成为教育教学的骨干，帮助整个教师队伍提高质量，从而有力地促进教育质量的整体提高。

为中学教师开设研究生课程有没有必要？有的同志认为，当一名中学教师只需要大学毕业，能够把中学课本的内容教给学生就可以了，用

---

* 原载《中国教育报》，1998年9月24日。

不着高深的学问。这是一种偏见，也是一种陈旧的观念。要想当好一名教师，必须具备渊博的知识、高尚的品质，还要有高超的教育技能。特别是当代科学技术高速度地发展，知识增长速度加快，往往一名大学生学习的知识还来不及使用就有一部分陈旧了。因此，知识需要不断更新，才能跟上科技的发展。教育媒体的发展，学生接受信息的渠道增多，也迫使教师不断充实自己的知识，以满足学生求知的需求。虽然我国已经建有教师继续学习进修的制度和机构，但是这种进修往往是零星的、不系统的。开设研究生课程，就为教师系统学习新知识、掌握学科的前沿提供了可能。教育活动是一种科学活动，它有规律可循。只有遵循教育科学规律，才能提高质量，培养出高质量的人才。认识教育科学规律、掌握教育教学技能也需要教师不断学习。现代教育学和心理学的新发展为教育教学提供了许多新的理论，教师掌握了这些新理论就能创造出新的教育方法和经验，推动我国教育的改革和发展。

教育硕士专业学位的开辟还有利于教师地位的提高。社会上任何一个职业，只有它的专业性越强，具有不可替代性，社会地位才越高。以往教师地位不高，有各种原因，其中之一就是人人可以当教师，教师缺乏专业性。教育硕士专业学位的开辟提高了教师职业的专业性，必然会提高教师的社会地位，使教师更受到社会的尊重。

教育硕士专业学位的开辟促进了师范院校的研究生教育的改革。师范院校的任务是为基础教育服务，师范院校的研究生除了为高等学校培养一部分师资外，还为中小学培养高质量的师资。从我国师范院校的现状来看，除了极少数可以与综合性大学的文理学科相抗衡，发展成研究型大学的学校外，大多数学校所具有的优势主要在教育学科（包括学科教学）方面，他们的研究应该重点放在教育学科上。教育硕士专业学位的设置，有利于大多数师范院校把科研工作和研究生教育转到教育学科上来，切切实实地为基础教育服务。

二

　　教育硕士专业学位有哪些特点？我国的学位制度把学位分成两种类型：一种是学术性学位，它分12个门类88个一级学科，学位按门类授予；另一种是专业性学位，现在有工商管理、法学、建筑、教育等专业学位。专业性学位与学术性学位不同，体现在以下几方面。

　　第一，专业学位的设置不是以学科为依据，而是以职业为依据，因而亦可称为"职业性学位"。教育硕士专业学位是为中学教师（将来还要扩大到小学和幼儿园教师）准备的。

　　第二，专业性学位与学术性学位的培养目标不同。学术性学位是以培养科研人员为主，包括具有科研能力的高等学校的教师。专业性学位是培养高层次的中学教师（将来包括小学和幼儿园教师）。它也不同于过去的学科教学论的学位。学科教学论（现改为"课程与教学论"）主要培养学科教学理论的研究人员，包括高等师范院校中学科教学论的教师。而教育硕士专业学位只培养高水平的中学教师。教育管理专业的情况也是这样。学术性教育管理学（现改为"教育经济与管理"）是培养教育管理学的理论研究工作者或这门学科的高等学校教师。教育硕士专业学位中的教育管理方向则培养具有科学管理能力的中学校长。

　　第三，教育硕士专业学位的对象是具有教师职业背景的人员，他们必须有3年以上的教育教学工作经验；而学术性学位没有这种特定要求。

　　第四，培养方式不同。学术性学位的培养是以科研为主，学位课程只要求了3～4门，最后以研究性论文为主要成果。教育硕士专业是以课程学习为主（12门课程），要求研究生掌握某门专业的最新知识和了解它的发展趋向，从而能够加深对基础知识的理解，并且善于把这些知识教给学生。论文只是学习研究的一部分，要求重在联系教育教学实际，解决实际问题。

第五，申请学位的渠道不同。学术性学位主要通过全国统一考试，进入研究生学习阶段，然后获得学位，当然也不排除在职申请学位。而教育硕士专业学位是以在职申请为主（当然也不排除通过统一考试）。但是，这种在职申请又与个别的在职申请学位不同：一是教育硕士专业学位的在职申请是经过入门考试的，不是全国统考，而是招生单位的联考；二是有组织、有计划地设置课程和授课。因此，它的学习组织又与普通在校研究生相同。

正是上述许多特点，决定了教育硕士专业学位不同于一般的学术性学位。这种学位的设置是由中国教育事业发展的实际需要决定的。有的同志不大理解这种专业学位的性质，总是用学术性学位的标准来衡量它，因而认为它的课程设置缺乏学术性，偏重于教育理论的学习、教育技能的培养等。一名教师固然首先需要有渊博的知识，特别是在当前科学技术迅猛发展的时代，只有掌握了最新的科学知识，才能对基础知识有深刻的理解，才能把基础知识深入浅出地教给学生。同时有些同志还有一种偏见，认为教育理论不是科学，教育理论不需要学习，教育技能不需要培养。他们总认为有了学问就能当好教师。可是现实生活是最好的教员，现在中国教育实践说明只有学问而没有正确的教育思想是当不好教师的。

三

设置教育硕士专业学位是新生事物。要把这件事办好，关键是质量问题，因此，要建立一个质量保证系统。

第一，要把好入学关。教育硕士专业学位的在职申请不同于个别在职申请，必须经过招生单位的联考。这是因为他们以学习课程为主，不再举行全国联考；同时要求入学的教师很多，不能无条件地满足所有教师的要求，经过联考可以选择一批有一定基础、有条件学习的学员，保证将来学习的质量。

第二，要按照专家组通过的培养方案进行培养。这个培养方案是在广泛征求专家和中学教师、校长意见的基础上制定的。当然不能说十分完善，但有一定的群众基础。由于培养方案尚未完全付诸实现，也不能肯定就是完善的，需要在实践中检验并不断修订。但为了保证统一质量，有必要要求各校按培养方案开展教学，同时在方案中留有一定余地，让各校自行安排，既有统一性，又有灵活性。在执行培养方案过程中要注意处理好几个关系：教育类课程和专业类课程的关系；理论与实际的关系；课程学习与论文写作的关系。

第三，为了保证质量，要建立一支相对稳定的高水平的教师队伍。保证质量的关键在教师，各校要组织高水平和最有教学经验的教师来授学位课程。同时要对研究生有严格要求。为了交流经验，互通情况，专家组准备举办一些研讨班。

第四，编写一批高质量的教材和参考文献。

第五，建立一套评估制度，定期对各校的培养工作进行评估。评估的目的是促改革、促质量，因此，以自我评估为主，专家评估为辅。

总之，教育硕士专业学位的建立还属初创，任何人都没有经验，需要我们共同努力，在实践中摸索。我们也希望社会各界关心这个学位的建设，帮助我们完善和提高。

教育实习是师范生的必修课[*]

人们常常有一种误解，以为当一名教师有渊博的专业知识即可。实际上不是那么简单。要成为一名优秀教师，还必须具备其他条件，在1979年美国举行的一次盖洛普民意测验中，有描述理想教师的素质这样一道题。其中提得最多的依此是：交谈和理解能力，严格与公正地执行纪律的能力，启发和引起动机的能力，高尚的品德，爱护与关心儿童，对专门职业的献身与热诚，友善的个性，端正、洁净的仪表。

发人深思的是，这里没有提到教师的专业知识。当然，教师必须深入地掌握专业知识，这是不言而喻的。正因为如此，这里才没有提，但上述调查不能不说公众普遍关注教师的个人品质和其他能力。而上述品质是在课堂上学习不到的，只有到教育实际中去，与孩子们接触，才能体验到那种师生感情和教育能力的重要性。

说实在的，我个人就是在做教师的过程中确定报考师范大学，选定当教师的职业的。回想过去风雨激荡的年代，我作为一名青年，抱着科学救国的思想，一心报考最好的大学、最好的专业，没有想到一榜落第，当了一名小学教师。就是这一年的教育生涯改变了我的人生道路。教育生涯使我感到了孩子的可爱，感到了教育的重要和艰难，第二年我

---

* 原载《师大周报》，1998年10月16日。

就考上了北京师范大学，至今做了将近50年的教师。这就可见教育实践之魅力。

我想，用不着在理论上多加阐述，教师犹如医生，如果只懂得医学理论而不会实际诊断，这样的医生是不会受欢迎的。教师也是这样，如果教师有高深的学问，却不能把自己的学问教给学生，不能得到学生的理解，不能用自己的教学和言行去影响学生，这样的教师同样不会受到学生的欢迎，这是教师的职业特点所决定的。因此，师范院校应该好好地组织教育实习。现在教育实习的时间已经缩短到不能再短了，但是实习不实习大不一样。犹如游泳，在岸上说千万次都没有用，只要下水一次，就能领会到水的特性。教育实习会使你领会到教师的魅力，责任的重大；也能使你感到教诲的宽深，而你学到的知识又是多么的贫乏。

同学们，投入教育实习的大海中去吧！它会使你如步入百花园中，看到青少年如朵朵鲜花，你能感受到作为一个园丁的喜悦；它会使你如驶入大海，唤起青少年的澎湃心潮，你能感受到作为一名舵手的自豪；它会使你如驾飞船在太空中遨游，感觉到学问有如茫茫宇宙，无垠无际，促使你不断探索。

师范院校的出路何在[*]

近年来，由于1999年《中共中央国务院关于深化教育改革，全面推进素质教育的决定》提到鼓励综合性高等学校和非师范类高等学校参与培养、培训中小学教师的工作，探索在有条件的综合性高等学校中试办师范学院，不少综合性大学正在筹办教育学院，于是原来的一批师范院校不仅感到竞争的压力，而且感到困惑，不知道今后的出路何在。要解答这个问题，必须了解师范教育的规律，切不可感情用事。

许多同志早有一个共识，即师范教育是永恒的，但师范院校不是永恒的。也就是说，只要有教育的存在，就有培养师资的师范教育。但是教育几乎是伴随人类的产生而产生的，而师范学校的出现，如果从法国拉萨尔创办的教师训练机构算起，至今也只有300多年的历史，而且从20世纪50年代以来，独立的师范院校越来越少。这样的变化并没有说明师范教育的消失，相反，师范教育有所加强。师范院校是在教育普及的基础上产生的。资本主义大工业的兴起和发展，需要有一定科学文化知识的工人，教育逐渐在人民大众中普及。特别是许多走向工业化的国家开始立法，实施普及义务教育，教育有了较大发展。教育发展了，就要有教师，于是就出现了专门培养教师的师范学校。开始时，师范学校的

---

* 原载《高等师范教育研究》，2000年第6期。

水平是很低的，只是在初等教育的基础上加学一点教育的课程。随着普及义务教育年限的延长，师范教育的水平也在不断提高。19世纪末开始出现了师范学院。例如，1893年，美国纽约州奥尔巴尼市（Albany）首先把原来的师范学校升格为州立师范学院，招收高中毕业生，修业2年。其他各州纷纷效仿，师范学院渐渐发展。第一次世界大战后，欧洲一些国家也都将师范学校升格为师范学院。师范教育体系逐渐完善。但是到第二次世界大战以后，一些国家的师范学院改革为综合性大学，如美国、日本等。为什么会出现这种情况呢？这种转变的前提是什么呢？我认为有以下三个前提。

一是教师在数量上已经基本得到满足，不需要设立专门的机构来培养教师，教师的职业可以由具有学历资格的人员公开竞争。

二是教师的业务水平需要提高。前面已经提到，师范学校建立之初，水平是比较低的，后来虽然建立了师范学院，但它的起点也较低，与老牌的大学不好相比。但是科学技术的发展对教师素质的要求越来越高，原来师范学院的低水平条件已经不符合要求。要想提高师范学院的水平，就必须拓宽学科，提高学术水平。把师范学院升格为大学，有利于学科建设和学术水平的提高。同时，实行开放性师范教育，让有条件的高等学校都可以培养教师，有利于中小学教师素质的提高。

三是教师职业在社会上已有一定的吸引力，优秀的青年愿意当教师，不需要由专门的机构用免缴学费等优厚条件来吸引生源。同时，人才市场的开放应该允许各种专业人才参加教师职业的竞争。

要实施开放性的师范教育，还必须有另外一个重要条件，这就是实行教师资格证书制度，不能凡是大学毕业的人都可以任教。他除了应有的学历外，还必须接受过教育的专业训练，经过教师资格考试，获得教师资格证书后方能任教师。

师范教育历来就有两种形式，即封闭型、开放型，有的称之为定向型、非定向型。美国、日本的师范教育采取的是开放型；苏联和中国采取的是封闭型；法国则兼而有之，小学教师的培养是封闭型的，中学教师的培养是开放型的。但从总的发展趋势来看，师范教育逐渐地正在由封闭型向开放型转变。原因就是上面说到的三个前提。

中国的师范教育发展的历史不长，只有100多年的历史，开始就是采用封闭型，单独设立师范院校，定向培养教师，学生免缴学费，但有义务服务于教育工作。新中国成立以前，师范院校的学生大多是贫苦家庭的子女。新中国成立以后，这种情况也还没有完全改变。但是由于一段时期对教师不重视，特别是历次政治运动总是把所谓"政治不合格的人"转入教师队伍，教师得不到应有的尊重，再加上经济待遇偏低，许多优秀青年不愿意报考师范学校，别的专业的毕业生更不愿意去当教师。因此，国家长期以来强调师范教育的特殊性，强调师范院校的单独设立，采取的是一种行政手段来巩固师范教育。但是，我国的经济社会也在发生变化，特别是社会主义市场经济体制的深化、高等教育体制的改革，必然要求师范教育改革。上述师范教育由封闭型向开放型转变的三个前提，在我国也开始逐渐具备。因此，我认为，我国师范教育走向开放型是必然趋势，是时代的需要、发展的需要。师范教育界应该热情地、积极地迎接这种变化。

这种变化会给师范教育带来很大的好处。

首先，这可以提高师范教育的水平。上面提到，从历史上讲，师范教育的起点较低，我国也不例外。许多师范院校是层层升格而成的，师资队伍较弱，学术水平较低，设备条件太差。即使是几所重点师范大学，其师资队伍、设备也无法与综合性大学相比。据统计，高等学校各科专任教师中教授、副教授所占的比例除教育学外，所有学科都超过30%，理、工、农、医都超过40%，而教育学只有25.7%；教授的比例更小，几乎所有学科都超过7%，只有文学是6%，而教育学只有3.7%。

这里还只是按学科统计，还没有按学校类别统计，如按学校类别统计，师范院校教授、副教授的比例更小。据了解，有的师范学院教授数量极少。师范院校教师队伍薄弱，当然，科研成果也少。这种状况不利于培养高素质的人才。如果条件好的高等学校也来办师范教育，无论从师资队伍、图书设备还是从校园的学术文化来看，都对培养高质量的教师极为有益。

其次，这可以使高等教育更适应市场的需要。高等学校毕业生分配制度改革，国家不再包分配，学生和用人单位可以双向选择，学生面临就业的竞争。如果普通（指区别于师范）高等学校也办师范专业，使学生有机会获取第二种职业资格，有利于他在人才市场上的竞争，对中小学来讲，多一些选择优秀教师的机会，何乐而不为？

当然，为了保证教师的质量，要有一个"阀门"，即教师资格证书。我国《教师法》对教师只有学历要求，没有专业资格要求，是一个很大缺陷，希望以后能够弥补。国家要制定教师资格证书制度，规定非师范专业的学生要当教师，必须经过教师的专业训练，修学一定的教育理论和实践学分，并经过考试合格，才能获得教师资格证书。

师范教育的转变，确实给师范院校带来了极大挑战。但是，有挑战才有机遇，师范院校应该抓住这次机遇，在改革中求发展。改革的出路何在？

第一，要充分发挥师范院校的原有优势，努力提高教育质量。虽然说师范院校的师资队伍、设备条件等都不如综合性大学和理工科大学，但师范院校也有自身的优势，这就是教育学科。教育是复杂的社会活动，是有规律可循的，教育学是一门科学。师范院校拥有教育学科的雄厚力量，与中小学有密切的联系，有培养教师的经验。这些优势是其他类院校所不具备的。师范院校一方面要努力提高学术水平，另一方面要加强教育科学的研究，深入探索培养教师的规律，从而提高教育质量，使毕业生更适应中小学的要求，有较强的竞争力。

第二，要调整专业，改革课程。师范院校现有专业和课程太陈旧、落后，它是按照中小学的课程对口设置的。中小学教师固然也是按学科承担任务的，但是，当代科学的发展已经打破了旧式学科的分类界限，学科发展越来越分化，也越来越综合，而总的趋势是综合。中学教师要有较宽的知识面，要对自然科学、社会科学、人文学科的前沿有所了解，对它们的发展有深刻的理解。现有专业设置和课程安排是难以达到这个要求的，因此，必须进行调整。首先可以做到的是减少必修课，增加选修课，给学生更多自主学习的空间；加强通识教育课程；开设跨学科、交叉学科课程。其次，有条件的院校增设一些非师范专业。过去，教育行政部门不允许师范院校设置非师范专业，怕削弱师范性。其实，非师范专业的设立，不仅不会妨碍师范性，相反，会有利于师资的培养。它可以改变师范专业的单一性，可以带来许多其他学科的信息，丰富学校的学科，增强学校的活力。北京师范大学、华东师范大学近几十年来的发展充分说明了这个道理。这是对师范教育的培养目标、师范院校的任务的认识问题，是观念的问题。过去认为不好的，观念改变了，就会变成好事。

第三，地方师范院校，有条件的，不妨与其他院校合并或联合，在学科上、在设备上可以达到资源互补。这是从师范教育的角度考虑，不是从师范院校的角度考虑，它有利于师范教育的发展，实际上也有利于师范院校的发展。

第四，认真办好教师的继续教育，提高在职教师的业务能力。教育硕士专业学位是专门为在职教师设立的，目前虽然还只有少数教师获得这个学位，但它代表了师范教育的方向，对于提高我国中小学教师的水平、加强整个教师队伍的建设将会产生不可估量的影响。现在还只有20多所师范大学有权授予这种学位，因此，这些师范大学要认真地把这个学位建设好。

　　总之，我的观点是，师范教育向开放型发展是必然趋势，是一种进步，它的到来是好事，而并非坏事。它给师范院校既带来了挑战，又带来了机遇。我们应该以积极的态度去迎接这场挑战，在改革中求发展。我国教师队伍拥有1 000多万人，队伍如此庞大，而它的质量离现代教育的要求还有很大一段距离，要在我国建设一支现代化高素质的教师队伍，师范教育任重而道远。相信通过这次改革，我国师范教育一定会由此上一个台阶，培养出更多质量更高的教师。

【参考文献】

[1]王承绪，等．比较教育［M］．北京：人民教育出版社，1985.

[2]中国教育统计年鉴（1998）［M］．北京：人民教育出版社，1999.

论教师教育的开放性*

现在谈论的教师教育的热点有两个:一是由三级师范向二级师范转变,即逐步取消中等师范学校,小学教师由师范专科学校培养;二是由封闭型向开放型转变,即除了师范院校培养中学教师外,其他普通高等院校也可以培养教师。对这两种转变,有人赞成,有人保留意见,虽说不上反对,但认为现在还不到时候。我想就这两个问题发表点看法。

一、历史的经验

众所周知,教育是随着人类的产生而产生的,只要有人类的存在,就有培养下一代活动的教育存在。但是培养教师的师范教育(现在大家愿意把它称为教师教育,包括了职前培养和在职培训,对此,本文不做论述)则是近代以来的事。大家公认的第一批师范教育机构是法国拉萨尔(La Salle)于1684年在兰斯(Rheims)创办的教师训练机构,1695年德国法兰克(A. H. Francke)于哈雷(Halle)创办的教员养成所,以及德、奥各地出现的短期师资培训机构,至今不过300多年的历史。随着普及义务教育的提出和发展,师范教育有了较大的发展。早期师范教

---

* 原载《高等师范教育研究》,2001年第4期。

育的特征有两个：一是水平较低，往往是初等教育毕业以后经过短期培训就去担任小学教师；二是专业性不强，由于教育学、心理学还不发达，因而教师缺乏专业性培养。

20世纪初，第一次世界大战后，随着义务教育的延长，欧美一些国家的师范学校陆续升格为师范学院。20世纪50年代以后，许多发达国家的师范学院或并入综合性大学，或自身扩大为综合性大学。从此，师范教育由封闭型走向开放型。有的研究工作者把世界师范教育截然分开为两种类型，即封闭型和开放型，或者如英国《詹姆斯报告》（*James Report*）中所称的"定向型"和"非定向型"。其实，教师这一行业从来就不是封闭的。由于以往教师的专业性不强，几乎任何高等学校的毕业生都可以当教师，所以重视教师工作的发达国家都设有教师资格证书制度，通过考试等方法来认定教师资格。即使如苏联以定向型为主的国家，有师范教育体系，但仍有15%左右的教师由综合性大学培养。尤其是高中阶段的教师，大多数国家在综合性大学培养。如法国，师范学院主要培养小学教师，中学教师资格主要由综合性大学毕业生通过教师会考而获得。

由此可知，教师教育由封闭型向开放型转变是必然的趋势。分析一下美国20世纪50年代末师范学院向综合性大学转变的原因，大致有以下几个：一是科学技术的迅速发展，要求更高水平的教师，师范学院历来学术水平较低，已经不适应培养高水平教师的需要；二是教师在数量上已经基本得到满足，不需要设立专门的师范学院来培养；三是第二次世界大战以后大批复员军人涌入高等学校，许多师范学院由此而扩大为州立大学。其实，师范学院依然存在，不过是存在于综合性大学之中，有的称为教育学院。西方综合性大学的教育学院或师范学院培养两个层次的教师：一是本科生，培养小学、初中教师；二是接受其他学科的毕业生，经过一两年的教师教育专业训练，培养为高中教师。

从教师教育发展的历史和现状可以得出如下结论。

第一，教师教育的水平是由低到高发展的，教师的专业性也是逐步提高的。与其他职业不同，教师教育水平不是一开始就是高水平的。但是进入20世纪后半叶以后，由于科学技术的进步，教育学科和心理学科的发展，教师专业化程度在提高，教师教育的水平也在提高。

第二，教师教育由封闭型转向开放型是历史的必然，是教师教育专业化、教师教育水平提高的标志。

第三，高中阶段教师的培养始终是以开放型为主，即使专门设有师范学院的国家，高中教师也不是全部由师范学院培养。

第四，教师教育转型的实质不是培养形式的变化，而是水平的提高。

二、中国的情况

中国的师范教育产生得很晚，如果从盛宣怀于1897年在上海创办南洋公学，内设师范院算起，至今也不过100多年的历史。应该说，我国师范教育虽然起步晚，但起点并不低。清光绪二十八年（1902年）颁布的壬寅学制中就有师范学堂和师范馆。翌年十一月二十六日（已是1904年1月13日）颁布的癸卯学制则把师范学堂分为初级师范学堂和优级师范学堂。前者属于中等师范学校，培养小学教师；后者属于高等师范学校，培养中学教师。1902年又在京师大学堂内创立师范馆，招收科举时的举人、贡生、廪生、监生和中学堂毕业生，修学3年，毕业后择其优异者给予中小学堂教习文凭。以后至辛亥革命前，几乎各省都办起了师范学堂，有的办了优级师范学堂，有的办了两级师范学堂。癸卯学制规定在初级师范学堂内可设简易科，以解决当时初等小学堂教师的急需。至1949年，全国有独立设置的高等师范院校12所，在校师范生1.2万人；

中等师范学校610所，在校师范生15.2万人。全国院系调整以后，向苏联学习，师范教育实行三级制，即中等师范学校，招收初中毕业生，学制三年，培养小学教师；高等师范专科学校，招收高中毕业生，学制二至三年，培养初中教师；高等师范学院和师范大学，招收高中毕业生，学制四年，培养高中教师。在职教师进修，小学教师有各县设的教师进修学校，初中教师有各地区、市设的教育学院，高中教师则有各省的教育学院。这个系统50年来培养了千百万名教师，为我国基础教育发展做出了不可磨灭的贡献。但是从发展的眼光来看，这个系统50年如一日，没有多大变化，显然已经落后于时代的要求。

首先，这个系统设定的培养教师的目标就是低水平的。特别是小学教师的资格设定在中等教育水平上，初中教师定位在专科水平上，在世界范围内是偏低的。第二次世界大战后，各国教师教育都逐步升格，小学教师一般在专科以上水平，中学教师，包括初中教师，在大学本科以上水平。我国教师水准定位较低是符合国情的。我国基础教育的人口基数大，要在短期内普及九年制义务教育，教师的缺口太大，教师标准定位低一些，容易达到合格的标准。但是随着社会经济科技的发展，标准需要逐步调整，特别是沿海发达地区，有必要也有可能把教师的标准调高，由三级师范向二级师范过渡。

其次，师范教育的课程内容陈旧，培养模式落后。20世纪后50年是科学技术发展最快的50年。有的学者认为，人类知识总和的90%是在这50年内创造的。但是师范院校的专业设置、课程设置在50年间几乎没有多少变化。对培养教师至关重要的教育科学、心理科学几十年来也有很大的突破，但很少反映到师范院校的课程之中。

最后，师范教育在我国不能说不受重视，历次教育决定都把教师队伍的建设放在重要地位，教育部（原国家教委）也召开过多次师范教育会议，但是对师范教育的认识有偏差。长期以来有一种观点，认为师范教育是低水平的，只要能把中小学教科书中的内容教给学生就可以了。另一种观点是教师没有什么专业性，任何有知识的人都可以当教师。由于有这两种观点，国家对师范教育建设缺乏应有的重视，投入严重不足。

长期以来，师范院校中存在师范性和学术性之争，这是对师范教育认识不同的反映。从1958年开始，北京师范大学就提出"向综合性大学看齐"的口号，引起了很大的争论。人们对向综合性大学看齐的理解也各不相同，有的人确实想摘掉"师范"的帽子，把师范大学办成综合性大学。但按我的理解，绝大多数师范大学的教师并不是不想培养教师，而是想培养高质量的教师。我国虽有培养教师的独立师范教育系统，但历来都不排除综合性大学的毕业生当教师。"文化大革命"以前，许多北大毕业生进入了中学教师队伍，于是社会上就有一种舆论，认为北大的毕业生有后劲，就是说，开始的时候师范大学的毕业生教得好，因为他们懂得教学方法，但几年以后，北大的毕业生摸索到教学方法以后会教得更好，因为学科知识比师范大学毕业生学得多、学得扎实。师范大学的老师就不服气。有人就说，由于教师的社会地位低，优秀青年不愿报考师范，师范大学新生的录取分数线比北大要低50分到100分；同样都是四年学制，但师范大学学生需学教育学、心理学、学科教学论（过去叫教材教法），还要教育实习，当然学的学科知识就没有北大的多。与此同时，师范院校在高等院校中的地位不高，科研、经费等都得不到领导部门的支持，师范大学的广大教师有一种不服气又自卑的心态，于是向综合性大学看齐，得到了许多教师的支持。为了在学科知识上比高低，教师教育的专业课程和训练被压缩到最低点，教育实习由1966年前的12周压缩到现在的6周。可以说，今天我国的师范教育，学术性、师范性都不高。让这样的师资水平在21世纪推进素质教育，不是缘木求鱼又是什么？当然不排除广大教师都在勤奋工作，为素质教育做贡献，而且不少教师做出了成绩，但从国家教师队伍的总体情况来讲，不是说没有问题的。

三、几点建议

当前教师教育改革的时机已经成熟，表现在以下方面。

第一，在全国范围内基本上实现了普及九年义务教育，有了比较稳固的基础教育基础，同时也提出了进一步提高基础教育质量的要求，迫切要求师资水平的提高。

第二，基础教育的师资队伍已经基本上得到满足，已经有条件来调整教师教育的结构。

第三，我国经济实力有了很大增长，人民生活进入了小康社会，已经有一定的经济条件来提高师资队伍的水准，特别是沿海发达地区有这样的迫切需要，也有这样的可能。

第四，近年来高等教育的扩招也为教师教育的调整创造了条件。

因此，教师教育要抓住当前的机遇，解放思想，大胆改革。为此，我提出几点建议。

第一，进一步提高对教师教育的认识。科教兴国，教育为本；振兴教育，教师为先。没有一支合格的、高水平的教师队伍，推进素质教育、提高教育质量都是一句空话。教师是专业行业，不是有知识的人都能当好教师。不能用50年以前的眼光来看教师教育。由于50多年来科学技术的迅猛发展，教育科学和心理科学的进步，教师的专业是知识增长得最快的专业之一。有了这种认识，我们才能真正把教师教育摆在应有的位置。

第二，稳步地将三级师范转变为二级师范。这种转变要因地制宜，不可一刀切，先在有条件的地区实行。有些地区，如北京、上海等现代化城市，可以一步到位，小学教师也由大学本科生担任。但即使是这些城市，也不是所有教师岗位要求一步到位。有的同志主张保留中师模式，不要取消中师，因为中师比较重视师范性，培养的师范生受小学的欢迎。这不是理由。小学教师由师专或师院来培养，不能改变它的性质，只是提高他的文化水平和专业水平。师专和师院要单独设立小学教育专业，要充分考虑到小学教师的特点，吸收中师培养模式的优点，而不是用原来培养中学教师的专业和模式来培养小学教师。

第三，开放型的教师教育有利于培养高质量的教师，有利于利用一切高等教育资源。事实上，综合性大学文理科的毕业生不可能全部去从事科研工作，一直以来都有一部分进入教师队伍。但是过去没有明确他们也有培养教师的任务，因而他们不重视教师的专业训练。20世纪50年代，综合性大学曾经设有教育学、心理学课程，不知是哪一年取消的，今后应该在综合性大学中恢复教育专业课程，这样它们才能有资格培养教师。

教师教育由封闭型向开放型转变，许多师范学院的领导感到一种压力或者困惑，不知师范教育要向何处去。其实，转型的最本质特征，不是培养机构的转变或者培养模式的变化，而是质量的提高。这对师范院校是一种机遇，要抓住这个机遇，深入改革，努力提高培养质量。教师教育既要加强学术性，又要加强师范性。20世纪50年代后期北京师范大学和华东师范大学都实行过五年制，应该恢复，使学科专业学习能与综合性大学的水平拉齐，加强教育专业训练，特别要增加教育实习的时间，至少要有3个月的时间。延长学习年限，就有一个工资待遇问题，这可以随着劳动人事制度的改革而改善。

第四，要改革现有的专业设置和课程，可以设主修和辅修，鼓励学生跨系科选修，扩大学生的知识面。今天的教师既要在所教的学科上有深厚的基础，又要了解更宽广的知识领域。要改革和完善教育学科课程，设立多门选修课，把最新的教育理论介绍给学生。要让学生早日接触孩子，这对于培养他们的专业思想和实践能力都有很大帮助。要改进教学方法，教师专业是一种应用专业，要多用案例教学来培养学生解决教育问题的实际能力。要用信息化来带动教师教育的现代化。

第五，尽快实施教师资格证书制度。实行开放型的教师教育就要有资格证书保证。教师是专业行业，不是任何专业的大学毕业生都能够担任的，只有经过教育专业训练，考验合格者才能有教师资格。这也是确保教师崇高地位的措施。

第六，教师的职前培养和在职培训结合起来。现在的职前培养是由师范院校担任的，在职培训是由教育学院承担的。虽然师范院校大多设有成人高校，为在职教师提供进修机会，但都是学历教育，在某种意义上讲仍是职前培养，真正在职的继续教育很少。教育学院本来是提供在职教师继续教育的，但也在办学历教育，完全把事情颠倒了。教师在职进修主要是在原有水平上提高，或者为了更新知识，或者学习先进的教育理论，但是，从现有的人力、物力条件来看，教育学院不如师范院校，因而大多数教育学院事实上承担不了教师在职继续教育的任务。应该把教育学院并入师范院校，实行职前教育和在职教育的统一，目前是管理体制阻碍着这种合并。

第七，重视教育硕士专业学位的建设。1996年国务院学位委员会第14次会议通过了教育硕士专业学位的设置，这是为中小学教师专门设立的研究生学位，对于提高教师的专业水平和社会地位有着十分深远的意义。招生4年来，专业逐年增加，现在已涵盖中学所有学科，将来在适当时候还将开设小学教育专业、学前教育专业；招生人数逐年增加，2000年已录取7 478人，我们计划在"十五"期间，授予学位人数能突破5万人。这项工作需要得到地方教育部门和学校的支持。有些地方和学校支持不力，他们怕影响学校工作，不愿意送骨干教师出去学习，这是一种短视的看法，不利于教师队伍的建设。

第八，所有高等学校的课程和图书馆应该向广大教师开放。教师教育既然要实行开放型，开放的程度应该更大些，特别是教师的在职继续教育，更应该是开放的。对于教师的继续教育，人们的想法过于狭隘，主要着眼于所教学科的知识更新和教材教法的研究。我认为应该放得更宽些，要着眼于教师整体素质的提高。特别在当今信息化社会，知识创新的时代，知识创新往往在学科的交叉点上。教师的责任不是把现存的知识教给学生，而是要引导学生去探索未知世界。因此，任何学科知识对一名教师来讲都是有益的。数学教师为什么不能在继续教育中选修古典音乐？语文教师为什么不能修学信息技术？我认为完全是可以的，有利于教师整体素质的提高。美国佛蒙特州规定每个教师每七年必须在大学里修完两个学分，课程不限，很多教师选学了中国文化课。我想，这门课与他们教数学、教英语没有直接的关系，但有利于拓宽教师的国际视野。要做到这一点，大学应该向广大教师开放。

总之，教师教育开放性的本质特征是提高教师教育的质量，从而提高教师的素质。我们的改革都要落实到这个本质上，而不能仅是形式的改变。

《中小学教师远程教育》创刊词[*]

  21世纪的到来，全球信息化浪潮的高涨和知识经济的崛起，对教育提出了越来越高的要求，传统的教育模式已无法满足社会对知识更新和终身化教育的需求，以网络教育为主要手段的现代远程教育模式，正逐步成为21世纪实现继续教育和终身教育的新途径。

  作为知识创新和人才培养主体的教育，如何加快信息化进程，建立教育信息基础设施和信息技术支撑体系，是21世纪教育发展的重大课题。为了迎接新时代的挑战，1999年国务院批准转发了教育部制定的《面向21世纪教育振兴行动计划》，这是我国跨世纪教育改革和发展的蓝图。它的实施将大大深化我国的教育改革，加速我国的教育现代化进程。

  全国中小学教师远程教育研究中心作为"现代远程教育工程资源建设中小学教师继续教育项目"的管理机构，组织"中小学教师继续教育网络课程建设"项目的专家评审，从全国200多家高等院校、科研机构及相关企业中精选出42家单位来承担33门课程的建设。大规模、高质量、高起点的大型资源库建设，奠定了我国师资培训课程建设中新的里程碑。它组织全国中小学教师远程教育27家试点地区，开展相关试点工

---

* 原载《中小学教师远程教育》，2001年创刊号。

作，在极短的时间里建成并由许嘉璐副委员长主持开通了"中国中小学教师网"，使我国教师的培训工作进入了崭新的网络时代。

"好雨知时节，当春乃发生。"21世纪伊始，年轻的研究中心不畏辛劳，结合中小学教师继续教育网络课程建设的需要，配合远程教育试点地区工作的开展，又创办了《中小学教师远程教育》杂志，这是一个"应时之举"。

在这本杂志里，我们欣喜地看到：作为一个信息平台，它促进了各试点地区的交流和学习，使网络课程建设者与使用者紧密互动；作为一个科研阵地，它面向全国，组织专家就当前我国中小学教师远程教育现状进行研究，报道网络课程建设的进展及经验总结，直接服务教育部门；作为沟通的窗口，它紧密关注国外远程教育的发展，结合我国教师培训的实际情况，提出相关理论，探索出符合国情的中小学教师远程教育发展道路。

《中小学教师远程教育》杂志的创办是我国教师培训工作在知识经济条件下由于网络时代的到来而迅速催化成长的生动体现。启功先生抱病亲为杂志题写刊名，更是凝聚了老一辈教育家对我国教师远程教育的殷切期望。这里，我衷心地希望能有更多的教育工作者对这本年轻的杂志投以关怀，使它在宣传和普及远程教育知识的同时，与"中国中小学教师网"一道成长，服务中国教育信息化进程，成为中国教师远程教育发展研究的重要阵地。

EDM教育：提高教师水平的重要举措[*]

发展专业学位，可以说是世界研究生教育发展的趋势。研究生教育的肇始是大学为了补充自己的教师队伍，而研究生获得学位以后，大多留在大学当教师。他们的研究方向主要是人文学科或自然科学的理论问题，因而此类学位都冠以"哲学"的名称，不论什么专业的博士，都称"哲学博士"。我国没有设哲学博士，而是按12个学科门类设置的。但是随着大学职能的扩大及社会的发展，社会需要各种高层次的专门人才，专业学位就应运而生。专业学位的特点就是适应国民经济发展，为各部门培养高层次应用型人才，如建筑学专业学位、工商管理硕士专业学位、法律硕士专业学位、临床医学专业学位、教育硕士专业学位（EDM）等。可以明显地看到，科学技术越是发达，社会越是现代化，越是需要高层次专业人才，专业学位工作就越需要发展。而且研究生规模的扩大，也必将会扩大专业学位。因为研究高深理论的人才毕竟是少数，多数人需要把高新技术应用于实践。教育专业更是如此。教育硕士专业学位在我国的设置，为中小学教师获取研究生学位开辟了渠道。这对于提高我国教师的水平，提高中小学教育质量，乃至发展整个教育事业，都具有巨大而深远的意义。

---

* 原载《中国高等教育》，2001年第7期。

设置教育硕士专业学位，就是使教师有系统地进修学习的机会，让大学教师来帮助中学教师提高水平。虽然我国早就建有教师进修制度和机构，但是这种进修往往是零星的、不系统的。开设教育硕士专业学位，教师可以系统地学习新知识，掌握学科前沿，培养教育研究素质。

有一种偏见，认为做一名中学教师，大学毕业足够了，只要把中学教科书中的内容教给学生就可以了，用不着高深的学问。这是一种陈旧的观念。要想当好一名教师，必须有高尚的思想品质、渊博的科学文化知识，还需要懂得教育规律，掌握教育技能。特别是在当代科学技术迅猛发展的时代，知识日新月异，有些在大学学习的知识还来不及应用，就已经过时了。只有不断学习，终身学习，才能跟上时代的要求。当今时代，世界各国都十分重视教师的进修和提高。1996年9月30日至10月5日，联合国教科文组织（UNESCO）在日内瓦召开的第45届国际教育大会的主题即"加强教师在变化着的世界中的作用之教育"。大会发表的宣言强调，各国教育部部长们考虑到国际社会正在经历着社会、经济、政治和文化的巨大变化，认识到教师通过其思想、方法和实践来革新教育的重要性；回顾了1975年第35届国际教育大会通过的有关教师作用变化及其对教师培养和在职培训的建议。许多国家都有教师在职进修的制度。英国在1972年就规定每位工作7年以上的教师可以获得一次为期3个月左右的带薪休假进修的机会，1976年又把进修时间由3个月延长到1年。日本在1978年建立了3所供现职教师进修的新型教育大学，设有硕士课程的研究生院，培养具有硕士学位的教师。1987年，日本文部省又公布了《试行新任教师进修实施要点方案》，规定从1989年开始，分期分批地实施新任教师进修1年的制度。有的国家提出了中学教师每几年必须到大学修学几个学分等进修要求。总之，教师的培养正在由一次教育向终身教育转化，把职前的培养和在职的培训统一起来。

现在，世界各国对中小学教师的学历要求都在逐步提高。如法国，

1986年规定，持有两年或两年以上高等教育文凭者才能报考师范学校，再学习两年毕业后，才能担任小学教师；中学教师则必须修完大学第二阶段并经过国家考试取得证书者才能担任。日本在20世纪80年代规定，只有获得硕士学位或在大学研究生院学习一年以上，并取得30学分以上的才能获得高中一级教谕的资格证书。我国教师学历要求偏低，小学教师只要求中师或高中毕业学历，初中教师只要求大专学历，高中教师才要求大学本科学历。这在世界上已是很少见的了，很不适应现代科学技术和文化发展的要求。当前推进素质教育的困难，也在于教师本身的素质问题。设立教育硕士专业学位，为中小学教师提高学历层次、提高素质提供了条件，不仅促进了教师队伍建设，而且可以有力地推进素质教育，促进中小学教育质量的整体提高。

教育硕士专业学位的设置有利于教师地位的提高。社会上任何一种职业，只有它的专业性增强了，并具有不可替代性，其社会地位才可能提高。以往教师地位不高，固然有种种原因，但其中一个原因就是人人都可以当教师，教师缺乏专业性。教育硕士专业学位可以提高教师的专业性，也必然会提高教师的社会地位。

教育硕士专业学位的设立不仅有利于教师队伍素质的巩固和提高，而且有利于吸引优秀青年投身于教育事业。青年总是充满着对未来的憧憬，总想有进一步学习和进修的机会。过去教师一辈子埋头于教学，强调献身精神，做默默无闻的教书匠，使青年望而生畏。教育硕士专业学位的设立给青年教师提供了希望，使他们完全有机会进修提高，凭借他们不断提高的专业水平在教育工作中施展才华，开拓进取，实现青年所冀望的人生价值。

教育硕士专业学位是一种职业性质的学位，不同于学术性质的学位。它的目的是完善教师职业培训。目前只招收具有一定经验的在职中学教师，以后会扩大到具有学士学位的小学教师和幼儿园教师，也可能扩大到愿意从事教师工作的应届大学毕业生。但培养的目标和培养方式与学术性学位是不同的。学术性学位的培养方式是以研究为主，学位课程只要求3~4门，最后以研究论文为主要成果。教育硕士专业学位则以课程为主，一般需要学习12门必修课和选修课。课程中除了教师所教的学科专业知识，掌握学科的前沿外，还要学习教育学、心理学的理论，掌握现代教育技术，学习开展教育研究的方法，使他们将来成为一名研究型的教师或校长，能够在教育教学中发挥创造性，培养创新人才。

目前我国有1 000多万名中小学教师，如果要把10%的教师提高到教育硕士专业水平，就需要有100万个学位名额。因此，教育硕士专业学位研究生应有较大规模的发展。设置教育硕士专业学位在我国还是第一次，在国外也不多见。要把这件事办好，关键是质量问题。要从入学到毕业，把好每一个关节，使每一个教育硕士专业学位获得者真正成为学校的骨干。当教师的能够起到学科带头人的作用；当校长的能够把学校办出特色，创造新鲜经验。为此，特别需要注意以下几点。

第一，要把好入学关。申请入学的教师必须有本科毕业的学历，经过招生单位的联考，选择思想品德好、有一定业务基础、有条件学习的教师，保证将来学习的质量。

第二，要按照全国教育硕士专业学位教育指导委员会（简称"教育指导委员会"）颁发的培养方案进行培养。这个方案是在广泛征求专家和中学教师、校长的意见的基础上制定的，已经过三届学生的试用，2000年又经过教育指导委员会的讨论修订，应该说是切实可行的。当然，为了发挥各大学的优势和特色，可以在执行时有一些灵活性，但总体上要执行统一的方案，以保证统一的质量。在执行中要特别注意处理好教育类课程与专业类课程的关系、理论与实际的关系、课程学习与论文写作的关系。

第三，要建立一支高水平的相对稳定的教师队伍，要吸收中学有高级职称的、有经验的教师参加研究生的培养工作。从这几年的情况来看，除了不断改进课程的讲授质量外，要更加重视论文的指导工作。

第四，要建立一套评估制度，定期评估。教育指导委员会每年都派出专家组到各校检查，2000年又抽查了前两届的学位论文。从检查的结果来看，各举办学校是认真的，质量是有保证的。研究生的反映也是好的，觉得有收获，学与不学不一样，水平有所提高。

中小学教师要积极开展教育研究[*]

教育是人类活动中最复杂的社会活动，虽然自从人类社会开始就有了教育活动，但是对它的运动规律，我们仍然感到若明若暗，认识得不是很透彻。除了教育的一般规律外，还有特殊规律。例如，北京地区的教育就与我国西部地区的教育大不相同；北京城区的教育又与北京郊区的教育不同。拿一个学校来说，高年级与低年级不同，男学生与女学生不同。如果只认识了教育的一般规律，不认识具体的规律，教育工作也搞不好。这就需要每个教师开展教育研究，探索一般的和具体的教育规律。

社会在变化，时代在前进，教育也随之不断发展。旧的教育规律认识了，过一段时间又变化了。虽然许多基本规律是不变的，例如，一定社会的教育要受一定社会的政治、经济、文化的制约和影响，这只是一条笼统的规律，社会的政治、经济、文化都在不断变革，教育如何与之相适应，就要不断地研究。又如，教育要适应教育对象的年龄特征，但青少年的年龄特征也在随着时代的发展在变化，对待今天的青少年，如果你还用20世纪50年代的内容和方法去教育他们，肯定不会得到正面的效果。因此，教育研究不能是一劳永逸的，教育研究是永恒的课题。

---

* 原载《教育科学研究》，2001年第7期。

教育活动如此纷繁复杂，所以就不是少数几位教育研究者能胜任的。它不能像某些自然科学，可以关在实验室内，发现或者发明某种新事物、新技术，可以到生产中推广应用。教育研究需要广大教师的参与，集思广益，才能逐步地、较全面地认识它的规律。当然，也需要有一支专职研究队伍，一方面，他们可以研究一些基本理论或宏观问题；另一方面，他们能够用自己的研究成果或基本理论去指导广大教师的教育研究。

教师只有不断开展教育研究，才能逐步认识教育规律，掌握教育规律，提高教育水平，从而最终提高教育质量。当然，真正认识教育规律，掌握教育规律不是容易的事，但通过研究，积累经验，总会一步一步地接近真理。就是一般的经验，也总是要通过有计划的研究和总结，才能有较为普遍的意义，才能推广它或者掌握它。所以，在当今时代，只有不断学习、不断研究的教师，也就是通常所说的研究型教师，才能适应时代的要求。

勤业爱生是师德的最高境界[*]

中共中央不久前颁布了《公民道德建设实施纲要》，这对于提高全民的道德水准会起到长远的、重要的作用。而道德教育要从小抓起，才能养成道德习惯，因此，学校的道德教育要配合《公民道德建设实施纲要》的推行，不断改进和完善。教师既是社会的一个公民，又是一个教育者，他要对学生进行道德教育。因此，教师本身就应该有较高的道德水准。任何一个社会职业，都应有自己的职业道德，而教师的职业道德要求就更高，因为他是教育人的人。

我国有1 200余万名教师，绝大多数具有较高的师德，勤业爱生，为祖国和各条战线培养了众多人才，但是也有极少数教师缺乏应有的道德品质。我常常看到媒体报道有些教师体罚学生、凌辱学生，心里感到十分难过和愤慨。《焦点访谈》曾披露，有所小学的几个小学生因一点小事，班主任就让他们当着全班同学的面用小刀刮自己的脸皮，而且要刮到出血为止。看到这个报道，我觉得十分愤怒。这不仅是对学生的体罚，而且是对学生的心灵摧残。这样的教师缺乏应有的师德，甚至可以说触犯了刑法。教师对学生肉体的摧残是看得见的，还有看不见的体罚，就是对学生心理的无形摧残。这就是教师用语言伤人，用不正确的

---

* 原载《思想·理论·教育》，2002年第1期。

方法教训孩子。这种事例不胜枚举。这样的教师怎么能让学生敬佩而向他学习呢？怎么会有教育效果和教育质量呢？因此，师德是一名教师最起码的条件。

"行为世范"，教师是学生学习的榜样，学生的偶像。教育者先要受教育，因此要"学为人师"。教师首先要遵守公民道德准则，成为一个好公民，同时要有勤业爱生的精神，做一名合格的好教师。师德可以讲很多内容，但我认为最重要的是勤业爱生。所谓勤业，就是忠诚人民的教育事业，不断钻研教育教学业务，提高业务能力和水平，提升教育质量。所谓爱生，就是要用满腔热情来对待学生，热爱每个学生。有的老师也爱学生，但只爱好学生，不爱学习差一点或者有些小毛病的学生。这就不能说真爱学生。他爱的所谓好学生，在他的眼里，也不过是学习成绩好一点，听话一点。其实每个孩子都有优点，都有发展的潜能，问题在于老师能不能发现它，启发它。

关于爱学生，我想多说几句。没有爱就没有教育，这是教育的真谛，但是对爱还需要有正确的理解。溺爱也是爱，表现在无节制地满足孩子的要求，从而养成孩子唯我独尊的怪脾气，在家里是小皇帝，在外面是霸主，成为极端的个人主义者。酷爱也是爱，动辄打骂，所谓"棍棒底下出孝子"，这样教育出来的孩子在家里表面上唯唯诺诺，心里却充满着仇恨，往往会把脾气发到同学身上，在同学中施暴。这说的是在家庭教育中存在的问题。在学校教育中，有的老师也不懂得真正的爱。有的老师把过分的要求强加给学生，说是因为爱学生。例如，我布置过多的作业，罚你重做、重抄多少遍，"这是为你好"，也是爱你；有的老师放松要求，对学生的过错不处理、不批评，认为是爱学生。这两种态度都会造成不良的后果，也就不是真正地爱学生。爱学生的基础是什么？是信任，是理解。教育的基础就是建立在对每一个孩子信任的基础上。相信每个孩子都有发展的潜能，都能成才，于是我们才去教育他。

就如开矿那样，我们探测到那里有矿石，于是我们去开采它，如果知道那里根本没有矿石，我们又何必费力气去开采。做教师，就要相信每一个孩子都能够成才。你信任了孩子，孩子才会信任你。在互相信赖的基础上，教育就不是难事了。除了信任，还要理解，理解孩子的需要。孩子对老师、家长把他们当作不懂事的小孩子很反感。他们已经懂得很多东西，他们与大人一样有许多需要和权利，例如，玩耍的需要、交友的需要、自我支配时间和空间的需要、隐私的需要和权利等。我们应该认识到，他们与我们所处的时代不同，他们有自己的时代特征，也就是他们有自己的爱好、自己的偶像、自己的语言、自己的思维方法。有些也许是错误的，我们要去改变他，但首先要理解他。理解又是信任的基础，你理解了他的内心世界，你就会信任他。他知道你理解他，他才会主动地理解你，信任你。因此，师生关系是一种互动的关系，不是教师单方面施加的爱，而是师生相互的爱。建立了这样的师生关系，就真正做到了尊师爱生，也就达到了教育的最高境界。这就是我的师德观。

关于提高教师素质的对话[*]

甲：中学教师把所教的学科教好就行了，为什么还要花时间去学什么教育学、心理学之类的课程，为什么还要经过专门训练？

乙：任何事物的发展总是有规律可循的，人的成长也是有规律的。教育学、心理学是研究儿童及青少年成长规律的，它们是科学。掌握了人的成长规律，才能更好地培养人才。教师经过专业培养，才能懂得如何教书育人。

甲：许多大教育家并没有学过教育学、心理学，没有经过师范教育的训练，如蔡元培、竺可桢，不是当大学校长当得很好吗？不是大教育家吗？

乙：不错，蔡元培、竺可桢都是大教育家。但是，第一，蔡元培、竺可桢虽然不是学教育专业的，未必没有研究过教育。他们在国外留学多年，接触过国外的先进教育制度和教育思想。特别是蔡元培，1907年在德国留学，入莱比锡大学研究心理学、美学、哲学、文学等科；1912年又到德国、法国考察教育，他对教育是很有研究的。第二，当校长与做一名教师不同，当一名大学校长与做一名中小学教师尤其不同。当校长主要是管理学校，组织教师开展教育教学工作。而教师却是面对生

---

* 写作于2002年。

动、活泼的学生，他不仅要把课本中的知识教给学生，而且要使学生愿意学，有兴趣学，学得会，会学习。教师如果不懂得教育规律，没有教育艺术是做不到的。越是年龄小的学生，越需要教师懂得教育学、心理学，越要讲究教育方法。

甲：教育无非是教书育人。学高为师，行正为范。只要具有高深的学问，为人正派，就能成为一名出色的教师，就像蔡元培、竺可桢那样。至于教育方法，在实践中就能摸索到。

乙：您说的也有道理，但全国有几位蔡元培、竺可桢？我国有1 200万名中小学教师，如果人人都能达到蔡元培、竺可桢的水平，当然也可以不用师范教育了。但大多数教师学历水平还很低，许多教师没有受过教师职业的专门训练，因此在教育实践中出现许多问题，违背教育规律的现象屡见不鲜。教育方法是可以在实践中摸索到，但总不如经过培训来得快捷，少走弯路。

当前教育中有许多弊端，特别是素质教育难以推行，固然有种种社会原因，但教师专业素质不高，不能不说是重要因素。教育本来是培养人才的，但是如果教育不得法，就会摧残人才。因此，提高教师的专业素质是刻不容缓的问题。

甲：为什么教师教育要专业化？现在国际上都在提倡教师教育的专业化，但又主张教师教育的开放性，即不仅师范院校可以培养教师，其他高等院校也可以培养教师。教师教育的专业化与开放性有没有矛盾？

乙：教师教育专业化是当前国际教师教育的总趋势。教师是一个专门职业，这一点越来越得到社会的普遍认可。为什么要专业化？有以下几条理由：第一，学生的成长是有规律可循的，做教师需要了解学生的成长规律。教育教学也是有规律可循的，教育思想观念是一种对教育的理性认识，是要通过学习理论才能获得的；教育方法也需要学习和训练才能获得；特别是现代教育理论和教学方法层出不穷，需要通过学习进行梳理和选择。

第二，现代教育不是简单地传授知识，而且要发展学生的能力，指导学生学习。

第三，科学技术发展得越来越迅速，需要教师有较高学科专业知识，并且不断学习。传统的学科专业太狭窄，学生需要综合的知识，教师的知识面要宽广、渊博，与一个专业科学家是不同的。

第四，现代教育技术需要教师理解和专门掌握，并能运用到教育教学中。教师要善于设计教学，善于在汹涌而来的信息面前指导学生选择正确学习路线和学习策略，学会处理信息。

应该说，从历史上讲，社会上对教师的职业要求是很低的，认为认识几个字就可以当教师。最初的师范教育也是水平很低的。提出普及义务教育的初期，师范学校往往就是让小学毕业生简单训练一下去当教师，培养中学教师的师范院校水平也不高。但是到了20世纪四五十年代，情况发生了变化。科学技术的发展要求教师有较渊博的知识。同时，教育学、心理学的发展，对儿童青少年的成长规律有了进一步的认识，教师专业化的问题就被提出来。正是为了提高教师专业化水平，才导致师范教育的开放性，即师范院校向综合性大学转型。这种转型并非取消师范教育，而是提高师范教育水平，即必须经过4年的本科学习，再接受1~2年的教师专业训练，才能担任中学教师。因此，教师专业性与教师教育的开放性是不矛盾的。相反，教师教育的开放性促进了教师的专业性。

甲：教师的专业性有哪些特点？

乙：对教师的专业性问题，国内外有许多研究，主要有如下几点：一是要有较高的专门（所教学科）知识和技能；二是经过较长时期的专门职业训练，掌握教育学科的知识和技能，并经过"临床"学习，即实习；三是有较高的职业道德；四是有不断进修的意识和能力。

甲： 在我国，怎样做到教师的专业性？

乙： 根据我国的国情，不一定把师范院校都转变为综合性大学，师范院校自身可以改造。特别是我国有许多师范大学，它们本身已经具有综合性，但仍需要改革。第一，我国目前教师教育的专业结构要调整，把培养小学教师、初中教师、高中教师分开来考虑。除了高中教师需要学习专门学科的高深的专业知识外，对于初中教师、小学教师的培养，要重建适应课程综合化和多样化要求的专业。第二，要加强实习实践环节，把理论学习与实践活动结合起来。第三，要适当延长学制，特别是高中教师的培养，才能兼顾学科专业学习和教师职业训练。所以，我们特别提倡教育专业硕士学位，现在这种学位仅限于在职教师攻读，以后应该把这种学位推广到在校学生中去。第四，教育学科要改革。教育学科还没有建立起严格的理论体系，教育理论还落后于教育实践，还不足以指导教育实践。希望科学家来支持教育家，帮助教育家。

这里还有一个开放性问题。前面讲了，开放的实质不是教师教育的转型，而是教师教育质量的提高。教师教育的开放是大势所趋，因为：首先，人才市场的开放性使人才竞争很激烈，不开放也不行；其次，师范生同样交费上学，没有理由把他束缚在教师这一种职业上。

实行教师教育的开放性必须有一个条件，即必须实行教师资格证书制度。如果不实行这个制度，那就等于取消教师教育，等于不承认教师是一个专业化的职业。

社会职业有一条铁的规律，即只有专业化才有社会地位，才能受到社会的尊重。如果一种职业是人人可以从事的，那么这种职业在社会上是没有地位的。教师如果没有社会地位，教师的职业不被社会尊重，那么这个社会的教育大厦就会倒塌，这个社会也不会进步。

北京师范大学与中国教育[*]

北京师范大学（简称"北师大"）今年（2002年）将迎来她的100周年的生日。在风云变幻的20世纪，北师大与中国人民同呼吸共命运，走过了艰苦的历程。她是中国现代教育的缩影，也是中国师范教育的旗手。100年来，中国的历次革命运动都有北师大师生的足迹，历次教育改革都不乏北师大师生的声音。可以说，北师大与中国教育休戚相关，荣辱与共。

一、中国高等师范教育建设的排头兵

我国师范教育是近代教育制度的产物，最早的师范教育可以从1897年上海创办南洋公学师范院算起。但南洋公学师范院属中等师范教育性质，而高等师范教育的肇始应数京师大学堂的师范馆，也即北京师范大学的前身，今年正好是100周年。

北师大不仅是我国成立最早的一所高等师范学校，而且她的建设历程就是我国高等师范教育的建设过程。我国高等师范教育的一切规章制度无不在北京师范大学先行试点，然后在全国推广。

---

* 原载《光明日报》，2002年9月9日。

清光绪二十八年（1902年）颁布的《钦定高等学堂章程》第一章第七节规定："高等学堂应附设师范学堂一所，以造就各处中学堂教员，即照《京师大学堂师范馆章程》办理。"光绪三十年（1904年1月）颁布的《奏定学堂章程》把师范教育单列系统，专门制定了初级、优级师范学堂章程，详细规定了办学宗旨、学科分类、课程设置、入学要求、毕业效力与义务、附属学堂等。京师优级师范学堂首先照章办理，并根据当时实际情况引进了国外现代教育课程，如教育学、心理学及各种自然科学，编撰了各种教材，包括一部分中学教材。这初步奠定了我国师范教育的基础。

辛亥革命以后，京师优级师范学堂改为北京高等师范学校，到20世纪20年代，开始了一系列的改造：延长修业年限，扩充学科专业，建立研究所，延聘优秀教师。1922年11月，教育部批准筹备北京师范大学，并于1923年正式成立。于是，一所师范教育的最高学府终于在中国大地上矗立。1931年又与北平大学女子师范大学（前身为北京女子高等师范学校）合并，学校实力尤有增强。

但在20世纪二三十年代，我国师范教育经历过一番曲折，社会上出现了一股否定师范教育风。绝大多数高等师范学校与普通大学合并。北京高等师范学校坚持师范教育方向，积极探讨高等师范教育发展的道路，充分论述了师范教育的专业价值，为北京高等师范学校升格为北京师范大学做好了准备。但是到1927年，北洋政府竟然借口经费困难，将北京9所大学合并为国立京师大学校。1928年，南京国民政府实行大学区制，又将北京9所大学及河北大学、天津法政专门学校、北洋大学等合并而成北平大学。北京师范大学与北京女子高等师范学校师生开展了声势浩大的护校运动。他们从教育发展的要求、师范教育的专业价值、我国师资匮乏的现实提出师范大学单独设立的必要性。经过艰苦的斗争，北京师范大学终于在1929年恢复独立。

中华人民共和国成立以后，党和政府十分重视师范教育。1949年年底，教育部召开第一次全国教育工作会议，讨论了改革北京师范大学的方案，1950年5月19日正式颁布了《北京师范大学暂行规程》，这是新中国成立后高等教育方面颁发的第一个法令性文件。《北京师范大学暂行规程》全面规定了北京师范大学的办学宗旨、教学原则、学生、教学组织、行政组织等问题，是全面改革高等师范教育的重要文件。1951年8月27日至9月11日，教育部又召开了第一次全国师范教育会议。大会确定：每一大行政区至少建立一所健全的师范学院，由大行政区教育部直接领导；现有的师范学院要加以整顿和巩固，现在大学中的师范学院或教育学院以独立设置为原则。会议讨论通过了《高等师范学校的规定（草案）》，并于1952年7月16日公布试行。紧接着从1952年起，全国范围内进行了较大规模的院系调整。在这次院系调整中，高等师范教育在总体上得到了加强，但北师大受到了损失。不少系科被调出，单独设院，如音乐系成为中国音乐学院的基础，体育系成为中央体育学院的前身，英语专业归并入北大，北师大不少教师被调到中国科学院及其他高等院校。

1953年，第一次全国高等师范教育会议召开。会议讨论了高等师范教育的方针、任务、学校设置和发展的五年计划；讨论了师范院校的教学计划、师资培训和编译教材。北师大代表出席了这次会议，为高等师范院校的教学计划的制订、教材的编写做了大量工作。

在1966年"文化大革命"前，高等师范教育中出现了两个口号的论争：一个口号是"面向中学"，另一个口号是"向综合性大学看齐"。前者是针对师范教育脱离中学实际的弊端提出来的，但对这一口号的片面理解降低了师范院校专业学科知识的水平，受到了激烈的批评。于是有人提出了"向综合性大学看齐"的口号，甚至有人主张取消师范院校。这两个口号的论争反映在两次重要的会议上。

一次是1960年的师范教育改革座谈会，就1953年以来师范教育中存在的问题及改革方向、原则交流了情况和意见，提出了高等师范教育应"相当于综合性大学水平"。在这个思想的指导下，北师大从1960年开始将学制改为五年，接着华东师范大学也于1961年将学制改为五年。另一次是1961年10月的全国师范教育会议，就高等师范教育办学中的几个原则性问题交换了意见，并基本上取得一致。大家认为，高等师范不是办不办的问题，而是如何办好的问题。教师是培养社会主义新人的人，是培养新的一代人的人，教师在社会主义国家具有重要性。高等师范学校毕业生应注意为人师表，在政治思想水平和共产主义道德品质修养方面要求应高一些，严格一些；在文化科学知识方面，基础知识应宽一些、厚一些、博一些，并相当于综合性大学同科的水平；此外，还应掌握专门的教育理论知识和技能技巧。周荣鑫副部长在总结时说，两个口号不要再提了，从而使这个论争告一段落。

但是这个论争实际上并未结束，20世纪80年代又再一次提了出来。在这次争论中，许多专家强调师范性和学术性的一致性。两个口号论争的实质是对师范教育本质的认识问题。通过讨论，大家取得了许多共识，认为：师范教育必须彻底改革，要改变过去封闭的状态；高等师范院校应该与其他高等学校一样面向社会，拓宽专业，提高水平，办出活力。随着时代的发展，教师教育专业化、职前培养和在职培训一体化也提到议事日程。

北师大在两个口号的论争中总是站在最前沿，从理论上、教师教育的价值上提出了许多宝贵的意见，同时在教师教育建设的实践中，注意拓宽专业，加强科研，不断提高办学水平，为今后教师教育的改革提供了自己的经验。

可以这样说，北师大从创办之日起，就具有办学起点高、名师多、水平高的特点。所谓起点高，就是把培养高水平师资作为自己的目标。

1903年底，京师大学堂派出39名德才兼备的学生出国留学，其中31名为师范馆学生。20世纪20年代成为大学后，北师大就以美国哥伦比亚大学师范学院为蓝本，不久又成立了研究科，培养教育研究人才。20年代初美国教育家杜威、孟禄都曾经来北师大考察，充分肯定了学校的办学水平。所谓名师多，当时在学校任课的教师，大多是北京大学的教师，如马裕藻、王国维、鲁迅、许寿裳、钱玄同等。有了上述两条，水平高也就不言而喻了。如物理学家何育杰、历史学家王桐龄、化学家俞同奎、教育家和语言文学家符定一、哲学家和教育家李达，都是北师大早期毕业生。

二、中国教育科学的发源地

北京师范大学的建立是和我国现代教育理论的输入同步的。早在京师大学堂师范馆时代，它就积极引进国外教育学、心理学、辩学等课程。开始时聘请日本人服部宇之吉博士担任教育学教师，由范源镰任翻译；引进的第一部教育学由立花铣三郎讲授，王国维任翻译。这时就从日本引进了赫尔巴特的教育理论。民国时期设教育专修科，以学习德国教育理论为主，聘请德国人为教员。在引进西方教育理论的同时，中国学者开始自己编著教育理论著作，如王国维编写的《教育学》。

1920年，北师大建立教育研究科，专攻教育理论，毕业时授予教育学士学位。教育研究科开设24门课程，如哲学、美学、教育学、心理学、教育史、教授法原理、生物学、社会学、教育卫生、教育统计、教育行政、心理测量等。主讲教师都是著名大师，如胡适讲哲学，蔡元培讲美学，陈大齐讲心理学，杨荫庆讲教育史，陶履恭讲社会学，王文培讲教育学，邓萃英讲教育法。第一期毕业生中就有康绍言、常道直、薛鸿志、殷祖英等，从此有了我国的教育理论专家，开始探索具有中国特色的教育理论。

1919年至1921年杜威来华讲学，曾在北师大教育研究科讲授教育哲学。学生常道直根据笔记，将其编译为《平民主义与教育》一书，于1921年和1922年由商务印书馆印行出版，书前有杜威亲笔写的序言。北师大师生受新文化运动和杜威教育思想影响，成立了平民教育社，出版了《平民教育》杂志，研究宣传及实施平民教育。

1932年，北师大成立教育研究所，由校长李蒸兼任所长，李建勋任主任导师。教育研究所专门负责教育研究和训练教育专门人才，并编纂各科教材。1934年7月，教育研究所在教育部要求下停办，但接着就成立了教育研究会，继续开展教育研究工作。研究成果大多发表在学校主编的《教育月刊》上，或单独出版。

新中国成立后，北师大的教育科学有了蓬勃发展。当时主要是学习苏联的教育理论，1950年开始请苏联专家来校讲学，学校先后聘请了十几位苏联专家来各系讲学，其中教育系就有8位。当时中国人民大学和北京师范大学都办起了大学教师进修班和研究班，后来中国人民大学的班并到北师大。当代著名教育学家王策三、王逢贤、梁忠义、陈信泰、王道俊等都是研究班的学员，直接聆听专家的讲授。

为了学习苏联的教育理论和给苏联专家当翻译，北师大教育系成立了翻译室，大量翻译苏联教育著作。学校学者积极做辅导性工作，如王焕勋教授写了《教育上的三个概念：教育、教养、教学》的文章，在《光明日报》上发表。可以说，20世纪50年代初的北师大教育系成了苏联教育理论的集散地。

文理各系由著名教师开始研究各科教学法，担任教学法的讲授和教材编写工作。如物理教学法由方嗣、顾正容研究和讲授，数学教学法由魏庚人、钟善基研究和讲授，地理教学法由王均衡研究和讲授，语文教学法由叶苍岑研究和讲授。他们的研究和教材对后来学科教学论的建设起了奠基的作用。

1956年开始，为了使教育理论更切合我国的实际，北师大教育系开始编写自己的教育学教材。以王焕勋教授为首，教育学教研室的黄济、胡克英、郭笙、李士奎等共同努力，编出了一部《教育学讲义》，由北京出版社于1957年出版发行，对全国高等师范教育产生了很大影响。

历史地看，我国当时学习苏联教育理论和经验是有其积极意义的，对稳定新中国成立初期的学校教学秩序、建立教育理论体系都起了一定的作用。当然，苏联教育学本身有许多不足，这是后来我们逐步认识到的。

1961年2月至8月，根据中共中央书记处的指示，教育部会同国务院各有关部门抓紧解决高等学校、中等专业学校教材问题。中央文教小组召开了一系列会议，决定采取"选""编""借"的办法解决教材问题。4日11日至25日，中共中央宣传部又会同教育部、文化部召开了文科教材会议，拟定了包括教育学在内的7类专业的教学方案、297种教材的编选计划。北师大教师积极参加了教材编写工作，朱智贤先生编写的《儿童心理学》就是其中一种。

1964年2月11日，教育部发出通知，决定北京师范大学适当充实教育系外国教育研究的力量，收集、整理、编译外国教育的情报资料，供领导研究参考。同年5月12日，中共中央国际问题研究指导小组和国务院外事办公室批准高等教育部《关于高等学校建立研究外国问题机构的报告》。北师大成立了外国教育研究室、美国经济研究室、苏联哲学研究室、苏联文学研究室。1965年，这四个研究室合并为外国问题研究所。1964年下半年在中宣部的领导下，外国教育研究室创办我国第一份介绍国外教育动向的杂志《外国教育动态》。开始是内部发行，1980年被批准为国内外公开发行，1993年改为《比较教育研究》。1979年，外国教育研究室扩建为外国教育研究所，1995年改为国际与比较教育研究所，成为国际教育的研究中心、咨询中心、信息中心和人才培养基地。

1968年"文化大革命"中，在"左"的思想影响下，学校也做了不少蠢事。例如，心理学批判，把心理学批成"伪科学"，在全国产生了很坏的影响。但是学校朱智贤、彭飞、张厚粲、章志光等教授始终不接受这个结论，仍然孜孜不倦地研究心理学。终于，心理学在"文化大革命"结束后得到迅速的发展。1980年，北师大率先把心理专业独立建系，1986年又成立了儿童心理发展研究所，为心理学后来的发展创造了条件。

"文化大革命"结束后，教育理论界"拨乱反正"，北师大教师积极参加"教育本质"等各种讨论，正本清源，为重建教育科学而努力。1978年，北师大教育系率先编写了《教育学讲授提纲（征求意见稿）》；从1979年开始，北师大教育系黄济教授首先开出教育哲学课程，讲义以后整理成《教育哲学》一书，后来又扩充为《教育哲学通论》；王策三教授专门从事教学论研究，并出版了《教学论稿》专著；1979年，教育系专门成立了教育经济学研究小组，定期研讨，逐渐建立起了教育经济学学科。1982年，由顾明远、黄济主编的中等师范学校用的《教育学》问世，发行200多万册，对中师教育影响很大。

1980年，北师大教育系与外国教育研究所聘请了美国哥伦比亚大学胡昌度教授来校讲授比较教育课程。同时开办了比较教育进修班，有十所院校十多位教师参加。进修班一面听课，一面酝酿编写自己的比较教育教材。经过两年的努力，在老一辈比较教育学家王承绪、朱勃等的指导下，我国第一本比较教育教材终于编写出来了，1982年由人民教育出版社出版，至今已再版3次，发行数十万册。此外，由顾明远教授主编的《教育大辞典》分卷本和合编本分别于1992年和1998年出版；黄济、王策三主编的《现代教育论》、王炳照教授主编的《中国教育思想史》、吴式颖教授主编的《外国教育思想史》等一批重要著作也相继问世，对教育科学的发展做出了应有的贡献。

1979年，学校成立了教育科学研究所；1985年成立中学教学研究中心，1989年，两个单位合并。中学教学研究中心在全国首次提出把高等师范学校的"各科教材教法"提升为"学科教学论"，并将其列入学位和研究生教育专业目录，对该学科的发展起了重要作用。

1988年，学校教育学原理、比较教育被批准为全国重点学科；2002年，教育学原理、比较教育学、教育史、发展心理学、教育技术学又被批准为第二届全国重点学科。在教育科学研究的几个五年规划期间，北师大承担了多项国家重点课题，获得了多项奖励，取得了较大的成绩。

自从1980年我国建立学位制度以后，北师大就成为教育门类研究生培养的基地，较早地取得了教育学原理、中国教育史、比较教育、普通心理学、发展心理学、教育心理学的博士学位授予权，1986年获教育经济与管理学博士学位授予权，1998年又获得教育学、心理学一级学科博士学位授予权，20多年来为中国教育科研培养了众多的人才。

三、基础教育改革的开路先锋

北师大从成立之日起就关心中小学的教育实践。1908年，京师大学堂师范馆独立成为北京优级师范学堂，迁至琉璃厂厂甸，和五城学堂在一起。1912年7月，北京高等师范学校改五城中学为其附属中学校，并设立了附属小学。正如1961年时任教育部副部长的林砺儒在庆祝北京师范大学附中建校60周年讲话中所说，自此以后，北师大与师大附中就"肩负起中学教育开路先锋的重任了"。民国时期，师大附中经历多次制度改革。每逢试行新制度，如1921年实行男女共学、1922年采用"六三三"新学制，都是在北师大教师的帮助下，赖附中教师们的共同努力，自己草拟规章制度，自编课程教材，闯出自己的办学路子。1915

年，北京高等师范学校与附中共同成立了国文教授方法研究会和数学教授方法研究会。1920年，北京高等师范学校和北京女子高等师范学校成立了小学教授研究会。这些研究会把北师大教师与中小学教育实际联系在一起，并引导着中小学教育改革的潮流。

当时北师大的许多教师在附中任教，例如，傅种孙讲授几何，并编写了《初中混合数学》教材；林砺儒兼任附中校长（当时称主任），并讲授伦理学；其他还有钱玄同、夏宇众、石评梅、杨秀峰等。附中因此培养了许多优秀人才，历届毕业生中就有30名国内外科学院和工程院院士。中国科学院和中国工程院院士、著名科学家钱学森回忆在北师大附中学习生活时，列举了北师大在附中任教的许多教师的教学情景，深情地说："在师大附中所受的教育是终身影响着我们的。"

1949年以后，北师大和附属中学开展多种改革试验。首先，学习苏联教育经验的试验，编写新教材，采用苏联的课堂教学法。特别是由苏联专家指导的北师大学生实习中学语文《红领巾》一课，"红领巾"教学法传遍全国，对中学教学产生了深远的影响。其次，规范了课堂教学的要求，有利于学生掌握系统的基础知识和基本技能。

1958年，随着全国形势的变化，北师大在中小学进行了多种改革试验，重要的有下列几项。

第一，教育系曾经在北京郊区百花山建立了农村实验区，1964年又成立农村教育研究室，在原昌平县（现昌平区）开展实验，直到1976年终止。

第二，在此期间，师大附中进行了四年一贯制、半工半读的教改尝试性实验。

第三，建立北京师范大学实验小学。原来的北京师范大学第一附属小学和第二附属小学都划归北京市领导。为了研究小学教育的改革，1958年北师大教育系师生亲自动手，在北师大校园内创建了一所实验小学。当年教育系20多名师生到这所学校任教，开展了多种实验，特别是五年学制的实验，采用自编教材，小学从三年级开始设英语课。这种实验达30年之久，直到1988年因北京市小学升入初中实行统一考试，教材不一致而停止。30年的实验说明是它成功的，毕业生都能与初中相衔接，五年完全可以完成六年小学的任务。

第四，1960年，北师大把位于对面的北京46中收归为北京师范大学第二附属中学，开展了文科班的实验。

第五，1960年，协助创办北京景山学校。北师大派了大批师生到景山学校任教，并在中宣部的领导下，在景山学校及几所附中开展了新的教改实验，编写了新的教材。

北师大不仅有许多教师在附中兼课，而且选派最好的毕业生到附中任教师。例如，林砺儒、王焕勋教授都担任过北师大附中的校长。后来三个著名的校长陶卫、王本中、林福智，也都是北师大的优秀毕业生。

1978年后，北师大又积极恢复各种教改实验。持续最长、影响最大的是"五四"学制和教材的实验。1982年开始，北师大就在实验小学和第二附属中学开始了小学五年和初中四年的实验，并着手编写实验教材。1986年，原国家教委成立中小学教材审定委员会，提倡"一纲多本"，北师大编写的"五四"教材被列为八套教材之一，在山东、湖北、黑龙江等地试行，取得了很好的效果。

20世纪90年代以来，北师大师生与中小学的联系更加密切。其特点是教师个人结合科研课题，自觉地走向中小学，寻找实验基地，实现自己的教育理念，同时又帮助基层推动教育改革，提高教育质量。例如，裴娣娜教授在各地中小学开展的"主体性"教育实验，林崇德教授开展的中小学生智力发展和培养、学生心理健康的实验研究等。现在，教育学院各系所、心理学院各系所及其他系所都有教育改革的实验基地，为21世纪中国教育的改革和发展探索新的经验。

四、教师队伍建设的"工作母机"

北师大是培养教师的摇篮，建校100年来，为祖国培养了无数教师。天涯海角，无处不有北师大学生的足迹，这一点似乎不必浪费笔墨。但值得一提的是，北师大不仅为中学培养了高质量的教师，而且为高等师范院校及其他高等学校培养了大批师资。特别是中华人民共和国成立以后，我国教育百废待兴，高等学校师资严重缺乏。北师大在新中国成立初期就开办了大学教师进修班，为其他高等学校培养师资。1952年7月，北师大根据教育部颁布的《关于高等师范学校的规定》成立研究部，钟敬文教授任主任，由此开始举办各种研究生班，为高等学校培养师资。当时开办的研究生班有张宗燧和苏什金教授主持的理论物理进修班，傅种孙教授主持的数学几何研究班，张禾瑞教授主持的数学代数研究班，1958年还办了苏联文学研究班等，为高等学校培养了不少学科带头人。

我国高等学校发展有两次高潮：一次是1958年，新成立了一批单科学院，他们需要基础课的教师，除综合性大学提供外，北师大也为它们提供基础课教师；第二次是1980年前后，我国高等学校几乎以每年百所新校的速度增长，高等师范院校增长更快，急需补充师资，北师大为他们提供了大量师资，1981年我国学位制度建立以后，北师大是第一批建立起研究生院的单位。研究生数量逐年增加，毕业生中除一部分进入科研单位外，大部分补充到高等学校，特别是高等师范院校的师资队伍中。

1985年，北师大利用世界银行贷款筹建了高等学校师资培训交流中心。1986年9月，原国家教委发出了《国家教委关于建立高等师范学校师资培训中心和培训点的通知》，在6所委属师范大学建立各大区培训中心，在各省、市、自治区的1所师范大学建立培训点。北师大的高校师资培训交流中心负责协调落实全国高等师范学校师资培训计划，提供师资工作信息、资料和组织经验交流等。此外，北师大每年还招收上百名进修教师、高级访问学者，举办助教进修班、研究生课程进修班等。

1996年，在多方的努力下，国务院学位委员会批准设置教育硕士专业学位，为中学教师的进修提高开辟了新的渠道，把中学教师的学历提高到研究生层次，这在我国教育史上还是第一次，具有里程碑意义。教育硕士专业学位教育指导委员会秘书处设在北师大，北师大为筹办和建设教育硕士专业学位做了大量工作。

北师大不仅为中学和高等学校培养师资，而且为这类学校及地方教育行政部门培养了众多的管理人员。1981年，北师大在教育部的领导下，成立了高等学校干部进修班，第一期学制一年，第二期、第三期改为半年，学员为来自全国高校的领导干部。1985年，北师大在这个班的基础上成立了教育管理学院，同时确定为教育部华北教育管理干部培训中心，内容扩大到基础教育。20年来，北师大举办了多次高等学校各部处干部培训班，接受培训的干部达2万多人次；还举办了24期督导班和无数次中学校长培训班。2000年5月，它又被教育部批准成立教育部小学校长培训中心。培训中心成为全方位的全国教育管理干部的培训基地。

说北师大是我国教师队伍建设的"工作母机"，名副其实。

北师大已经走过了100年，在欢庆建校100周年的今天，北师大人又提出了要将北京师范大学建设成为综合性、有特色、研究型的世界知名大学的发展目标，并且要在"十五"期间基本完成结构性调整，实现向以教师教育、教育科学和文理基础科学为主要特色的研究型综合性大学的历史转型。所谓"转型"，包含：①学科结构的转型。传统高等师范学校的学科是对应中学课程设置的，比较单一，今后北师大要在保持传统学科优势的基础上进行结构性调整，增加适应社会需要的应用性学科、新兴学科和交叉学科。②专业设置的转型。现在北师大已经具有综合性，现有的专业设置已经涵盖11大学科门类，2002年又获得了设置专业的自主权。北师大正在利用这个权力，根据自身的条件和前景，发展社会主义建设急需的专业，培养国家需要的人才。③培养模式的转型。传统高等师范学校人才培养模式也是单一的，本科四年难以培养高质量的教师，今后北师大试行"4+X"的培养模式，因材施教，培养多种规格的人才，同时把教师教育的培养模式转换到"大学本科+师范"的国际教师教育通行的轨道上来。

北师大的这一战略决策开中国高等师范学校教育百年转型的风气之先，对我国教师教育的改革和发展具有重要的启示意义。

祝贺教师发展学校创建一周年[*]

在首批教师发展学校建设一周年的时刻，我很高兴地看到了丰台区教委举办的"教育思想大讨论·教师发展学校专题论坛"的会议资料和《北京教育》杂志出版的《丰台区教师发展学校专辑》的小样。我感到这确实是一件值得纪念也值得祝贺的事情。理论与实践的结合，是我们多年来所共同期望的。专辑中有地方教育行政领导、大学教师和中小学教师所写的不同形式的文字，但它们共同记录着这种结合实现的过程。

我很高兴地看到，大学教师、地方教育行政领导和中小学教师走到了一起。这是我们所处的时代所需要的。社会的现代化、高等教育的迅速发展，使得大学越来越多地走进社会，直接地承担起服务社会的职能。首都师范大学教育科学学院和丰台区教委联合创办丰台教育发展服务区，正是体现这种时代需要的一个有意义的尝试。他们通过建设教师发展学校，实现着为社会的教育服务的职能，同时把大学文化特质与中小学教育教学实践密切地联系起来。正像他们所期望的，这是在中小学教育教学的真实环境里实现着一种文化的融合。这一切，不是停留在字面上、口号里，而是真实地发生在我们的学校里，并且，实现得那么自然和融洽。理论与实践的结合，需要一个共同的生活方式作为基础。教

* 原载《北京教育》，2002年增刊。

师发展学校的建设，正是建设了这样一个基础。这无论是对教师教育的改革，还是对中小学教育的改革和发展都是很有益、很重要的。

我很高兴地看到，有这么多辛勤工作在教学第一线的中小学教师所写的体会、案例和论文。从他们朴实无华的文字里，我看到了他们在这短短的一年里经历的变化、探索和辛勤劳作。他们以研究的态度对待自己的日常教育教学工作，有意识地走进学生的心灵，实现理解的教和学。所有这些，使人欣慰地感受到他们专业成长和发展的过程，我愿意在此向他们致以敬意和祝贺，并希望他们以不懈的努力，实现自己专业的持续发展。同时，我在这个专辑中看到并感受到首都师范大学教育科学学院老师的奉献精神、务实作风和努力工作的成效，这是十分不容易的。我为此感到欣慰。

丰台区教委、首都师范大学教育科学学院为建设丰台教育发展服务区和教师发展学校，坚持马克思主义实践哲学，把中小学教育教学实践本身作为教师发展学校建设的基础；注重学校丰富的生活世界中主体间的沟通和理解，实现大学文化和中小学文化的交往与融合；尊重教育的复杂性，倡导反思与建构。他们所做的理论探索是可贵的。注重理论建设是他们工作的一个特点。正是这些理论建设，对丰台教育发展服务区和教师发展学校的建设起到了基础性作用。这一点值得重视。

建设丰台教育发展服务区和教师发展学校是丰台区教委、首都师范大学教育科学学院所做的一件十分有意义的创造性工作。借此机会，我愿表达对这项工作的祝愿，愿这项工作有新的更大的进步。

师范教育的传统与变迁[*]

一、师范教育是近代社会的产物

自有人类社会以来就有教育，人类进入奴隶社会以后就产生了学校，有了专门的教师，但培养教师的师范教育是近代社会开始才有的。在古代，凡有知识、有学问的人，就可以做教师。到了近代，社会职业分工越来越细，要求越高，产生了培养教师职业的师范教育。最早的师范教育产生在欧洲。1684年法国拉萨尔（La Salle）于兰斯（Rheims）创办的教师训练机构，以及1695年德国法兰克（A. H. Francke）于哈雷（Halle）创办的教员养成所是最早的师范教育机构，之后，欧洲其他国家也开始举办这种机构。1794年秋，法国临时议会通过法令，在巴黎设立公立师范学校，1795年1月正式成立。1810年，法国在原巴黎师范学院基础上成立高等师范学院，1845年改为巴黎高等师范学院。19世纪七八十年代，许多国家颁布法令设置师范学校，师范教育随之制度化、系统化。

师范教育是近代社会的产物。近代科学的发展，促进了社会生产力的提高。现代大工业生产需要工人有一定的文化知识，于是，各个资本

---

* 原载《高等师范教育研究》，2003年第3期。

主义国家于19世纪中叶开始实施普及义务教育。随着儿童入学率的提高，小学教师的需求量越来越大，许多工业发达国家都建立师范学校或者采取其他方式培养师资。师范教育得到迅速发展，师范教育体系得以建立并日臻完善。

师范教育发展到今天，经过了几个阶段，无论在教育水平上还是在培养方式上都有许多变化。最初师范教育的水平很低，师范学校招收初等学校毕业生，培养小学教师，修业时间不一，短的仅数星期，长的约两年。中学教师除法国有巴黎高等师范学校外，大多数国家由大学或文理学院开设一些教育方面的课程来培养。在19世纪末20世纪初，各国才建立师范学院。如美国第一所师范学院纽约州立师范学院是于1893年在奥尔巴尼市成立的，以后各州纷纷仿效建立。英国在颁布《1902年教育法》后，才授权地方政府兴办地方公立师范学院。我国师范教育始于1897年（光绪二十三年），当时清政府大理寺少卿盛宣怀经奏准，在上海创办南洋公学，内设师范院，为其他各院培养师资。1902年，京师大学堂内设师范馆，培养中学师资，从此建立了师范教育体系。中国的师范教育起先是学习日本的，中华人民共和国成立以后，根据苏联的模式加以改造，建立了包括中等师范学校（培养幼儿园和小学教师）、高等师范专科学校（培养初中教师）、师范学院和师范大学（培养高中教师）的师范教育体系，并一直延续至今。

二、师范教育走向开放性

20世纪中叶，师范教育开始走向开放性，有人把它叫作转型。所谓转型，是指由师范院校封闭地培养师资转变为由所有高等学校开放地培养师资。首先，中等师范学校逐渐取消或者升格为师范学院，目的是提高小学教师的水平；其次，师范学院升格为综合性大学，由他们的教育学院来培养师资。应该说，在这之前，培养师资也不是由师范院校绝对垄断的，任何国家都存在着师范院校和综合性大学同时培养师资的模式，只是各国侧重不同而已。同时，转型以后，也不是绝对没有师范学院，如美国、日本是开放型的师范教育体系，但至今仍然有少数师范学院存在。所以，转型只是相对而言，说转型，不如说更加开放，尤其是美国、日本。美国在20世纪30年代和40年代，鉴于小学教师的任务繁重，必须提高培训标准，佛罗里达州首先实行中小学教师单一工资制，即教师工资不再按他任课的学校的等级确定，而是按他们受教育的程度而定。从此，师范学院、综合性大学都成为中小学教师的养成所，师范学校逐渐减少，至1949年，全国只剩下14所。第二次世界大战以后，师范学院纷纷改为州立大学或文理学院，师范教育的独立体系不复存在。日本在第二次世界大战前，师范学校是单独设立的，但第二次世界大战后按照美国模式改建学校体系，就没有师范学校的单独设置，只有少数教育大学被保留下来，直到1978年又成立3所教育大学，宗旨是提高中小学教师的素质和能力，为他们提供深造与研究教育科学的场所，设有进修和研究生课程。

由此看来，师范教育走向开放性，或叫转型的目的，主要是提高师资的质量。因为前期对师范教育的要求是比较低的，师范院校的办学水平也是比较低的。第二次世界大战前后，科学技术有了很大的发展，中小学教育也有了很大发展，就要求教师有较高的水平。而原有师范院校不能满足这种要求，所以师范院校要向文理学院和综合性大学转变，让教师接受大学教育。师范教育由封闭型转向开放型，但这种转型必须在一定的条件下才有可能。这些条件如下。

第一，师资已经基本上满足需求，不需要用师范院校的独立体系来加以保证。

第二，教师的职业已具有一定的吸引力。此前，大多数国家为了吸引优秀青年从事教师工作，师范院校不仅免收学费，而且提供奖学金。现在，教师职业已有吸引力，用不着再采取特别的措施。

第三，高等教育走向大众化，师范院校要为高等教育大众化服务，就必然要改变专业设置，增设非师范专业。美国师范院校的转型就是典型的例子。根据1944年美国国会通过的《退伍军人权利法》，战后大批退伍军人回到家乡，涌入当地的高等学校。当地只有一所师范学院，且并不需要那么多教师，于是就办起其他专业并升格为州立大学。

可见，师范教育的转型是时代的产物，不是个人意志所能决定的。它的本质特征是提高教师的培养质量，而不在于用什么类型的学校培养教师。师范学院升格为综合性大学以后，可以按照大学的水平和要求来培养师资，同时可以利用综合性大学多学科的优势，更好地培养教师。但是也有些国家仍然保持着师范教育体系，如法国和俄罗斯。法国小学教师始终由师范学校培养，不过在20世纪60年代末以后不断提高学历程度，1989年以后就升格为师范学院，招收综合性大学第一阶段（两年）的结业生，再学习两年，相当于法国大学的硕士程度。俄罗斯至今还保持着师范学院和师范大学的建制。但这两个国家的综合性大学也始终有培养教师的任务，特别是法国，中学教师是由综合性大学培养的，现在小学教师培养的第一阶段也在综合性大学进行。

三、教师教育的专业化

1966年联合国教科文组织在《关于教师地位的建议》中提出应该把教学工作视为一种专门职业，认为它是一种要求教师具备经过严格和持续不断的研究才能获得，并要维持专业知识及专门技能的公共业务。如此形成了新的教师教育的概念，它分三个阶段进行：职前教育、入门教育和在职教育。①长期以来，对教师是不是专业性的职业是有争议的。有的人认为，教师不是专业性的职业，任何有知识、有学问的人都能做教师；有的人认为，教师是半专业性职业，教师需要学习一些教育教学的技能，但并不是像医生那样的专业性职业；而一部分教育专家则认为，教师应该是专业性的职业，需要经过专业训练才能胜任。联合国教科文组织的《关于教师地位的建议》肯定了教师的专业性，对教师教育有着重要的影响。近二十年来各国都十分重视教师教育，把它作为提高本国教育质量的重要举措。1986年美国卡内基教育和经济论坛的主题就是"教育作为一种专门职业"，它的工作组报告叫作《国家为培养21世纪的教师做准备》。报告在概要中就指出："美国人尚未认识到两点最本质的真理：第一，美国的成功取决于更高的教育质量，这一质量标准是迄今从未有人敢于提出和追求的一种高标准；第二，取得成功的关键是建立一支与此任务相适应的专业队伍，即一支经过良好教育的师资队伍。"日本自1984年8月至1987年8月的三年间，首相府临时教育审议会相继发表了四次咨询报告，其中对教师教育改革提出了一系列建议：改革大学的教师培养课程，建立新任教师进修一年的制度，完善在职教师的进修体制等。法国于1989年通过《教育方向指导法》，要求把小学教师提高到大学的水平，废除培养小学教师的师范学校，包括地方教师培训中心，而在每个学区建立一所培养小学教师的学院，叫教师培训大学学院（IUFM），从而把小学教师的培养纳入大学教育。其他国家也都采取了提高教师专业化水平的措施。

需要说明一下，"师范教育"转称为"教师教育"，在中国有特殊的意义。"师范"二字是从日本引进的。日本的师范教育体系在明治初年是效法法国的。法国"师范"（normale）一词源于拉丁语norma，意为

---

① 宋吉缮：《中韩两国教师专业化比较研究》，博士学位论文，北京师范大学，2002。

"评价事物所依靠的标准"，本义为"木匠的尺规"①。其实，英、美等国一直沿用"教师教育（teacher education）"。日本于20世纪80年代开始推行第三次教育改革，提高了教师任职资格，加强教师职后培训，于是就有了"教师教育"的提法。近些年来我国留学日本的学者一再撰文，提出"师范教育"的提法已经陈旧，应以"教师教育"取代之。其理由是：师范教育只指教师的职前培养，不含职后进修与培训，职前、职后脱节；而教师教育是指教师整个培养培训过程，一名成熟的教师不能只有职前的培养，还需要在职时不断进修学习。这种观点已经被我国学术界和教育界接受。由于观念的转变，相应地，我国教师教育的体制会发生一系列的变化。

现在我们来探讨一下，什么叫教师的专业性，为什么教师是专业性的职业？

首先，教师的专业性是由他的职业对象、职业目的、职业内容和职业手段决定的。教师职业的对象是活生生的人，是正在成长中的儿童青少年，而不是无生命的物体，他们具有主观能动性。其次，教师的职业目的是育人，是帮助正在成长的儿童青少年健康地成长，成为社会的一员。再次，教师职业的内容是传授知识、教书育人，是提供教育服务。最后，教师职业的手段不是任何工具，而是教师用自己的知识和才能、品德和智慧，在与自己的教育对象——学生——的共同活动中影响他们的。因此，教师职业具有以下特点：①具有复杂的脑力劳动的特点；②具有极大的创造性和灵活性；③具有鲜明的示范性；④教育效果具有长期性和长效性。

为什么教师职业要专业化？我想，大概有以下几点理由。

第一，学生的成长是有规律可循的，教育是有规律的，教师需要了

---

① 梁忠义、罗正华：《教师教育》，长春，吉林教育出版社，1998。

解学生的成长规律。尽管目前教育科学还不成熟，学生成长的机制还说不太清楚，但有些教育理念是为大家共同接受的，有些教育原则和方法是行之有效的，教师必须掌握。不能因为教育理论不成熟，就简单地否认教师的专业性。就如当今医学一样，有许多疾病的机理至今不明，但我们不能否定医学是一门科学，医生是专业性很强的职业。

第二，现代教育不是简单地传授知识，而是要发展学生的能力。要善于指导学生学习，学会探究，要培养学生的创新精神和实践能力，因此，教师不仅要有渊博的知识，而且要研究学生，善于优化教学过程，开启学生的智慧。

第三，科学技术发展得越来越迅速，知识越来越丰富，许多新知识生长在学科的交叉点上。教师既要有较高深的学科专业知识，又要有宽广的综合知识，才能满足学生求知的要求，指导学生去探索未知的世界，这一点与一个专业科学家是很不相同的。因此，教师需要不断地学习。

第四，现代教育技术需要教师理解和掌握，并能运用到教育教学中，教师要善于设计教学，善于在汹涌而来的信息面前指导学生选择正确的学习路线和学习策略，学会处理信息。

第五，现代师生关系需要建立在民主、平等、理解和信赖的基础上。没有正确的教育观念，不懂得学生心理，不讲究方法是做不到的。

那么，教师的专业性有哪些内容？

教师的专业性是随着时代的发展不断提高的。我的学生韩国学者宋吉缮在研究一般专门职业特点以后，提出教师职业应有以下一些内容。

第一，教师职业要有较高的专门知识和技能。她介绍了美国卡内基教学促进会主席舒尔曼（Shulman）的观点，认为："教师教育要强调理解和推理、转化和反省这一教学理念。根据这一理念，教师必备的专业知识至少应该包括如下方面：学科内容知识；一般教学法知识；课程知识；学科教学法知识；学生及其特性知识；教育脉络知识；教育目的与目标、价值哲学及历史渊源知识。"[①]

第二，教师职业必须具有较高的职业道德。教师的职业对象是未成年人，它与一般的职业不同。教师不仅要传授知识，还要通过其专业活动帮助未成熟的儿童青少年树立正确的价值观、伦理意识和道德态度。教师的职业道德就是敬业爱生，热爱教育事业，爱护学生。这种爱是建立在理解和信赖的基础上，这样才能和学生沟通，同时要时时注意自己的行为，重视行为的教育性。

第三，教师职业需要长时间的专门职业训练。教师比起医生和律师这样的专门职业来说，专门职业训练的时间太短。医生在开始营业之前必须经过住院医师和实习医师阶段，大部分律师是从助手开始做起，因此，教师也应该经过较长时间的实习训练。德国的教师要在毕业并取得教师资格后经过两年实践，再经过考试合格，才能获得正式的教师资格证书。

第四，教师职业需要不断地学习、进修，以促进专业发展。教师要满足学生全面、不断的发展要求，就必须不断完善自己的专业技能，不断进修，并将教育理论和研究成果运用到教学实践中；通过实践反省自己，不断总结经验和学习新理论、新方法。

第五，教师职业有自主权。教师大部分时间在封闭的教室中工作，其他人几乎没有机会观察他的工作。新教师上课，会有老教师听课，评价他的教学能力。但经过这一阶段，几乎没有人再来听他的课，教师享有较高的自主权。当然，教师会接受学生的监督、社会的监督和检查，但教师在课堂教学上有较高的自主权。这就要求教师有较高的判断能力，有熟练地处理教育教学事务的能力。

----

① 宋吉缮：《中韩两国教师专业化比较研究》，博士学位论文，北京师范大学，2002。

第六，教师有专业组织。一般有教师工会、教育研究组织来约束教师的行为。

由此可见，教师职业具有一般专门职业的特点，教师专业性是存在的，它确实具有其他职业无法替代的作用。如果说我国目前教师专业性不强，那么，这正是需要我们改进的。

四、我国教师教育改革的前景

我国的师范教育100多年来，特别是新中国成立以来，培养了数以千万计的教师，为我国普及教育和国民素质的提高，做出了很大贡献。自从我国建立师范教育体系以后，虽经多次改革，但封闭的状态没有改变，已经不能适应现在形势发展的需要。这造成教师的专业性不足，不能胜任教师专业性的职业要求，具体表现在：缺乏应有的先进的教育理念和思想，知识面过窄，教育教学技能训练不足。

自从1999年第三次全国教育工作会议提出一般高等学校也可以培养教师的意见，师范教育的封闭性就打破了，拉开了教师教育改革的序幕。但是如何改革，目前还在讨论之中。为了供决策者参考，我想提出一孔之见。

第一，改革必须结合我国的国情，承认原来的状况，并在继承中加以发展和改造。我国师范教育有一个与其他国家不同的特点，就是起步虽晚，但起点较高。例如，北京师范大学的前身是京师大学堂的师范馆，是与京师大学堂的仕学馆同一起点的。后来虽然独立成校，但两校的教师是相通的，许多大师级人物既是京师大学堂（后为北京大学）的教师，又是北京高等师范学校的教师。新中国成立以后，北京师范大学虽然经过院系调整，但仍然保留着文理各科的强大优势，特别是1958年以后增加了不少非师范专业，实际上它早已具有综合性大学的性质和水平。其他如华东师范大学、东北师范大学等也都有综合性大学的实力，甚至强于一般的地方综合性大学。这就与西方20世纪中叶以前的师范学院不同，不存在升格和转型的问题。对这批学校来讲，最主要的是支持它们的综合实力，利用它们的优势，培养高质量、高层次的师资。

第二，根据我国国情，师范院校在一段时间内还需要存在。因为我国教师的数量还不足，教师的合格率还不高，教师职业的吸引力还不强。目前取消师范院校的独立建制，会严重削弱教师教育，不利于基础教育的发展，会影响中共十六大提出的使"人民享有接受良好教育的机会，基本普及高中阶段教育"任务的完成。但现有的师范院校需要改造，师范院校的教学既要提高学科的专业水平，又要加强教师的职业训练。要改造现有的教育课程，用最先进的教育理念武装学生，增加教育实习时间，因而就要延长修业时间，相应地，在劳动制度、工资制度上要加以调整。师范院校还有一些特殊任务，就是培养初中综合课程的教师、科学课程的教师、小学教师、幼儿教师、特殊教育教师。

第三，要把综合性大学和师范院校培养的中学教师的规格统一起来。即综合性大学的毕业生如果愿意当教师的，应当学习教育学科的课程；师范院校的学生则在专业学科水平上要与综合性大学基本相当。综合性大学要取得培养教师的资格，必须制订教师教育的课程计划，开足一定的学分课程，经专家评估后，由教育行政部门批准。

第四，彻底改造现有师专层次。中学教师不应再分初中教师和高中教师，一律由大学和师范学院来培养。师专不再培养初中教师，只承担培养小学教师、幼儿教师、特殊教育教师，以及一些大学本科来不及培养的专业教师的任务。

第五，根据我国地区经济发展不平衡、教育发展不平衡的现实，不要轻易地取消中等师范学校（简称"中师"）。中师重视师范训练，中师毕业生较受小学的欢迎，问题在于他们的文化科学知识太欠缺，因此，中师升格为师专的，中师的传统不能丢，师专不是向师院看齐，而是要在加强科学文化通识教育的基础上继承中师的优点。小学专业不要再细分专业，可以设一些选修课或方向课。

第六，教育学院与师院或师专合并，把教师的职前培养和职后培训结合起来。同时，职后培训的要求比职前培养的要求更高，现有的教育学院是胜任不了的。两校合并，可以合理配置资源，优势互补。要充分利用信息技术，发展远程教育，把现有不合格的教师提升为合格教师，但要认真组织和考核，不能流于形式。

第七，最重要的一条是要实行教师资格证书制度，这样才能在实行教师教育开放性时把好教师准入的质量关。需要修改《教师法》，对教师的资格进行具体规定。

五、结论

社会职业有一条铁的规律，即只有专业化，具有不可替代性的职业，才有社会地位，才能受到社会的尊重。如果一种职业是人人可以担任的，则在社会上是没有地位的。教师如果没有社会地位，教师的职业不被社会尊重，那么，这个社会的教育大厦就会倒塌，这个社会就不会进步。

用教育新理念武装教师[*]
——评《当代教育学》

近20年来出版的《教育学》大约不下200部，但有新意的不多，都没有摆脱旧的体系和模式。虽然有的也增加了一些新的内容，但体系仍然是旧的，还是因循原来的四大块，这与热火朝天的教育现实不相称。最近我读到袁振国教授主编的《当代教育学》，顿感耳目一新。新在什么地方？我认为主要在立意新、体系新、内容新三方面。

首先引起我思考的是，作为一本教科书的《教育学》，想给学生些什么？我想，教科书有两类：一类是知识性的，主要教给学生知识，让他们能够在此基础上进一步学习，例如，许多自然科学的课本；另一类是观念性的，主要教给学生专业的理论观点和方法，例如，社会科学中哲学、经济学等的许多课本。当然，知识和观点是不能分开的。没有知识的观点是空洞的，没有观点的知识是盲目的。但从教学任务来讲，总有一个侧重点。那么，《教育学》教科书想教给学生什么呢？过去的《教育学》总想集多种任务于一身：既想给师范生尽量多的教育方面的知识，又想给学生建立一种教育观念，还想教给学生各种教育方法。结果

---

* 原载《中国大学教学》，2003年第8期。

内容庞杂，学生抓不住要领，观念既建立不起来，方法也没有学到。教育学是教育学科体系中的一门基础性理论学科，因此，我认为《教育学》教科书的任务主要是让学生通过基础理论的学习建立起正确的教育观念，具有思考问题、处理问题的能力。正确的教育观念也不能仅通过说教和灌输而获得，而是要在对各种教育问题的探讨中建立。教育是很复杂的社会活动，叶圣陶老先生曾经讲过，教学有法，教无定法。也就是说，教育教学是有许多方法的，但需因事因人，因不同的情境而异，不是固定不变的。教育规律是不变的，符合教育规律的、正确的教育观念是相对稳定的。建立了正确的教育观念，就能创造出许多新的方法，取得良好的教育效果。当然，教育观念也要随着时代的变化和教育科学研究获得新成果而不断更新，这是符合教育发展规律的。

《当代教育学》的新，首先体现在这本书的立意新。该书作者在第一页的"教学建议"中写道："本书编写的一个基本追求是，不仅告诉学生是什么，怎样做，更希望启发学生（思考）为什么和怎样想。我们相信，没有一种教育观点、教育原则或教育方法是唯一的或最好的，对任何一种教育现象都可能有不同的理解，对教育的理想有不同的追求，并形成不同的教育风格。所以本书的编写力图通过不同教育思想、不同教育流派、不同模式的介绍分析，引起学生的学习兴趣，促进学生发现问题、思考问题、处理问题及自我选择的能力的培养。"这就是说，不是把现存的知识灌输给学生，而是把教育问题的一些理论、思想、方法介绍给学生，让学生根据实际情况思考、讨论，掌握解决教育问题的能力，包括教育观念和方法。这也体现了以学生为主体的思想。

其次体现在体系新。该书打破了旧的四大块理论体系，力图建立新的理论体系。全书分上、下篇。上篇是讨论教育内部的问题，包括教育的各种要素：理论要素、人员要素、信息要素（课程内容）、管理要素。下篇是讨论教育外部的关系问题，包括教育的两大功能，即教育的个体发展功能和教育的社会发展功能，由此而引发的教育与经济、教育与政治、教育与科技、教育与文化的关系。我不能说这个体系是最好的，但可以说它是新颖的、有新意的。旧的教育学体系是先讲教育的外部问题，后面讲的都是学校具体工作。越讲越具体，越讲越没有理论，学生越学越没有兴趣。1980年，我在编中等师范学校用的《教育学》时就发现这个问题，第一版我就把它颠倒过来，先讲教育的主体——教师和学生，再讲教育目的、内容和方法，最后再讲教育的外部问题及国际教育的新动向。谁知，中师教育学的教师说，这样的体系不习惯。第二版又只好改过来，可见习惯势力之顽固。这本《当代教育学》打破四大块的体系，把内容分成两大块：第一块把教育诸要素统一起来，从教育目的到教育评估和管理，形成一个整体；第二块作为提高部分，再讲教育与其他社会活动之间的关系。颇有新意。

最后体现在内容新。正是因为编写的立意新，所以这本书的内容很新。对于每一个问题，不是列出现存的概念和结论，而是介绍当代教育界对这一问题的新观点、新认识、新理论。内容新表现在以下方面。

注意继承和创新的关系。创新，不是抛开历史，而是在历史的基础上发展。例如，在讲"教育学的发展"时，不仅讲到教育学的思想来源，从古代到近代，从中国到西方，而且系统地介绍了赫尔巴特的《教育学》、杜威的《民本主义与教育》、凯洛夫的《教育学》，这是影响中国教育最深的三本教育学著作，然后讲到当代教育学的多元化。又如，讲当代中国教育，不是像一般《教育学》教科书那样只讲中国的教育方针和学制，而是简要地介绍新中国成立以来的经验、教训，再讲今天的教育目的、结构。

重视吸收世界教育发展的经验和研究成果。教育事业是未来的事业，教育工作者需要有前瞻性。要达到这一点，就要面向世界，了解世界教育发展的现状和趋势。《当代教育学》专门辟一章"当代世界教育"，介绍当代世界教育发展的概况和各种教育思潮，其他各章中也都介绍了世界各国的教育理论。这对于教师开阔视野、放眼世界、把握未来是很有帮助的。

重视理论和实际的结合。本书不仅介绍了许多先进的教育思想和理论，而且紧密结合我国的实际，重视总结我们自己的经验。书中有许多案例供学生思考。特别是道德教育部分，讲到道德判断、两难问题时举了一些案例，对学生会有很大的启发。书中还专门介绍了上海市青浦县（现青浦区）的教改实验，这是我国本土最成功的实验，用它来说明我们完全能够创造出自己的经验和理论。

书中还有许多新的内容，或者是老问题的新解释，在这篇短文中，不可能一一列举。可以说，该书从标题到内容都用一种新的方式来表述，用现代时髦的说法，作者企图建立新的教育学的话语体系。

当然，正如我前面所说的，教育是一种复杂的社会活动，建立新的教育学绝不是容易的事。书中也还有一些值得推敲的地方，例如，第一章中教育发展的分期，在古代教育与近代教育之间，隔了一段文艺复兴时期的教育，似乎在历史分期逻辑上不顺；又如，把"教学"说成是教师的行为，"而不是学生的行为"，值得商榷。可以这样说，教学工作是教师的行为，但教学作为一种活动过程，应该是师生双边的活动，也应该是双方的行为。其他有些章节在逻辑安排上还有值得改进的地方。

课程改革与教师[*]

　　教育改革的核心是课程。因为任何新的教育理念总是要落实到课程上，然后影响到学生。纵观20世纪的几次教育改革，都是以课程为核心展开的。进入21世纪，人类面对种种新问题，再一次提出教育改革的必要性。改革的核心依然是课程。我国为了推进素质教育，培养具有高尚品德、创新精神和实践经验的21世纪人才，在20世纪末就酝酿课程改革。随着《基础教育课程改革纲要（试行）》的颁布，新一轮的课程改革已经启动。这次改革不同于以往的历次改革，它从指导思想上就有两个根本的变化：提出了以学生的发展为本的思想，强调培养学生的创新精神和实践能力，发展学生的个性，从而要求在课程内容上体现课程结构的均衡性、综合性和选择性；教学方法上强调发挥学生主体性，培养学生探究科学的精神和能力。

　　这次课程改革吸收了世界各国十多年来改革的经验，理念是很新的，要求是很高的，体现了邓小平提出的"教育要面向现代化，面向世界，面向未来"的精神。要在全国实行新的课程标准，关键在于教师。

　　我常常讲，课程标准的实施要经过多个层次：最高层次是理想课程，这是课程专家们制定的，往往是很完美的、理想的，指导思想是

---

*　原载《现代教育报》，2003年9月26日。

很明确的、先进的，要求是很高的。第二个层次是开发课程，这是指教材编写者、教师、专家根据理想课程（课程标准）来设计课程的具体安排，编写教材。如果编写教材者没有充分理解理想课程的精神，或者遇到课程之间的矛盾，编出来的教材就会与理想课程有距离。第三个层次是实施课程，这是指教师具体地用新的课程标准，用新编的教材来教学。如果教师不理解新的课程标准的精神，或者没有能力使用新的教材，那么课程标准也就不能实施。第四个层次是习得课程，指学生最后从课程中得到的东西。可见任何一种课程标准都要经过多个层次，每个层次都可能对最初的理想课程打折扣。要使专家的理想课程真正变成学生的习得课程，关键在于教师，也即实施课程这个层面。如果教师能够充分地理解理想课程的精神，即使教材编写得差一些，他也能纠正过来。因此，教师首先要学习课程标准，领会它的精神实质；其次要实验，精神领会了，也不一定能把课教好，因为新的课程标准毕竟是新的，谁也没有现存的经验，因此要摸索、要实验。

如何使我国这次新的课程改革顺利进行，关键在于教师。但是如何使全国1 000万教师都能理解课程改革的精神，适应课程改革的要求，有能力在具体教学中施行，关键又在于教育行政部门能否采取有力的措施。

首先要制定一个规划。我国幅员广阔，地区发展极不平衡，教育发展很不平衡。东部沿海地区现代化程度已经很高，而西部山区却非常穷困，许多地方连办学的基本条件都没有。在这种情况下，要在全国范围内推行新的课程标准是不现实的。应该为农村地区、贫困地区制定过渡性课程标准。西部地区的城市学校具备条件的，当然可以施行全国的课程标准；不具备条件的，施行过渡性课程标准。我们现在报刊上的文章，讲教改的文章，大多说的是城里人的话，很少有人为乡下人说话。这样是很危险的。中国离开了"三农"，即农业、农村、农民，现代化就没有希望，更不用说教育的现代化。因此，要给农村教育制定过渡性课程标准，或者制定《基础教育课程改革纲要（试行）》在农村的实施办法。

要允许编写多种教材。现在已有多种教材正在编写中，这是值得赞赏的，但是总体上讲，仍然不能满足我国这么广大地区的不同需要，特别是没有农村学校使用的教材。我希望教育行政部门组织专门的班子对农村教育进行认真的调查，编写适用于农村的教材。

教师在参与课改中首先要理解这次新课改的精神，正确理解《基础教育课程改革纲要（试行）》中的新原则和要求。例如，新的课改提倡探究性学习，是不是所有课程、所有年级都是探究性学习？接受性学习还要不要？课改一定要结合各学科的特点、各年龄阶段的不同特点进行。课改还必须继承我国教育的优秀传统，发扬优点，克服缺点，创造一种新的教育传统。就教师本身来讲，也要结合自身的特点扬长补短，在教改实践中不断提高自己的业务水平和创造新的经验。

教师的职业特点与教师专业化[*]

教师专业化的问题是中国近些年来在教育界谈论得最多的话题，但教育界对为什么教师要专业化，怎样才能专业化，还有许多不同的看法。我认为先要从教师的职业特点说起。

一、教师是什么样的职业

研究教师是什么样的职业，需要从教师的职业对象、职业内容和职业手段与其他职业有什么不同来说明它所具有的特点。

第一，从职业的对象来说，教师职业的对象是活生生的人，不是无生命的物质，是正在成长中的儿童青少年。他们具有主观能动性，而且千差万别，人人不同。社会职业中没有任何职业的对象能像教师职业的对象一样有如此的复杂性。医生的对象也是人，但其具体对象是人的疾病，而人与人之间的生理解剖是没有什么差别的。教师职业的对象是人的成长，是体力和脑力的发展，是知识的获取、智慧的增长、品德的养成。这个过程，每个人是不一样的。教师要把每一个学生培养成才，如果不研究学生成长的规律，不懂得教育的规律，不掌握正确的教育方

* 原载《教师教育研究》，2004年第6期。

法，是很难做到的。

第二，从职业的内容和任务来讲，教师的工作不仅要教书，而且要育人。唐朝文学家韩愈说，教师要"传道、授业、解惑"，在今天，就是要使学生身心健康地发展，把他们培养成有理想、有道德、有文化、有纪律的人。教育的内容很丰富，任务很复杂，不是只要有知识就能教好学生，教师不能只是一名教书匠。教师需要有专业知识，而且要有把知识传授给学生、养成学生崇高的思想品德的专业能力。

第三，教师的工作方式与其他社会职业不同。教师不是像其他职业那样要使用什么工具，而是要用自己的知识、智慧、人格魅力在和学生的共同活动中影响学生。教师对学生来说是知识的传播者、智慧的启迪者、情操的陶冶者。正是教师职业的这些特点，要求教师做到"学为人师，行为世范"。教师的一言一行对学生来说都具有示范性。教师要时时注意自己的行为能不能成为学生的表率，能不能对学生起到积极的影响。

因此，教师的职业具有以下一些特点。

首先，教师职业具有复杂脑力劳动的特点。教师的劳动是很复杂的，需要运用教师的知识和智慧。教育既是一门科学，又是一门艺术，需要专门的训练才能掌握它。

其次，教师职业具有极大的创造性和灵活性。任何职业都要求创造性，但教师不同，更需要有创造性，并且还要有灵活性。教师面对的是千差万别的学生，不可能用一种模式去塑造他们，也不可能用一个标准去要求他们，这就需要教师有教育的机敏性，创造性地、灵活地运用各种方法。

再次，教师职业具有鲜明的示范性。教师具有权威性，学生往往把教师视为学习的榜样。因此，教师犹如一个表率，面对着无数双明亮的眼睛，被学生模仿。

最后，教师职业的工作效果具有长期性和长效性。教师教育的效果有些是立竿见影的，而大多不是立刻起作用的，需要长期的工作，所以，常常有人把教育比作"雨露"。所谓"雨露滋润禾苗壮"，就是形容教育的长期性和渗透性的。教育还有长效性，有时教师一句不经意的话会影响学生一辈子。

二、为什么教师要专业化

除了教师的职业特点要求教师专业化以外，还有以下几个原因。

第一，学生的成长是有规律可循的，教师需要了解学生成长的规律。教育学是一门科学，它研究青少年儿童成长的规律、教育的规律。尽管教育学现在还不够完善，但经过几百年的发展，人们对教育这项社会活动已经有了较多的认识。无数教育实践也证明，只要按照教育学理论中提出的一些原则工作，教育就会取得成效；如果违反了教育原则，教育就要失败，就会贻误人才的成长。有些学者不承认教育学是一门科学，认为只要有专业知识就能做教师，这是不正确的。当前学校中遇到的一些问题，与教师缺乏教育专业知识和技能有关。现代教育不仅传授知识，而且要发展学生的能力，指导学生自我学习，学会探究。教师如果没有正确的教育理念，不掌握先进的教育方法，就不可能培养学生的创造精神和实践能力。

第二，科学技术发展得越来越迅速，教师既要有较高的学科专业知识，又要有宽广、渊博的综合知识。这与一个专业科学家不同。现代科学技术发展越来越分化，也越来越综合。一个科学家需要在某一个领域钻研得很深，解决科学技术中的难题，创造新的知识。而一个教师，他的任务是让学生获取知识，并由此而发展能力。教师需要把最基本的知识教给学生，并不需要去钻研新的知识。同时，学生的思维还没有像一个科学家那样深入一个领域，他们学习的是科学技术的常识或一般原理，他们对事物的看法还处于一种懵懂的、综合的状态。教师需要具有宽广、渊博的综合知识，以引导学生全面、正确地认识事物的本质，同时指导他们对某一学科的认识和兴趣。

第三，现代信息技术需要教师理解和掌握，并能恰当地运用到教育教学中。教师要善于设计教学，善于在汹涌而来的信息面前指导学生选择正确的学习路线和学习策略，学会处理信息。信息技术进课堂，似乎已经成为教育现代化的标志，但是学校应用信息技术的目的是追求教学效果的最优化，因此，不能盲目地运用信息技术，要用得恰当。这就要求教师钻研教材，研究学生的认识规律，进行严密的教学设计，使教学效果真正达到最优化。

网络技术对学校教育已经产生了重大影响。网络技术是一把双刃剑：运用得好，会有利于学生个别化学习，调动学生学习的积极性和主动性，获取更多的知识和信息；运用得不好，会使学生沉迷于网上游戏或获取有害的信息。教师需要研究网络技术对教育的影响。

第四，教师的角色正在发生变化，现代师生关系需要建立在民主、平等、理解和信任的基础上。没有正确的教育理念，不懂得学生的心理，不讲究教育方法，这是做不到的。

教师已经不是知识的唯一载体。学生可以通过多种渠道获得知识，有时他们的知识比教师更广泛。因此，教师要成为学生共同学习的伙伴。当然，教师仍然要起主导作用，主要表现在上面提到的指导学生选择正确的学习路线和学习策略上。

民主、平等的师生关系必须建立在理解和信任的基础上。教师要尊重学生、信任学生、理解学生。只有尊重学生，才能教育学生；只有信任学生，学生才能信任教师，心服口服地接受教育。

三、教师专业性有哪些内容

教师的专业性是随着时代的发展而不断提高的。我们这个时代是知识经济的时代，是知识创新的时代，也是竞争十分激烈的时代，因此，对教师专业性的要求就越来越高。教师的职业在20世纪上半叶，专业性的要求并不高，学历要求也不高。但是在第二次世界大战以后，由于科学技术的发展和教育的普及，也由于研究儿童学习成长的教育科学和心理科学的发展，人们对教师的要求不断提高。1966年联合国教科文组织在《关于教师地位的建议》中指出："应把教学工作视为专门的职业，这种职业要求教师经过严格的、持续的学习，获得并保持专门的知识和特别的技术。它是一种公共的业务。另外，对于在其负责下的学生的教育和福利，要求教师具有个人和集体的责任感。"1986年美国卡内基教育和经济论坛、赫尔姆斯小组相继发表了《国家为培养21世纪的教师做准备》和《明日的教师》两份报告，指出：公共教育质量只有当学校教学发展成为一门成熟的专业时才能得以改善。从此，教师专业化的问题就受到各国的重视。

那么，教师专业化有哪些内容？怎样才能达到教师职业的专业性？

第一，教师要掌握较高的专门（所教学科）的知识和技能体系。目前来讲，普遍的要求至少有本科学历的知识水平，包括小学教师在内。中国由于人口众多，学生众多，教师需求量很大，目前小学教师还不可能一下子从中师学历达到大学本科水平。但沿海地区、经济发达地区已经朝这个方向努力。

第二，教师要经过较长时期的专门职业训练，这是指教师要掌握教育学科的知识和技能，并需经过"临床"实习。教育是实践应用性职业。教师要善于把自己掌握的学科专业知识传授给学生，成为学生自己的知识，这就需要教师有教育的技能和技巧。这种技能和技巧是要通过教育理论的学习和实习应用才能获得的。一个成熟的教师需要经过三个阶段：一是职前培养阶段，这主要是师范专业本科学习的阶段。二是初职阶段，即实习锻炼的阶段，大致要2～3年。这是新教师在教师集体中向别的有经验的教师学习，在实践中遇到各种情况和困难，摸索解决问题的办法，积累经验，掌握规律的阶段。我们现在的实习时间太短，不能起到锻炼的目的。三是成熟的阶段，大致需要3~5年。教师经过探索与思考，并在继续学习和终身学习中不断提高自己的业务水平和能力，能够得心应手地处理各种教育问题，就成为一个成熟的、优秀的教师。如果经过5~8年的锻炼还不能成为一名优秀教师，说明他没有做教师的天赋，最好请他换一种职业。

第三，教师要有较高的职业道德。任何一种职业都有自己的职业道德。例如，医生的职业道德是救死扶伤。教师的职业道德就是敬业爱生。敬业，就是忠于人民的教育事业，严谨笃学，勤奋工作，不断钻研业务，提高教育水平。教师要有奉献精神，但是那种把教师比作"红烛""照亮了别人，毁灭了自己"的说法，我认为是不正确的。教师的人生价值就体现在把青少年培养成才上。教师照亮别人的时候，也照亮了自己。看到自己的学生一个一个成才，教师就会有一种成就感；受到社会的尊重，就会有一种荣誉感，这就是教师的人生价值。爱生，就是爱护每一个学生，相信每一个学生都能成才。没有爱就没有教育，这是教育的真谛。我们绝大多数教师是热爱学生的，但有不少教师不懂得怎样才是爱学生。我认为爱学生，首先要相信学生，理解学生，尊重学生。这是教师的天职，也是教师的信条。因此，那种把学生从小分成三六九等的做法是不对的。一些是好学生，一些是后进学生，这种做法不仅会伤害大多数学生，而且会使少数学生滋生优越感，不利于他们的成长。青少年儿童处在成长过程中，他们的发展不是线性的，而是曲折的。他们难免会犯错误，不能一犯错误就把他打入"后进生"的队伍。把成年人中一些不健康的竞争做法用到青少年儿童身上，不仅不会起好作用，反而会影响青少年儿童心理健康的发展。

第四，教师需要有不断增强自身的能力，即进修的意识和不断学习的能力。今天的时代已经是知识经济的时代、学习化的时代，科学技术日新月异，教育学、心理学也有很大的发展，对学生成长的规律也有了新的认识。教师只有不断学习，才能适应时代的要求，适应教育新形势的需要。教师在工作中要不断研究教材，研究学生，反思自己的行为，成为一名研究型教师。

第五，任何职业都要有职业的自主权，包括在职业生活中，对于专业事宜的判断和行动的独立性，自主地规定适合本职业的资格条件。也就是说，教师有权根据教育方针和课程标准自主地处理教育教学工作，并且自主地提出教师的合理要求。教师的教育行为不是由行政部门来规定的，而是自主进行的。当然，教师也要对自己的行为负责。

第六，教师要有职业的专门组织，也即行业组织，进行行业自律。必须实行教师资格证书制度。如果不实行教师资格证书制度，就等于不承认教师是一个专业化的职业。

四、21世纪对教师有什么要求

教师的素质要随着时代的发展和社会的进步不断提高。21世纪是知识经济的世纪、创新的世纪、个性得到尊重和发展的世纪，教师需要不断学习，拓展视野，增长见识，提高业务能力。

第一，教师要在教育理念上创新，树立现代教育观念。在培养目标上，教师要改变过去以单纯传授知识为主，变成以培养能力为主。当然，不是知识不重要，知识是基础，始终要放在重要位置上，但在学校教育的短短几年内，不可能也没有必要把人类的全部知识教给学生，重要的是要培养学生自己获取知识的能力。

第二，教师要树立培养个性的观念。市场经济与计划经济时代不同，在计划经济时代，学生毕业以后就有一个工作岗位，在市场经济条件下，国家不包分配，需要个人到市场上去竞争，去选择。市场经济是一种竞争的经济，只有不断创新才能赢得胜利。科学技术的日新月异，也需要每个人具有创新的能力。个性的核心就是创造性，培养个性就是要培养学生勇于开拓和敢于实践的创新精神和实践能力。

第三，教师要树立终身教育、终身学习的观念。科学技术的迅猛发展把人类带进了学习化社会，只有学习，不断地学习，才能生存，才能发展。21世纪，学习已经不再是为了什么目的，学习本身就是目的，学习将成为人们生活的一部分。教师为了自身的发展也好，为了学生全面发展也好，都要有终身教育、终身学习的意识和能力。

第四，教师要树立教育国际化观念。经济的全球化、网络的国际化，使国际交往越来越频繁，也越来越便捷。我们的教育需要更加开放，面向现代化，面向未来，面向世界。我们要教育学生了解别国的文化，具有国际视野，具有开展国际交往的能力。因此，教师首先要了解世界，具有教育国际化的观念，善于开展国际交流活动。

第五，教师要树立网络教育的观念。教师要清醒地认识网络技术对教育的影响，要充分利用网络技术的积极影响来促进教育的最优化。滥用网络技术不可取，拒绝接受也是不明智、不可能的，只有取利去弊地运用它。

第六，教师要不断提高师德修养。师德也有时代的特点。敬业爱生是师德的集中体现，而敬业爱生也要赋予时代的内涵。新时代更强调民主、平等的师生关系，更重视亲密、和谐的伙伴关系。

最后有一个结论：社会职业有一条铁的规律，即只有专业化的职业才有社会地位，才能受到社会的尊重。如果一个职业是人人可以担任的，那么它在社会上是没有地位的。教师如果没有社会地位，教师的职业不被社会尊重，那么，这个社会的教育大厦就会倒塌，这个社会也就不会进步。

教育现代化与教师专业化[*]

在经济发展越来越依赖于人们的知识、技能的条件下，教育对城市现代化的作用显得日益重要。最近，以"现代化发展：城市与教育"为主题的首届上海教育论坛的举行，吸引了来自全国各省市及美、英、德、韩等7个国家与地区的中外教育专家共150余人参加，与会者纷纷为城市发展和教育进步的相互促进提供良策。今天本刊摘要刊发部分发言。

现在大家都在谈论建立现代化的教育体系。从中国来讲，教育现代化有教育思想的现代化、教育制度的现代化、教育内容的现代化。现代化是一个动态的、发展的过程。

一、教师是一个专门的职业

现代学校建设有五大基本要素，即人员要素、财务要素（包括教育经费、校舍等）、信息要素（包括教育内容、教材及各种信息）、制度要素（建立怎样的管理制度）、文化要素。

我今天重点讲讲人员要素。人员要素包括校长、教师、学生和家

---

* 原载《文汇报》，2004年7月5日，收入本卷时，作者做了删节。

长。过去常把人员要素集中在教师身上，人员资源主要是教师，教师是有知识的。但学生是重要的资源，家长也是重要的资源。这些资源只有充分利用起来，我们才能建设现代学校。

教师是学校的最主要资源，应该是教育专业人员。这点有没有达成共识，还有待于我们研究探讨。因为社会上，包括教育界、科学界都还有不少专家认为教师并不是一个专门的职业，认为只要有知识、有学问就能当教师。这个观念如果在50年前、100年前，是毫无疑问的，因为教师专业化的问题也就是最近几十年提出来的，以前连师范学校都没有。但是随着对人的认识，对儿童成长认识的逐渐深刻，我们深深感到教师是一个专门的职业，因为人的成长规律是可循的，儿童成长规律是可循的，教育既是一项科学的活动，又是一项艺术的活动。越是对年龄小的孩子，越是要有教育的技能和技巧。

教师的专业化至少包括以下几个方面：经过教师教育专业训练，取得教师资格证书；有较高的职业道德，敬业爱生；有终身学习的意识，不断进修学习。

二、"三好"评选别走偏了方向

学生也是学校的重要资源。学生是学习的主体，也是学校的主体。学校的任务就是培养人才，就是使学生生动活泼、主动地得到发展。那么，教师该如何使学生身心健康发展？教师应该首先明白：没有爱就没有教育，没有兴趣就没有学习。因此，教师要想方设法减轻学生的学习压力，同时要改变角色，成为学生的学习伙伴，教师的主导作用在于指导学生正确的学习路线和正确的学习策略。

此外，我们要从制度上减少对学生造成心理上的压力，不要把学生分成三六九等。为了促进全体学生身心健康发展，有必要废除"三好学生"的评选。首先，评选"三好学生"在理论上没有根据，与我国的教育方针不合，与教育的民主性不合。我国的教育方针是要培养"德、智、体"全面发展的人才，然而现在评选"三好学生"时，只有少部分人可以入选，大部分人不能入选。这样一来，其他未被选上的人就不能算作全面发展的了，这显然与教育方针相冲突。而"三好学生"和非"三好学生"的分等级也造成了教育的不民主现象。其次，"三好学生"的评选实际上已经走偏了方向，"三好"变成了"一好"。评选出的"三好学生"往往只是学习好或者听话的"乖"学生，偏离了评选的初衷，也就没有什么意义可言了。最后，从心理学上讲，评选"三好学生"给学生造成了分等级的压力，这是最伤害学生的，可能影响到他们今后的人生之路。这是我们需要注意的。

一位老教师对第20届教师节的寄语*

    我在此向全体辛勤耕耘在教育岗位上的老师们致以节日的问候和深深的敬意。

    庆祝教师节使我们感到无上的光荣，同时也感到责任的重大。教育关系到国家的兴衰、民族的未来。教师正在为明天的社会培养人才。教师要充分认识到自己的责任，不断提高自己的业务能力。

    教师对学生来说，是知识的传授者、智慧的启迪者、情操的陶冶者。

    没有爱就没有教育。教师要热爱每一个学生，相信每一个学生，理解每一个学生，尊重每一个学生。相信每一个学生都能成才，这是教师职业的信条。不要把学生分成三六九等，不要歧视有某些缺点的学生。青少年儿童成长过程是曲折的，不要把对成年人评先进模范的一套用到青少年儿童身上。时刻注意不要挫伤学生的自尊心和自信心，要像爱护嫩芽那样呵护他们。教师要用爱心唤醒学生的悟性，用充实的知识启发学生的智慧，用高尚的人格魅力陶冶学生的情操。

---

* 原载《中国教师》，2004年第9期。

没有兴趣就没有学习。教师要不断提高自己的业务能力，启发学生的学习兴趣。教育既是科学，又是艺术。教师要不断钻研，掌握教育规律，提高教书育人的艺术水平。

最后，我在这里祝教师们在新的教育实践中创造更多更好的经验，培养更多的人才。

勤业爱生，把爱洒向每一个儿童[*]
——首届中国小学校长大会开幕词

尊敬的各位领导，尊敬的各位校长，同志们、朋友们，你们好！

首届中国小学校长大会今天在庄严的人民大会堂召开了，我谨代表中国教育学会向参加这次大会的领导表示热烈的欢迎和感谢，感谢他们对小学教育事业的关心和支持；向来自各地的校长们、老师们表示热烈的欢迎，同时感谢你们为培养新一代所付出的辛勤劳动。

当前我们正处在一个伟大的时代。在国内，党的十六大向我们提出了全面建设小康社会的光荣任务，教育、科技的发展是全面建设小康社会的四大目标之一。在国际上，科学技术的迅猛发展，特别是信息技术的发展带来了经济全球化，国际竞争日益激烈。国际、国内形势都对教育提出了新的要求。教育要为我国社会主义现代化建设培养建设者和接班人，要为参加国际竞争培养具有开拓精神和创新能力的人才。

小学教育是培养人才的基础工程，是基础教育中的基础。教育也和建设大楼一样，基础打得越宽、越深、越扎实，大楼才能盖得越高、越大、越好。小学教育要深入推进素质教育，为学生的成长打好基础。那

---

* 原载《中国教育学刊》，2006年第1期。

么，小学教育要打好什么基础呢？我认为要打好三方面的基础：一是打好儿童身心健康发展的基础。因为小学是儿童长身体、增智力及非智力因素发展的最佳时期。小学教育要使他们的身体和心理都得到充分自由的发展，使他们充满自信、活泼开朗、积极向上、勇于创新；要培养他们良好的生活习惯和思想品德。二是打好进一步学习、终身学习的基础。掌握牢固的基础知识和基本技能是我国教育的优秀传统，同时我们还要培养他们自主学习的能力，使之不仅能够掌握书本上的现成知识，而且能够在学习中思考，发现问题，提出问题，自己去获取知识，养成勤奋好学的习惯。三是打好走向社会的基础。教育是人的社会化过程，因而小学教育要培养儿童关心他人、乐于助人，能够与别的儿童友好交往的能力和品质。这三方面的基础打好了，他们将来升中学、读大学或者在接受义务教育以后走向社会，都能够会做人、会做事、不断学习、不断进步，成为社会有用的人才。

打好这三方面的基础，也就是现在中央领导提出的素质教育的要求。

把小学教育搞好，要靠广大的小学教师和校长。校长是学校的灵魂，是教师队伍的旗手、领头人。有一名优秀的校长，才能有一所好的学校。当然，办好学校不能只靠一名校长，还要依靠各种资源：人力资源，包括教师、学生、家长；财物资源，包括校舍、设备、经费；信息资源，包括课程、教材、图书资料；等等。谁来合理、优化配置这些资源，使之发挥最大的效用呢？谁来调动师生的积极性呢？无疑要靠校长。特别是教育理念的树立、办学思路的设计、校园文化的建设，都要靠校长去筹划，与老师一起制定学校的发展目标，并且带领全校师生努力实现目标。因此我们说，有一名优秀的校长，才能有一所好的学校。

这次小学校长大会，就是邀请各地校长共同研讨如何办好学校的问题，研讨如何更好地贯彻落实党的教育方针和实施素质教育。这次大会的主题是"小学教育的和谐发展"。从国家层面来讲，全国人民都在以邓小平理论和"三个代表"重要思想为指导，以科学发展观来建设和谐社会。从学校层面来讲，就是要促进学校的和谐发展。尤其是小学，促进儿童和谐发展是教育的目的。如何使小学教育和谐发展？就是要做到教师之间的和谐、师生之间的和谐、学生之间的和谐、学校与家庭之间的和谐、校园环境的和谐、教学内容的和谐、课堂教学的和谐等。我想特别提醒的是，要使学生和谐发展，最关键的是师生之间的和谐。只有师生和谐，才能做到课堂的和谐、教学的和谐、学校的和谐。要做到这一点，教师要有正确的学生观，把爱洒向每一个儿童。"勤业爱生"是教师最基本的职业道德，也是学校和谐发展最基本的条件。有些老师不知道怎么爱学生，尤其不知道怎么爱那些有小毛病、小错误的学生。爱，要建立在信赖和理解的基础上。首先，老师要信任每一个学生，相信他们都愿意学习，都愿意进步，将来都能成才。其次，要理解学生，理解他们的需要，满足他们合理的需求，引导和激发他们对学习的兴趣。现在有些老师不懂得热爱学生，特别是不爱那些有小毛病的学生，动辄训斥学生，伤害学生的自尊心；有的老师还常常训斥家长，不能与家长和谐对话。这种状况不仅不能建设和谐的学校，而且不能使学生的身心得到健康发展，违背了我们的教育目的。要使学生和谐发展，老师还要研究教育策略，改进教育方法，特别是要培养学生的学习兴趣。学生对学习有了兴趣，就会主动地学、刻苦地学。因此，可以总结出一句话：没有爱就没有教育；没有兴趣就没有学习。这是和谐教育的真谛。

各位校长、老师，中国小学校长大会是新中国成立以来的第一次，是一次小学校长交流经验的大会、是研讨学校发展的大会，也是展示小学校长风采的大会。我希望小学校长们能够把这次大会作为你们的论坛，展示你们办学的经验，抒发你们对小学教育的情怀。我预祝大会取得圆满成功。

我国教师教育改革的反思[*]

20世纪末，我国提出教师专业化的问题，教师教育改革被提到议事日程，但大家对教师专业化的理解并不一致。许多同志只把教师专业化理解为必须提高教师的学历层次；有的同志还提出教师要不断学习，终身学习，从而提高教师的专业水平。这些意见无疑都是对的，但是都还没有真正理解教师专业化的整体内涵，因此，在我国教师教育改革上出现一些偏差。今天来进行反思，感到有许多理论问题和实际问题值得重新审视。

21世纪初，许多专家提出教师教育转型的问题，我也曾经写过此类文章。转型表现在三个方面：一是由三级师范向二级师范转型，或者称由老三级师范向新三级师范转型。这是指取消中等师范层次，增加研究生层次。二是师范教育由封闭型向开放型转型，所有高等学校只要具备培养师资条件的，都可以培养教师。三是实行职前培养和职后培训一体化。这三个转变仅仅表现在学历层次上、培养教师的机构上，却没有反映这种转变的实质。虽然我在2001年华东师范大学举办的教育政策论坛上曾经讲过"教师教育转型的实质不是培养形式的变化，而是水平的提高"，但是教师需要什么样的水平，教师专业化的内容是什么，并未解

---

* 原载《教师教育研究》，2006年第6期。

释清楚。由于在理论上准备得不充分，在实际上又没有调查得很清楚，对改革缺乏科学的论证，我国教师教育的改革走了一段弯路。近几年来，师范教育的机构改革进行得非常快，而教师专业化水平并未有多大提高。

师范教育的机构改革表现在以下几方面：一是为了提高小学教师和幼儿教师的学历，一大批中师被撤销。中等师范学校由1 000多所削减到现在的100多所。一部分中师升格为师专，还有一部分中师改为普通中学，中师资源几乎流失殆尽。二是为了体现师范教育的开放性，不再强调师范教育的单独体系，许多师专、师院纷纷扩展为综合性学校，极大地削弱了师范教育。三是为了体现教师教育职前职后一体化，许多地方教育学院合并到师专或师范学院，教师的职后培训并未得到加强。

这些改革的后果是什么呢？说得极端一些、激进一些，是削弱了师范教育体系，降低了教师专业化水平，其中损失最大的是小学教师。这不是危言耸听，有事实为据。过去中师毕业的小学教师虽然接受普通教育的水平较差，但他们都是各地优秀的初中毕业生，在中师通过严格的师范教育的训练，掌握了较好的教育小学儿童的知识和技能。但是现在的师专生，是高考队伍中较差的一部分学生，只达到专科的录取分数线。师专的专业分科较窄，学习的课程缺乏小学教育应有的科目。小学教师需要的是宽广的而不是专深的知识，而且他们最好在艺术方面有所专长，会唱善跳，能适应儿童活泼的天性。但是师专的学生都来自高中毕业生，可塑性就不如中师生，艺术素养和技能都不如中师生。再加上高等学校那种专业的导向作用，不利于培养小学教师。不论专科学校还是本科院校，强大的导向是报考研究生。在这种导向下，教师教育的质量是难以保证的。许多小学校长反映，现在专科或本科毕业的小学教师反而不如中师毕业生那样适应小学教育。今天来反思，如果当初不是一刀切地取消中师，而是渐进式的，保留中师的建制，延长中师的学习年限，可能会比现在这种状况好得多。我国师范教育建立100多年来，各地建立了一批中等师范，如长沙一师、南通师范、保定师范等，都有上百年的历史，培养了大批革命工作者和教师，今天毁于一旦，实在可惜。高等师范学校的情况也不容乐观。本来国家提倡开放型培养师资，目的也是提高教师的质量，让一些高水平的综合性大学也来培养师资。但是事实上综合性大学尚没有做好准备，也还没有提出培养师资的要求，而师范院校已经纷纷改为综合性大学。从国外师范教育发展的历史来看，师范学院转为综合性大学是历史的必然。但是，过去我曾经论述过，必须具备以下三个条件：一是科学技术的迅速发展，要求教师水平的提高。师范学院历来学术水平较低，已经不适应培养高水平教师的需要。二是教师数量上已经基本得到满足，不需要设立专门的师范学院来培养。三是教师职业在社会上已有一定的吸引力，优秀青年愿意当教师，不需要采取专门的机构，用免缴学费等优厚条件来吸引生源。应该说，这三个条件在我国初步具备，但还不充分。特别是教师职业吸引力不强，我们在这方面估计不足。我们总以为现在不包分配，就业困难，教师职业比较稳定，报考师范专业的学生会多起来。但事实并非如此。许多青年不到万不得已不当教师。这与我国教师地位不高、工资待遇偏低不无关系。教师是一种崇高的职业，需要对学生有热情，需要有点奉献精神，这种勉强为之的人怎么能成为高水平的教师？师范院校综合化的目的是提高师范专业的学术水平。但是目前有多少转型的院校把力量加强在师范专业上？他们都热衷于扩大非师范专业，忙于升格，企图挤入名牌高校，因而有不少学校不是借用综合性学科的优势来加强师范专业，而是抽调师范专业的教师去充实其他新建立的学科，这就削弱了师范专业，与改革的宗旨背道而驰。

师范院校转为综合性大学，本应该按照综合性大学办师范的模式，先在一般学院修完基础学科课程，再到教育学院接受教师职业培训。可是我国师范院校的学校类型转变了，师范教育的培养模式并无变化。少数师范大学试行"4+2"的模式，但也还存在着教学计划、课程设置、师资等诸多问题。从上面的分析可以看出，我国教师教育转型的目的不明确，科学论证不够，条件准备不足，与提高师资质量的要求背道而驰。

应该说，我也是教师教育转型的鼓吹者。现在看来，我对这个问题研究得不深入，对国情考虑不够。过去我曾经主张，根据国情，师范院校在一个较长的历史时期还应该成为教师教育的主体，但是没有预料到中国师范院校转型的积极性那样高，转变得那样快。问题还不在于转变的快慢，根本问题是没有在转型过程中真正转变教师教育的培养模式，没有在专业设置、课程安排、教学方式上相应地进行调整，没有真正地利用综合学科的资源来加强教师教育。在教师教育职前职后一体化的问题上似乎也不尽如人意，许多地方教育学院与师专等合并了，但并未加强职后的培训。许多师专热衷于改制，并不重视教师的职后培训，而且本来与地方基础教育联系较密切的优势也丧失殆尽。

以上一些现状值得我们反思，思考今后改革的方向。这里丝毫没有追究谁的责任的问题。要说责任，我有很大的责任。我虽然不是决策者，但我作为一名专家，而且是长期从事师范教育的专家，我就曾经倡导过教师教育的转型，写过不少文章，应该说影响了决策。今天来反思，觉得有许多意见是值得重新审视的，至少是过于理想化，脱离了中国的实际。

今后的出路何在？首先要在理论上对教师专业化的内涵进行深入的研究，了解21世纪的教师究竟应该具备什么样的品质，应该掌握哪些知识和技能。其次研究如何才能培养这样的教师。

第一个问题，教师职业的专业化。许多学者研究过这个问题，大致有以下一些观点。

其一，专门职业必须具备高水平的专业知识和技术体系。教师职业必须掌握教师所教学科的系统专业知识和技术体系。这就是我们过去通常讲的学术性问题。教师教育的学术性要加强。这是因为当今科学文化知识发展迅猛，教师如果没有较高的专业知识，很难培养学生掌握最先进的知识和创新能力。因此，国际上教师教育的发展趋势也是强调加强师范生的专业知识的掌握。

其二，教师需要长期的专业培养和训练。成熟的专门职业如医生、律师，他们的培养都不是短期的，除了学习理论知识外，还很重视"临床"实习，在实际中学习解决问题的能力。成熟的教师的职业也需要长期的培养和训练。除了学习和掌握教育理论和技能外，还要经过较长时间的实际操练。一名成熟的教师要经过三个时期：一是职前学习时期，主要是学习学科知识和教育原理；二是初职时期，需2～3年，在学校中经过老教师的指导和实际锻炼，逐渐融入教师的角色；三是成熟阶段，需3～5年，通过自己的教育实践，不断反思，逐渐熟练地掌握了教育教学的技能和技巧，成为一名成熟的教师。

其三，教师要有较高的职业道德。任何职业都有职业道德，教师的职业道德尤其重要。因为他是培养人的职业，是学生心目中的榜样。教师的职业道德就是敬业爱生，严谨笃学。对学生倾注无限的爱心，对教育事业具有奉献精神。最近全国都在学习孟二冬教授对教育事业无限忠诚、对学生无比热爱的精神。胡锦涛总书记给孟二冬同志女儿的回信，强调了要学习孟二冬同志对教育事业无私奉献的精神。师德教育要放在教师教育的首位。

其四，教师要不断增强自身专业能力。在科学技术迅猛发展的今天，不继续学习就不能跟上专业发展的需要，专业人员会变成非专业人员。教师要有不断学习、终身学习的意识和能力，不断提高自己的专业水平。

其五，专门职业具有高度的自主权。也即专业人员在职业活动中，对于专业事宜的判断和行为具有独立性。教师要具备独立地设计教育活动的能力，不断反思，成为研究型教师。

其六，专门的职业需要有自己的行业组织，实行行业自律。

关于教师专业化的特征，还可以进一步深入研究。幼儿园、小学、中学教师的专业化有很大的区别，各学科教师的专业化也不尽相同，因此需要进一步研究，使它具体化，具有可操作性。

第二个问题，如何培养？我想，培养的模式是可以多种多样的，但需要制定幼儿园教师、小学教师、中学教师三种不同规格的教师培养方案和教师教育课程标准。通识教育、学科教育、教师专业教育、实习这四大模块是不可或缺的。我认为，幼儿园、小学教师还应该以师专为主，招收初中毕业生，提前招生。这样可以招收到优秀的初中毕业生，同时他们年龄小，可塑性强，可以培养掌握艺术技能的、适合幼儿和小学儿童教育的教师。目前小学教师根据我国的实际情况和财力还不宜提倡都由本科院校来培养。初中教师由本科师范院校培养。高中教师由师范大学和综合性大学用"4+1"或"4+2"模式培养，即学习欧美的模式，先在各系科学习学科专业课程，然后到教育学院接受1~2年的教育专业教育和实习，经过考试取得教师资格证书。

为了吸引优秀青年报考教师专业，应该恢复免缴学费的制度，或者加大奖学金的额度。也可以实行贷款制，毕业以后从事教师职业达到一定年限，贷款由政府偿还。

要制定非师范院校培养教师的准入制度。既然教师教育实行开放性，就应该尽早制定非师范院校进入教师教育的办法。现在除了过去原本由师范学院转型的综合性大学设有教师培养专业外，老牌的综合性大学和其他大学还没有动静。这可能与不知道如何着手有关。但有些大学本来没有教师教育的基础和经验，不愿意招收教师教育的本科生，却在招收教育博士研究生。这种混乱的局面应该加以调整。

必须严格地实行教师资格证书制度。既然教师教育实行开放性，就必须有一个标准来要求教师，有一道门槛来严格把关。教师教育的开放性，并不是说任何人都能当教师。即使是师范院校毕业生，也应该经过严格的考核才能取得教师资格证书。例如，他们毕业后可以取得临时资格证书，2年实践后再经过考核取得正式的资格证书。目前我国颁发教师资格证书的制度也有些混乱。据说，有些地方，师范大学的毕业生还要到当地的教育学院去领取资格证书。颁发教师资格证书应该是当地教育行政部门的事情，不应该下放给学校。这些问题都应该在修订《教师法》时明文规定。

当前最紧要的任务是防止师范教育资源的流失，扩大资源，规范办学。我认为，根据国情，还需要在一个相当时期内保留师范教育的独立体系，同时实行教师教育的开放性。

培养高质量的教师队伍在我国是当务之急。近几年来，我国对教育的投入不断增加。前不久全国人大常务会通过的《义务教育法》修订案，明确义务教育的经费由国家承担。教育经费已得到保证，但是如果没有合格的教师队伍，投入再多也没有效果。教育犹如一座大厦，合格的教师队伍是教育大厦的支柱，缺乏合格的教师队伍，教育大厦就会倒塌。因此，对教师教育的改革要慎之又慎。

以上意见不一定正确，说出来和大家讨论。

教育言行至关重要[*]

　　民族振兴，教育为本。近年来，随着我国科教兴国的战略实施，教育事业取得了跨越性的发展。进入21世纪，我国基础教育一方面要开展老少边穷地区普及九年义务教育的攻坚战；另一方面，要为全面提高教育质量而努力，要使各地区教育得到均衡发展，给广大人民群众提供优良的教育机会。

　　教育大计，教师为本。教师是具体向学生施教的主体。教育方针能不能贯彻，素质教育能否推行，关键在于教师。因此，教师专业化的呼声已经在中国大地响起。教师专业化的内涵包括了三个方面：一是教师所教学科的专业水平；二是教师教育教学的能力；三是高尚的思想品德，其中包括教师的职业道德，即师德。前两项大家比较重视，师德的要求却往往被忽视。其实，师德是教师的灵魂，是统帅。一名教师如果师德不高，即使业务能力很强，也教不好学生。

　　高尚而富有魅力的师德就是一部活的教科书，就是一股强大的精神力量，对学生的影响是潜移默化的，让学生受益终生。师德主要表现在：热爱教育事业，热爱每一个学生，自己的言行能够成为学生的表率。所以说，敬业爱生是师德的集中体现，但做到这一点并不容易。特

---

* 　原载《基础教育课程》，2006年第6期。

别是热爱每一个学生，不容易做到。教师往往把学生分成三六九等，喜欢所谓"好学生"，歧视所谓"后进学生"。教师还有一种恨铁不成钢的情绪，常常把气撒在学生身上，造成师生关系紧张。

当前，升学竞争压力很大，不仅学生有压力，教师也有压力。在这种压力下，不少教师不是想法减轻这种压力，而是向学生施加更大的压力。在这种压力下，学生很难生动、活泼、主动地发展，很难培养出21世纪需要的创新人才。因此，改善师生关系，提高学生对教师的信任、对学习的兴趣，是当前推进素质教育的重要课题。

师生关系和谐还是紧张，往往由教师有意无意的言行造成。有时教师的一句话可以激发学生学习的热情，也可能伤害了学生的自尊。教师是学生增长知识和思想进步的导师，他的一言一行，都会对学生产生影响。因此，教师要能控制自己的情绪，注意自己的一言一行，为人师表。

高孟元同志就是注意到这一点，撰写了《教师言行规范》一书。他把书稿寄给我，我看后觉得很好。该书结合教育实际，本着知行统一的原则，提炼、概括出师德的规范性要求，用中国传统的四言句法，整理成篇，同时还做了一些解释，生动易记。篇幅不大，内容丰富，朗朗上口，易于记忆。该书在加强师德建设方面更突出了针对性、指导性、实效性，使师德建设工作的关键环节和主要内容具体化、规范化、制度化，使师德建设更加贴近实际、贴近教师、贴近生活，能促使广大教师对师德规范和行为准则产生认同，语句易于入耳、入脑、入心，可以作为教师的座右铭。

记住些教师该有不该有的言行固然重要，但关键还在于教师观念的转变。只有树立了以学生为本、相信每一个学生、尊重每一个学生的观念，才能理解该书的精神，遵照该书的规范，调控自己的言行。

教育实践呼唤教育理论建设[*]

北京社会科学界联合会（简称"北京社科联"）为北京市从事社会科学研究的学者出版了一套文集丛书。这是非常有意义的工程。2008年是改革开放30周年，出版这套丛书也是对改革开放30年的最好的纪念。因为每人的文集中收录的文章大多是这30年中写出来的——我不知别人的文集是不是这样，我的文集中收录的几乎都是"文化大革命"以后写出来的。十一届三中全会确定了"思想解放、实事求是"的思想路线，才使我们摆脱了思想上的束缚，开动脑筋，思考一些问题。没有改革开放，就不可能有我们这套文集丛书。

非常荣幸，我的文集也被收入这套丛书。丛书中许多文集的作者是我的老前辈，他们在社科领域有很高的造诣，是我学习的老师。开始时我不大同意出我的文集，经过北京社科联同志的动员说服，将其作为社会科学中一门学科的代表，我最终同意把我的文集填充在许多大家的文集之中。

教育学科确实需要社会科学界的关注。教育学是哲学社会科学的重要组成部分，它的研究对象是人的培养和发展。人是社会的主体，是一切社会关系的总和。社会是靠人的实践和创造活动而发展的。因

---

* 原载《中国高等教育》，2006年第6期。

此，研究人的培养和发展的教育学，自然应该是哲学社会科学领域中非常重要的部分。但是长期以来，教育科学不被人们重视。教育，谁都接受受过，每一个做父母的都有教育孩子的经验，因此，谁都能对教育发表自己的议论，似乎教育学并非一门科学。教育学总是在经验的层面上兜圈子，徘徊在科学的门槛外。诚然，教育学是一门实践性很强的学科，它研究培养什么人、如何培养人、人是如何发展成长的问题。教育学应该能够指导教育实践，使教育活动沿着正确的方向科学地进行，为社会培养有用人才。但是任何事物的发展总是有规律的，人的培养和成长也是有规律可循的。教育学应该探索这些规律，不能停留在经验的描述上。因此，应该重视教育理论的探讨，使它真正成为一门严谨的科学。

科学是在实践中发展起来的，教育科学尤其如此。教育实践总是走在教育科学的前面。我国社会主义的教育实践取得了丰富的经验，特别是改革开放以来，无论是在教育发展规模上，还是在教育质量的提高和教育体制的改革上，都取得了举世瞩目的成绩。这些经验和成绩本应该促进教育科学的发展，但遗憾的是，具有中国特色的教育理论体系至今尚未能建立起来。应该说，改革开放以来，在解放思想、实事求是的思想路线指导下，教育科学也有了很大发展，取得了很多成果。特别可喜的是，广大教育工作者和教师都认识到了教育研究的重要性，一场群众性的教育研究热潮正在教育界涌起：许多教育理论工作者走向实践，在教育第一线的学校、课堂开展教育实验，探索培养人才的规律。但是毋庸讳言，教育理论界也存在一种急躁、浮躁的情绪。有的觉得教育太复杂，影响教育的因素太多，难以像其他学科那样探索到规律性的东西；有的甚至说教育没有规律；有的觉得教育理论工作者限于种种条件，如经费短缺、与教育行政部门的信息沟通不畅等，难以深入教育实际，因此只能在书斋中坐而论道；更有一些同志不耐于坐冷板凳，急功近利，为出书而出书。这从当前教育图书是最繁荣的一个部门就可见一斑，但其中有多少是原创的和有价值的著作，确实值得讨论。因此，要想真正繁荣教育科学，建设有中国特色的教育理论体系，需要教育理论工作者端正学风，联系实际，认真地研究和探索。为此，教育理论工作者要做到以下几点。

第一，要以马克思主义为指导，用邓小平理论和"三个代表"的精神总结新中国成立以来，特别是改革开放以来教育发展的经验和教训，探索社会主义初级阶段教育发展的规律，发挥教育在培养全面建设小康社会中的人才和传播知识的基础作用。

第二，教育理论工作者要深入教育实际，开展调查研究，总结我们自己的经验。要克服盲目照搬西方的教育理论，"言必称希腊"的学风。提倡一切从中国的实际情况出发，吸收世界上一切优秀的教育思想和方法，为我所用。同时重视继承我国教育的优秀传统，把继承和创新结合起来。经过几年努力，力求建设好有中国特色的社会主义教育理论体系。

第三，要继续解放思想，实事求是，勇于创新。教育创新离不开实践，要开展教育科学实验，提出新的教育思想和方法；要抓住当前教育事业发展的热点和难点问题，联合攻关，取得突破。例如，当前我国教育如何以科学发展观为指导，推进区域教育的均衡发展；如何有效地推进素质教育；如何加强青少年的德育工作；如何发展和提高农村教育的质量；如何使我国从人力资源大国转变为人力资源强国；如何改善教育结构，积极发展职业教育；如何促进民办教育；如何建立终身教育体系，建设学习型社会。一系列问题，都需要广大教育理论工作者努力创新，寻求答案。

胡锦涛总书记在纪念十一届三中全会召开30周年大会上的讲话，全面总结了我国改革开放30年来的历史经验，提出要坚定不移地坚持党的十一届三中全会以来开辟的中国特色社会主义道路，不动摇、不懈怠、不折腾。现在是我国繁荣哲学社会科学的最好时机，我们哲学社会科学工作者有责任努力工作，认真探索，勇于创新，为社会的发展和进步做出应有的贡献。

教育家离我们并不遥远*
——访中国教育学会会长顾明远

在2007年的《政府工作报告》中，温家宝总理提出要提倡教育家办学。教育家的标准是什么？中国当代到底有没有教育家？如何打造新时期的教育家？记者就这些话题采访了中国教育学会会长顾明远。

一、中国当代难道就没有教育家？

"我们中国现在有13亿人口，2.5亿学生啊，难道就没有教育家？这无论如何也说不过去啊，而且我认为也与事实不符。"谈及当代教育家的话题，顾明远开宗明义地表明了自己的观点。

"一说起教育家，人们就会想到中国从古代到近代先后有孔子、韩愈、朱熹、蔡元培、陶行知等，而西方也有柏拉图、苏格拉底、夸美纽斯、赫尔巴特、杜威等不少大教育家。到了当代，在一些人看来，好像只有西方有教育家，像布鲁纳、布鲁姆、苏霍姆林斯基等，而中国似乎没有。"顾明远这样说。

---

* 原载《中国教育报》，记者续梅，2007年3月11日。

为什么大家觉得当代还没有出现在全国非常有影响力的教育家呢？顾明远分析说，我国教育工作者一般分为两类：一类是教育实践工作者，他们耕耘在教育第一线，培养了大批人才，但是不注意总结经验；有少数人虽有创新实验，也总结过经验，提出过一些自己的教育见解，但还不成体系。另一类是教育理论工作者，他们大多从事教育理论研究，很少参与教育实践，因此，虽有许多科研成果，但缺少实验的支撑、实践的检验，他们的理论还不能影响我国教育的全局。

"再有一个原因就是我们把教育家看得太高了，要求太严了。要求既有理论体系又能影响全局的才能算得上教育家。其实对教育家的要求不一定要那么严格、全面。能够坚持在教育第一线工作，以自己的道德文章培养许多人才的就应是教育家。"

顾明远举例说，像北师大的启功先生，大家都公认他是教育家，季羡林先生也是我国著名的教育家，但是他们并非教育理论家。基础教育界也有许多教育家，如吕型伟、霍懋征、李吉林、朱正威等，都是当代的教育家。

在有些人看来，当今社会称为"家"的太多了：歌唱得好就是歌唱家或者艺术家，凡是写文章的都可以叫作家，办个厂子就可以称企业家，我们身边那么多优秀的教师自然就是教育家了！对此，顾明远明确表示："从事什么工作就是什么家？这种要求又低了。不是所有教师都能称得上教育家。如果大家都叫教育家，也就没有教育家了！"

是不是在艰难的时代才能出著名的教育家或者各种名家呢？顾明远认为，在艰难的时代，往往文化教育事业不发达，社会环境较差，所以整个文化教育的队伍很小，有几个出类拔萃的教育家就容易彰显。另外，在新中国成立前通信不发达的条件下，可能有许多有思想的教育家不为人知，而像蔡元培、张伯苓等大学校长，身处高位，容易被大众认识；新中国成立后，教育事业有了很大发展，国家对教育也很重视，教师只要按照党的教育方针教书育人就是了，用不着像新中国成立前那样逆潮流而动。因此，在和平时期有更多的教育家，但又不被人们认为是教育家。

二、中国教育家既要有中国文化的根，还要有国际文化视野

"教育家应该是长期从事教育工作，有自己的理论见解，在教育界有较大影响，被广大教师公认的人。不论他是第一线的教师，还是教育行政工作者或是教育理论研究者，都应该具备这样的条件。"提及教育家的标准，顾明远这样认为。在他看来，近些年来我国不少优秀教师开始进行教育实验，提出自己的理论；也有不少理论工作者走进学校开展实验，把理论与实际结合起来。"未来的教育家将在他们中间出现。"他这样说。

"中国教育家尤其需要有两方面的根基：一是中国文化的根；二是国际文化的视野。"顾明远强调。他解释说，这可以从两方面来理解：一是教育家必须有中国文化的底蕴，坚持中华优秀文化的精神，如在教育上应该"学为人师，行为世范""教学相长"，重视人格素养，以自己的道德文章教化学生；二是教育家要有开放的心态，吸收世界一切优秀文化成果和先进教育经验，讲民主、讲科学，尊重学生，重视学生的个性发展。

"我还想强调一下，有一些教师，甚至是特级教师了，但一接触，给人感觉有一种傲气，对学生严厉而不亲切，没有亲和的教育家的气质。教育家不是完人，不能求全责备，但正确的教育观念和高尚的职业情操是必不可少的。"顾明远说。

三、教育家是工作的结果，不是自封的

提到"教育家办学"这个话题，我们常常听到不少校长的感慨："中国校长实在太难当了！"难怪呢，大学校长每天忙于大量的行政事务、文山会海，有的自己还要带若干研究生；中小学校长不是愁办学经费，就是担心安全问题、"升学率"的压力，等等，用于教育教学的精力非常有限，更何谈"教育家办学"呢？

"其实现在的校长干着许多不应该干的事。"顾明远认为，大学校长主要是要出办学的思想，网罗人才。国外的校长还要筹措经费，但一般由一名副校长专职承担。校长应该关心学科发展的前沿，但没有必要自己去搞科研，更不应该带许多研究生，应把全部精力用在发展学校上。至于中小学校长，应该把精力放到教学上，放到课堂上，要经常走进课堂，了解教师的教育教学，帮助教师发展，因此，他应是教学能手。校长还要走到学生中去，了解学生，与学生沟通。"我反对把学校办得过大。中小学最大的学生规模最好是1 000人左右，那种5 000人、上万人的学校是不符合教育规律的。"顾明远特别强调。

在一些年轻教师看来，教育家就是教师成长的终极目标。对此，顾明远明确表示："教育家不是教师的终极目标。教师的终极目标是培养的学生能个个成才，个个都得到应有的发展，都能为社会做出贡献。教育家是工作的结果，不是自封的，是做出成绩以后被社会承认的。""对于一名年轻教师来说，最主要的是学习，向学生学习，向老教师学习，努力掌握教育规律，自如地运用教育技能，能够使每一名学生都喜欢你，崇拜你。教育家吕型伟有3句话：教育是事业，需要奉献；教育是科学，需要求真；教育是艺术，需要创新。这就是年轻教师要规划的职业生涯。教师在照亮别人的时候也就照亮了自己！"

四、教育家的产生需要肥沃的土壤

教育家的锻造不仅需要自身的努力，还需要土壤、阳光和水分，尤其是要造就一大批而非极少数的教育家，应创设一个良好的外部环境。

顾明远认为，中国需要教育家，呼唤教育家，但同时需要为教育家的出现创造有利的环境。"全社会都要切实地尊重教育，尊重教师，像尊重科学家那样尊重教育家。"他特别强调，要大力宣传教育工作者的优秀事迹，让全社会都了解。在他看来，我国有许多优秀教师，既辛勤耕耘在教育第一线，又钻研教育理论，探索教育规律，提出过具有创新意义的教育观点，但没有被大家了解和重视，因此也就说不上是在教育界有较大影响、为广大教师所公认的教育家。尽管也评选模范教师、先进教师，但只看重和宣传他们的教学质量、思想品德，很少总结他们的教育思想和理念，缺乏应有的高度。包括评选特级教师，也都是从教学水平来衡量，有些地方还只重视学生的考试成绩，缺乏对教师文化修养、教育思想的全面评价。

顾明远还提出，要多为教师提供学习进修的机会，帮助他们不断反思自己的教育行为，钻研教育理论，提高文化素养和业务水平。要倡导教育理论工作者和教育实践工作者相结合，创造出具有中国特色的教育理论体系，指导我国的教育改革和发展。"这样的大环境才有助于培养和锻造一大批教育家。"顾明远这样说。

落实尊师重教的重大举措[*]
——师范生免费教育需要细致的制度设计

　　2006年8月，我在参加温家宝总理召开的教育座谈会上就听温总理说，要在教育部直属的6所师范大学实行师范生免费教育的试点。2007年3月，温总理在十届全国人大五次会议的《政府工作报告》中正式提出了这个举措，我感到特别兴奋和激动。温总理在报告中详细地说明了此项举措的重大意义。他说："这个具有示范性的举措，就是要进一步形成尊师重教的浓厚氛围，让教育成为全社会最受尊重的事业；就是要培养大批优秀的教师；就是要提倡教育家办学，鼓励更多的优秀青年终身做教育工作者。"政府总理在《政府工作报告》中这样详细地讨论教育问题，在历史上还是第一次。这是落实科学发展观、构建社会主义和谐社会、落实教育优先发展战略、促进教育质量提高的重大举措，具有深远的意义。

一

　　师范生免费教育的消息传出来以后，社会上议论纷纷，赞成者有之，反对者有之。反对的第一种意见是，师范生免费教育是计划经济

---

[*] 原载《江西师范大学学报（哲学社会科学版）》，2007年第3期。

时代的产物，现在实行市场经济，学校也要按照市场规律来办，师范生免费教育是否倒退？第二种意见是，师范生毕业以后能不能真正去当教师，特别是能不能到最需要的中西部去当教师？也就是说，对免费教育能不能收到预期的效果表示怀疑。第三种意见是，在市场经济的体制下，免费教育能否真正吸引优秀的青年来报考师范？总之，大家对这项重大举措还心存疑虑。这几个问题是非常实际的，需要认真回答。

我认为，首先，需要站在国家发展全局的高度来认识这项举措对我国教育发展，甚至对国家发展的重大而深远的意义。其次，要在制度上精心设计，使这项重大的举措取得预期的效果。

当今世界，科学技术日新月异，国际竞争日益激烈。这种竞争说到底是人才的竞争，是民族创新能力的竞争。教育是培养人才和增强民族创新能力的基础，因此，必须把教育放在社会主义现代化建设优先发展的战略地位。要优先发展，就要有举措。加大教育投入，实行农村地区义务教育免费，扩大高中阶段的教育，大力加强职业教育，提高高等教育的质量，实施高等教育"211工程""985工程"等，这些都是重要的举措。当前对基础教育来讲，实行教育公平、推行素质教育、提高教育质量是最重要的任务，而关键在于教师。如果没有一支高质量的教师队伍，教育投入再多，也只能打水漂。因此，在国家增加教育投入的同时，要抓紧教师队伍的建设，尽快提高教师的质量。

当前，我国教师队伍的状况是怎样呢？应该说，全国1 000多万名中小学教师绝大多数是勤勤恳恳、辛辛苦苦地坚持在教育第一线，培养着大批人才，其中不乏许多称得上是教育家的优秀教师。但是，从总体上来讲，我国的教师队伍还处在数量缺、水平低、观念旧的状态。

第一，数量缺。小学教师的情况是这样的：虽然小学学龄人口下降，但在城市中小学班额太大，按照教育现代化的要求，小学班额以25～30人为宜，则城市小学教师仍需补充；农村小学很分散，虽然近年做了调整，相对集中，但为了便于孩子上学，小学仍以村校为主，因此，农村小学教师的现有编制非常紧张，而且中西部地区还有约50万名代课教师，说明小学教师也有缺口；初中教师基本上能满足需要，但学历层次有待提高，结构不合理，有的学科教师多余，有的学科教师奇缺；高中教师则缺口较大，今后要发展高中阶段教育，教师会更加紧缺。

第二，水平低。虽然小学和初中教师基本上达到了学历要求，但总体上水平还不高；高中教师还有一部分没有达到学历要求。我国教师与发达国家的教师相比，无论在学历上还是实际水平上都还有不小的差距。特别是我们的教师跟不上形势发展的要求，不能适应当前科学文化发展的需要和新课程改革的要求。有些教师缺乏敬业精神，不学习、不钻研，教学质量堪忧。有些教师缺乏应有的思想品德，不能为人师表。

第三，观念旧。不少教师缺乏"以学生为本""尊重学生""坚持素质教育"等正确的学生观、教育观、人才观，还停留在"应试教育"、单纯用分数评价学生的陈旧的教育观念上。有些教师缺乏应有的爱心，不能正确对待学生，常常在言语上损害学生的尊严，打击学生的自尊心、自信心；在教学上只相信老经验，不愿意接受新事物，缺乏开拓精神，不能适应新形势和新课改的要求。

从师范教育来讲，由于取消了中等师范学校，许多师范院校转型，使师范教育的资源大量流失，师范教育的质量有所下降。过去中师提前招收，吸收了许多农村优秀青年。但是自从中师取消以后，师专只能招收高考第三批录取的新生，质量远不如以前。再加上师专的专业和课程不能适应小学的要求，小学教师的质量也有所下降。这不能不令人担忧。

从社会大环境来讲，近些年来，由于有些学校乱收费，有些教师家教辅导高收费，严重影响到教师的形象和社会声誉。

以上一切说明，有必要加强教师队伍的建设，提高教师的思想和业务水平，提高教师的威信。正如温总理讲的，师范生免费教育这项重大的政策举措，其意义在于它的示范性。它向全社会表明：政府高度重视教育，真正把发展教育放在社会主义现代化建设优先发展的战略地位，全社会都应该树立尊师重教的风尚；它向全社会表明：国家重视师范教育，把培养优秀教师作为发展教育的根本，由经过师范教育训练，懂得教育规律和掌握教育艺术的教育家来办教育；它向全社会表明：政府要用政策来吸引优秀青年上师范、当教师，终身从事教育工作。

至于有人说市场经济不应该再用计划经济的办法吸引优秀青年上师范，我认为这项举措与市场经济或计划经济没有必然的联系。这是政府的一项政策，是政府对教育的导向。任何国家在必要的时候都会用政府的权力来引导教育的发展。例如，市场经济最发达的美国，1958年为了与苏联竞争，通过了著名的《国防教育法》，由联邦政府拨款设立大量奖学金名额，鼓励优秀青年上大学；2006年，哈佛大学为贫困学生设立奖学金，家庭收入不满4万美元的可以全额免除学费。发达的资本主义市场经济国家尚且有如此政策，为什么我们社会主义市场经济国家就不能有这种政策呢？特别是我国还有许多贫困学生，由于家庭贫困而难以就学，虽然有贷学金制度，但学费毕竟给贫困家庭增加了经济压力。如果有免费教育，我想，会有不少贫困家庭的优秀青年报考师范。历史上许多事实也说明了这项政策的有效性。

二

要落实师范生免费教育政策，确实还有许多工作要做，要进行细致的制度设计。我想，可以从招生、培养、毕业工作安排三个方面来设计。

第一，招生。有些同志担忧，当前教师的地位还不高，待遇也不高，在市场经济功利主义的影响下，优秀青年能不能来报考师范教育？确实存在这个问题。解决这个问题需要从两个方面着手。

首先，要大力宣传师范生免费教育的政策，让广大青年知道这项政策及其意义；要大力宣传教师在社会主义现代化建设中的崇高使命，鼓励优秀青年报考师范，尤其是学校教师要做这种宣传。我们20世纪五六十年代过来的教师很多是受到当时教师的影响报考师范的。现在有一种悖论：家长总希望自己的孩子能够遇到好老师，但又不愿意让自己的孩子当老师；学校老师不愿意自己的好学生报考师范。这恐怕也还是因为教师的待遇低，社会地位不高。因此，政府要改善教师的待遇，社会要形成尊师的氛围。

其次，或者更重要的是要进行制度设计。我建议采取以下政策：一是提前招生。考生在达到本校录取分数线以上的，提前录取。二是师范生扩大保送名额。学校推荐，高校面试考核。三是招生名额向中西部地区倾斜。为了让师范生能到中西部地区工作，最好多招收中西部本地区的学生，将来回得去，留得住。

第二，培养。要大力改革师范生的培养模式，加强教师职业训练。长期以来，我国师范院校由于强调学术性，忽视师范教育的特点，师范毕业生首先在思想上不愿意当教师，在业务能力上也缺乏职业训练。学术性与师范性是师范院校长期争论的话题。这是由于师范院校与综合性大学比学术水平的结果。如果用教师的职业来要求，这两类学校是没有可比性的，因为他们培养的目标不同，规格要求不同。当然，一名现代教师需要有渊博的学识、扎实的学科知识，但还需要——恐怕也是更重要的——要有当教师的愿望，有热爱学生、热爱教育的感情，有把知识教给学生的能力，即有教书育人的能力。因此，免费师范生应该用新的模式来培养他们。一进师范学校的校门就应该让他们接触中小学校，接触孩子，进行专业思想的教育。要加强教育实习。教师这个职业是应用性的职业，不是学术性的。他和临床医生一样，要能防病治病，因此，临床实习很重要。教师要能教书育人，要能帮助学生学习，矫正学生的一些错误行为，教育实习也非常重要。当然，学科知识也非常重要，教师要有扎实的学科知识，了解学科发展的前沿，掌握传授知识的艺术。教师只有课上得好，才能受到学生的喜爱和尊重。因此，学术性和师范性相结合，才能培养出合格的教师。

第三，毕业工作安排。免费师范生在入校的时候应该和学校，或者说和政府签订合约。政府提供学杂费，学生毕业以后有义务到政府指定的地区从教若干年。如果违约，要负法律责任，而且要建立诚信记录档案。这种诚信记录会影响他到其他单位就业。

我们鼓励师范生终身从教，但从政策上要宽容。服务年限一般5年为宜。时间短了，失去了师范生免费教育的意义；时间长了，有些青年会有顾虑，也不便于青年的转业。政策的宽严要适度，太严了，不容易吸引优秀青年报考。首先要让优秀青年进得来，我相信，只要进来了，会有一部分人热爱教师的职业，会留下来终身献给教育事业。

同时，要设计提供青年教师进修学习的机会。为什么过去许多青年不愿意当教师？其中的原因之一是，他们看到教师终日忙忙碌碌、平平庸庸，缺乏发展的机会和空间。青年总是希望上进的，因此，要给他们的发展提供机会。如从教3年以后就可以进修半年或若干月；中西部地区的老师可以到东部优质学校挂职进修；允许报考教育硕士专业学位研究生；选拔优秀的青年教师出国进修考察等。青年有了发展的机会，他们就会更加热爱教育工作，就会不断学习钻研，提高教育质量，将来成为一名教育家。

敬业爱生　严谨笃学[*]
——纪念第 23 个教师节

2007年8月31日，胡锦涛总书记在全国优秀教师代表座谈会上发表了重要讲话，高屋建瓴地论述了教育优先发展和尊师重教的重要意义，对教师提出了殷切的希望。这是党中央向全社会发出的尊师重教的伟大号召，具有重大的历史意义。

当前，我国教育正处在从数量发展到质量提高的转折点上。全面推进素质教育、提高教育教学质量是当前的迫切任务。完成这个任务要靠全社会的支持，更要靠全体教师的努力。胡锦涛总书记说："教师是人类文明的传承者。推动教育事业又好又快发展，培养高素质人才，教师是关键。"又说："尊重教师是重视教育的必然要求，是社会文明进步的重要标志，是尊重劳动、尊重知识、尊重人才、尊重创造的具体体现。"教师是如此重要，受到全社会的尊重，那么教师怎样才能做到让大家尊重，怎样才能更好地完成教书育人的任务呢？胡锦涛总书记对我们提出了四点希望，这就是：爱岗敬业、关爱学生；刻苦钻研、严谨笃学；勇于创新、奋发进取；淡泊名利、志存高远。他还勉励教师自尊自励，努

---

[*]　原载《中国教育学刊》，2007年第9期。

力成为无愧于党和人民的人类灵魂工程师，以人民教师特有的人格魅力、学识魅力和卓有成效的工作赢得全社会的尊重。学习胡锦涛总书记的讲话，我觉得无比温暖，又觉得责任重大。我想，我们只有按照总书记的要求，敬业爱生，严谨笃学，恪尽职守，努力把青少年培养成才来回答党和人民对我们的关心。

敬业爱生、严谨笃学是教师职业道德的具体体现。所谓敬业，就是忠诚于人民的教育事业。一名教师首先要热爱教育事业，不断钻研教育教学业务，提高业务能力和水平，提高教育质量。所谓爱生，就是要用满腔热情来对待学生，热爱每个学生。敬业和爱生是密不可分的，它们统一在培养人才上。敬业是为了更好地培养人才，敬业也体现在爱生上。一名老师不热爱学生，怎么能说明他敬业呢？爱生也需要有敬业精神，没有对教育事业的忠诚，怎么能去爱学生呢？温家宝总理说：没有爱就没有教育。教师对教育事业的爱，对学生的爱，不同于父母对子女的爱。这种爱体现了对人类的爱，对民族的爱，对未来的爱，是不求回报的无私的爱。所以，教育的爱是伟大的爱。

严谨笃学就是要树立严谨治学的态度，建立优良的学风。教师要学为人师，行为世范，就要不断学习，努力钻研，不断提高教育教学的业务能力和水平。严谨笃学不仅要钻研学科，钻研教材，更要钻研学生。我认为，当前要特别提倡研究学生。教师要引导学生，就需要和学生沟通。要和学生沟通，首先要了解学生，信任学生，理解学生。信任和理解都要建立在了解的基础上。教师要了解青少年的生理、心理特点，了解他们的需要，了解每个学生的特点。这样，教育工作才能有的放矢，让学生容易接受。

我国大多数教师能做到敬业爱生，严谨笃学，所以才培养出我国各行各业的人才。但是毋庸讳言，还有一部分教师缺乏这种职业操守。有的视学生为敌人，用各种办法伤害学生。师生关系的紧张已经在一些学校成为较为普遍的现象，不能不引起大家的关注。

我曾经看到《中国教育报》上刊登过一张大照片：一个小学生（大约也就一年级的学生）因为迟到被老师罚坐在黑板边上，两只大眼睛望着镜头，好像在期盼救星；老师在讲课，但其他学生望着坐在墙角的同学。看到这张照片，我感到十分悲哀。我们的老师怎么能这样对待自己的学生？是在教育学生还是在伤害学生？无独有偶，最近有人告诉我，《中华人民共和国义务教育法》明确规定，学校不能设重点班，但是不少学校暗暗地设A、B、C班。有些老师还用这种分班来压制学生，讥讽学生。有的老师常常训斥学生，有时开家长会还训斥家长。这种情况有失教师的职业道德，难以让学生信服，不可能收到应有的教育效果。

的确，现在老师受到的压力很大。社会种种矛盾压在学校和老师身上。升学的压力、安全的压力，特别是升学率的压力，使老师们透不过气来，因此，有些老师把自己受到的压力转到学生身上。在"应试教育"的压力下，老师受到的心理压力是很大的，许多老师心情烦躁，总觉得学生不听话，不争气，于是给学生施加压力，造成师生关系紧张。有一些老师有错误的观念，认为爱学生就要严格要求。许多老师认为，把书教好，严格要求就是最好的爱。常常会听到老师说"批评你就是为你好""布置这么多作业就是为你好"，但是学生并不领情，有时甚至有反感。还有的老师认为，严厉才能使学生听话，对学生的缺点或错误不能耐心教育和容忍，而是采取简单、粗暴的办法对学生。有的老师对学生不公平，只爱好学生，不爱有缺点的学生，处理问题时偏袒好学生，从而引起一部分学生的不满。凡此种种都说明一个问题，就是有一部分老师的教育观念还有待转变，师德还有待提高。

敬业爱生，严谨笃学，第一，要树立以学生为本的思想，处处为学生的健康发展着想。第二，要懂得学生的年龄特征和发展规律。青少年儿童正处于长知识、长智慧、长身体的时期，他们还不成熟，他们的愿望和能力还不平衡，有时会犯错误；青少年儿童的发展也不是线性的，会有曲折。了解了这些特点，我们就不会事事责怪他们。第三，要理解学生，理解学生的需要。青少年儿童活泼好动，富有好奇心，他们有求知的需要，有玩耍的需要，有探究的需要，有交友的需要。老师要了解他们的多种需要，尽量满足他们合理的需要，学生就会反过来理解老师，尊重老师，完成老师要求的任务。第四，老师要相信每一个学生，同时注意培养学生的自信心。切忌把学生分成三六九等，那样容易使一部分学生感到老师不信任他，看不起他。这样学生往往对老师敬而远之，采取不信任的态度。在这种状态下，老师要想教育他是很难的。信任是相互的，只有信任学生，学生才能信任老师。其实，良好的师生关系是巨大的教育力量。教师热爱学生，学生热爱老师，师生中还有什么矛盾不能解决呢？

改善师生关系就要求教师研究教育策略、提高教育技能。教育既是一种科学活动，要遵循教育规律；教育又是一门艺术，需要讲究教育技巧，或者叫作教育艺术。不是有这样一个大家熟悉的例子吗？一名学生在老师提问时总是积极举手，但等到老师让他发言时又总答不出来。原来，他怕不举手，同学会看不起他。老师了解这个情况后没有简单地责怪他，而是与他约好，如果他会答题就举右手，如果还不会答题就举左手，举右手时老师就叫他，他顺利地回答了老师的问题。这个学生从而建立起学习的信心。这就是教育艺术。

教师的人格魅力会影响师生关系。"学为人师，行为世范"，老师的一言一行都在学生严格的监视下，学生会时时评价老师。因此，老师要不断提高自己的素养，注意自己的行为举止。教师职业的特点就在于教师的教育手段是和教师的人格融为一体的，教师是用人格影响学生的人格，用心灵塑造学生的心灵。在纪念教师节时，我们不能忘记自己所肩负的责任，不断地提高自己的师德水平。

中小学校长应具备的基本品质[*]

　　大家都说，有一个好校长，就有一所好学校。有人不同意，认为把校长看得太重了，办好一所学校还要靠良好的教师队伍呢！但是，我还是同意"有一个好校长，就有一所好学校"的说法。当然，办好一所学校要有多种条件，人、财、物都要齐备，缺一不可。学校的人、财、物由谁来统领？由校长。校长是学校的领头人，是学校的旗手，他要带领师生完成党和国家交给的培育人才的任务。如果校长有先进的理想和高尚的人格魅力，有能够凝聚全校师生的力量，那他就是学校的精神领袖。有了他，学校就能蒸蒸日上。我国历史上有许多好校长，他们都把学校办得有声有色。例如，北京第二实验小学的陶淑范，上海育才中学的段力佩，天津市第一中学的韦力等。

　　既然校长这么重要，那么校长应该具备什么样的品质？最近出现一种舆论，认为校长要职业化、专业化。我不大明白校长职业化、专业化是什么意思。如果说校长除了要有一般教师的教学专业能力外，还需要有组织工作的能力、公关的能力，这无可非议，但是，如果说校长不一定需要有教学专业能力，专门做校长就可以了，就叫校长职业化、专业化了，我就很不赞成。校长首先应该是一名优秀教师，因为学校的任务

---

* 原载《基础教育参考》，2008年第2期。

就是教书育人。校长自己不会教书，天天泡在会议室里，或者成天跑上跑下搞关系，怎么能带领全校教师搞好教学？校长切不能忘记了自己最中心、最本质的工作，就是带领全体教师提高教育教学质量。为此，我建议我们的校长走进课堂，走到教师和学生中去。如果有条件的话，最好兼一门课。苏联教育家苏霍姆林斯基在地处农村的帕夫雷什中学当了23年校长，一直没有离开过课堂，而且还担任一个班的班主任。他天天和学生在一起，研究了3 700多名学生的成长过程，所以他成了世界知名的教育家。我们要在学校中出教育家，也需要有苏霍姆林斯基那样的精神和作风。

当然，一名优秀教师不一定能做好校长，校长还要有其他的能力和品质。

第一，校长要有办学的理念和思路。校长需要根据教育发展的形势、学校的历史、学校所处的地位，不断提出学校发展的思路，引导全校教师共同研讨学校发展的愿景，使学校可持续地向前发展。学校发展要有奋斗目标，这个奋斗目标不是指上面布置的任务，而是指学校自己根据学校具体情况制定的目标。这样的目标也不能光靠校长一个人想出来，而是要由校长和教师共同研讨出来，这样才能真正成为学校发展的愿景，才有生命力，全校师生才能为之努力。

第二，学校的中心工作是教育教学。校长的主要精力要放到教育教学工作上。这就要求校长走进课堂，走到教师中去，虚心向老教师请教，了解教师的想法，和教师一起研究如何改进教育教学。只有了解了教师的工作状况，校长才能掌握学校的全局，才能提出办学的思路。

第三，校长还要走到学生中去。学校的一切工作最后都要落实到学生身上，因此，不仅教师要了解和研究学生，校长也要了解和研究学生，了解他们的需要，了解他们的学习情况，关心他们的生活和思想。教师要和学生打成一片，校长也要和学生打成一片，成为学生的朋友。

校长不仅要了解在校生，还应跟踪学校的毕业生，了解他们的发展，听取他们对学校的改进意见。同时，校长还应该联系一批不同职业的学生家长，了解学生在家庭中的学习和生活，听取家长对学校工作的意见。

总之，校长是学校的旗手，是师生的精神领袖。这种旗手和精神领袖作用的发挥不是靠校长的权势，而是靠校长高尚的品格、丰富的学识、教育的智慧、亲和而开放的作风，也就是靠校长的人格魅力。

校长要带领全校师生为一个共同愿景而奋斗，要带领全体教师学习，把学校建设成一个学习共同体，在学习中求发展，在学习中创新。这是校长最重要的使命，也是现代学校文化建设的核心。

教育硕士专业学位十年的思考与建议[*]

我国教育硕士专业学位建立至今已过了十个年头，当时初建的情景还历历在目。十个年头，教育硕士专业学位从无到有、从小到大，经历了风风雨雨，总体上是顺利发展的，但也曾经遇到挫折和社会的不理解。为什么要建立教育硕士专业学位，当初很多人不理解。一种意见是：教中学，大学本科毕业生的知识足够了，没有必要再读研究生；另一种意见是：提高教师的业务水平主要靠学科知识的学习，已有的学术性研究生教育就可以解决，教育硕士专业学位学那么多教育专业知识没有用。同时，质量问题也是人们质疑的一个方面。

为什么要建立教育硕士专业学位？

首先，建立教育硕士专业学位是教师专业化的要求。自20世纪60年代开始，教师专业化的问题就提上世界教育界的议程。1966年联合国教科文组织在《关于教师地位的建议》中提出应该把教学工作视为一种专门职业，认为"它是一种要求教师经过严格和持续不断的研究才能获得，并要维持专业知识及专门技能的公共业务"。长期以来，人们对教师是不是专业性的职业有争议。有的人认为，教师不是专业性的职业，任何有知识、有学问的人都能做教师。但联合国教科文组织的文件肯定

---

*　原载《教师教育研究》，2008年第3期。

了教师的专业性。1986年美国卡内基教育和经济论坛也提出教师是一种专门的职业。该论坛的报告指出："美国人尚未认识到两点最本质的真理：第一，美国的成功取决于更高的教育质量，这一质量标准是迄今从未有人敢于提出和追求的一种高标准；第二，取得成功的关键是建立一支与此任务相适应的专业队伍，即一支经过良好教育的教师队伍。"时代的发展、科学技术日新月异的发展，包括脑科学、教育科学的进步，都要求教师的专业化。要不断提高教师队伍的质量，就需要建立教育硕士专业学位。

其次，要提高教师的社会地位，教师必须专业化。社会职业有一条铁的规律，即只有专业化，具有不可替代性，才有社会地位，才能受到社会的尊重。如果一种职业是人人可以担任的，则在社会上是没有地位的。教师如果没有社会地位，教师的职业不被社会尊重，那么，这个社会的教育大厦就会倒塌，这个社会就不会进步。胡锦涛总书记在2007年优秀教师座谈会上的重要讲话，就强调了建设优质教师队伍的重要性。他说："教师是人类文明的传承者。推动教育事业又好又快发展，培养高素质人才，教师是关键。"又说："必须高度重视和切实加强教师队伍建设。"

关于教师的社会地位问题，我遇到一件事，对我的刺激很大。1980年，我为了编写中师学生用的《教育学》教材，和靳希斌、赵敏成两位老师到四川、湖北、湖南、浙江、上海等地调查。在湖北武汉时住在省委招待所，同屋住的是劳动人事部的一位干部。茶余饭后闲聊时就讲到知识分子的待遇太低、体脑倒挂，我说："我们教师的待遇也很低，特别是农村小学教师的待遇太低。"他忽然说："小学教师怎么能算是知识分子？"我说："小学教师是教书的，有知识的人，怎么就不是知识分子呢？"他说："你没有看到吗？农村小学教师大多是半文盲，怎么能称为知识分子呢？"这句话对我的刺激很大。的确，"文化大革命"期间，教师队伍中充斥了许多不合格的人。不是有这样的笑话吗？有一个村干部对小学教师说："你好好干，干好了我提拔你去合作社当售货员！"可见，小学教师的地位当时竟然不如售货员。因此我想，怎么才能让社会尊重教师呢？首先要使我们的教师提高自己的业务水平，值得人们去尊敬。所以，我下决心要呼吁提高教师的专业性。把教师提高到研究生水平，这是提高教师社会地位的重要举措。

最后，要吸引优秀青年来当教师。青年总是求上进的，总希望在工作之后有进修提高的机会。教育硕士专业学位的设立，为青年教师进修提高提供了最有效的途径。听说现在正在筹备教育博士专业学位，那样，青年教师会觉得更有奔头。

1996年国务院学位委员会第十四次会议批准设立教育硕士专业学位，大家兴奋不已，立即成立了专家小组，制定培养方案，设计课程。第一年招生由于采取计划内招生，全国只招了177名。我国有1 000万名教师，这样招生，何年何月才能提高教师队伍水平？于是第二年在当时学位办副主任谢桂华同志的提议下，走招收工商管理硕士专业学位的路子，采取计划外在职招生的办法。所以第二年就招了1 000多名，现已发展到每年招生万名以上。有些学员不理解，总是质问为什么只授学位，没有学历。我给他们讲：要学历，走计划内招生，你们进得来吗？其实，只认学历不承认学位，这是唯中国才有的人事制度，早晚要改过来。

教育硕士专业学位建立以后又出现两个问题：一是中小学能留得住这些硕士研究生吗？二是这样大规模招生，质量能保证吗？

经过这十年的实践，这两个问题基本上得到了解决。头几年确实有不少人获得教育硕士专业学位以后就跳槽了。但随着硕士多了，特别是近年来教师地位的逐渐提高，加上就业竞争的激烈，教育硕士跳槽的已经不多了。据各地反映，教育硕士在学校中确实起到了骨干作用。

关于质量问题，确实是我们应该时时注意、切不能放松的。质量永远是教育硕士专业学位的生命线。过去人数稀少的时候尚不明显，人数多了，质量问题就更显得重要。关于保证质量问题，我有几点建议。

第一，主办学校领导要重视教育硕士专业学位的工作，确实有严格的管理制度，配备有经验的老师进行教学。过去我曾经参加过几次调研，发现有些学校的领导很重视，有些学校就不太重视；有些学校管理较严格，有些学校就很松散。专业学位与学术性学位是同等价值的，只是性质不同，要求规格不同。因此，教学和教学管理应该与学术性学位相同，否则就达不到研究生应有的水平，就得不到社会的重视。人人都能混一个学位，还能得到社会承认吗？这和教师职业专业化是一样的道理，因此，主办学校一定要把好质量关，否则会自毁长城。

第二，教师是关键，要选派有中小学实际经验的教师担任教育硕士研究生的导师，也可以聘请中小学有经验的优秀的老教师担任。大学教师和中小学教师联合培养，效果会更好。

第三，最好是让学员脱产到大学学习一段时间。虽然研究生都是大学毕业生，有大学生活的背景，但大学天天在发展，天天有新鲜的东西，大学有各种讲座、会议等学术活动，学员可以扩大视野，增长知识。

第四，在课程设置上除了学科知识、教师职业知识和技能培训外，需要增加一些通识课程，提倡学员多读一些书，以提高学员的文化素养。

第五，要重视学位论文的指导。学位论文是学习的总结，不是可有可无的作业。论文一定要结合学员的教学实际，不要空谈理论。论文不必过大过长，但一定要言之有物，有科学的研究方法。

第六，要加强宣传，使社会了解教育硕士专业学位，支持学位的建设。特别要让地方领导重视和支持。组织一些优秀教育硕士的案例，让大家认识到教育硕士专业学位在发展教育事业中的重要性。

谈谈我国教师教育的改革和走向[*]

近年来，为了加强教师队伍的建设，尽快提高教师的质量，国务院采取了一系列措施。2007年，在教育部直属的6所师范大学实行师范生免费教育，就是一项具有历史意义的重大举措。

师范生免费教育目前虽然只在6所师范大学实行，但是它给我们提出一个重要的问题：今后我国师范教育应该怎么办？近十年来，我国师范教育正在转型，即由三级师范（中师、师专、师院）向二级师范转变，取消了中师层次；由单一的师范院校封闭式培养模式向所有院校都可以培养师资的开放式模式转变；由职前培养和职后进修培训的分离向职前职后培训一体化转变。但是试行的结果并不理想：中师取消，导致小学教师培养力量的削弱；各地师专、师院纷纷升格为综合性的学院和大学，师范教育的资源流失严重；本来期望其他大学都来培养师资，但综合性大学对培养普通中小学师资根本没有兴趣；许多担负在职教师培训的教育学院合并到师院后，反而削弱了教师的在职培训。今天我们不能不进行深入的反思，思考下一步如何结合我国的国情，构建我国的教师教育体系。

---

[*] 原载《求是》，2008年第7期。

一

师范教育在我国一直是备受重视的。早在1897年盛宣怀奏请创办南洋公学时，就首先要求设立师范院。京师大学堂筹办之初也是师范馆首先招生。1904年清政府颁布的《奏定学堂章程》把师范教育单列系统，专门制定了初级、优级师范学堂章程。但是，在要不要单独设立师范大学方面，一直存在着争论。早在20世纪20年代初，就有部分学者反对建立师范大学，后经当时北京高等师范学校（北京师范大学的前身）的教授们力争，北京师范大学方得以成立；稍后又曾经历过一阵师大与普通大学合并之风，也因师大师生抗争而作罢。中华人民共和国成立以后，加强了师范院校的建设。1949年年底召开的第一次全国教育工作会议就讨论了改进北京师范大学和各地师范学校的意见。1951年教育部召开的第一次全国师范教育会议确定，每一大行政区至少建立1所健全的师范学院；大学中的师范学院或教育学院以独立设置为原则。从此，我国师范教育体系独立而完整地建立起来。

然而，在师范大学究竟应该怎么办的问题上，一直存在着师范性和学术性之争。一种意见是师范院校应该为中学服务，要突出师范性；另一种意见是师范院校毕业生的学术水平不能低于一般大学，要向综合性大学看齐。应该说两种意见都是有道理的。经过讨论，大家在1961年的全国师范教育会议上基本取得了一致认识，认为：高等师范学校毕业生要为人师表，在政治思想水平和共产主义道德品质修养方面，要求应更高一些、严格一些；在文化科学知识方面，基础知识应宽一些、厚一些，并应相当于综合性大学同科的水平；此外，还应掌握专门的教育理论知识和技能技巧，从而使这个论争告一段落。但是事实上，这个问题没有解决。除了北京师范大学和华东师范大学两校学制延长1年外，其他地方师范院校办学仍然是低水平的。因此，直至20世纪80年代，学术性、师范性之争仍是师范院校如何办的焦点。

20世纪90年代，教师专业化的问题提上日程，大家普遍认为我国各级学校的教师学历偏低，学术水平不高，提出师范教育的改革和转型问题。1999年的全国教育工作会议提出："调整师范学校的层次和布局，鼓励综合性高等学校和非师范类高等学校参与培养、培训中小学教师的工作，探索在有条件的综合性高等学校中试办师范学院。"我国师范教育的转型就是从这时开始的。

应该说教师专业化、教师培养由封闭走向开放是世界教育发展的趋势。第一次世界大战后，随着义务教育年限的延长，欧美一些国家的师范学校陆续升格为师范学院。20世纪50年代以后，许多发达国家的师范学院或并入综合性大学，或自身扩充为综合性大学。从此，师范教育由封闭走向开放，或者叫转型。所谓转型，是指由师范院校封闭地培养师资转变为由所有高等学校开放地培养师资。总体上讲，师范学校升格转型的根本目的是提高教师的水平和质量。特别是1966年联合国教科文组织在《关于教师地位的建议》中提出应该把教学工作视为一种专门职业以后，教师专业化的呼声更加高涨，"师范教育"的概念也逐渐为"教师教育"所代替。我国教师教育的改革就是在这个背景下提出来的。

二

既然教师专业化是世界教育发展的趋势，那为什么我们近年来的教师教育改革未能取得预期的效果？我想，原因可能有以下几方面。

首先，我国的教师职业还没有成为一种让社会尊重和羡慕的职业。社会上有这样一种自相矛盾的现象：人人都希望自己的孩子能够遇到优秀的教师，但是很少有家长愿意送自己的子女读师范。因此，师范院校改制以后，特别是学费并轨以后，报考师范的学生更少了。

其次，劳动工资制度的限制。虽然《义务教育法》规定教师工资不得低于当地公务员的工资，但久久未能落实。

再次，一段时间以来，不少学校都想把自己办大办高，于是中等师范升格为师专、师院，师专升格为师院或综合性大学。有些地方的师专为了当地经济社会的发展，扩大专业是必要的，也是大势所趋，但需要有计划、有条件地发展。一旦成为一股风潮，就不仅影响高等教育的质量，也使师范教育的资源大量流失。

最后，政策上有值得商榷之处，特别表现在中等师范学校的消亡上。全国最多的时候约有上千所中师，它们为我国培养了上千万名合格的小学教师。当然，随着科技的发展、社会的进步，中师毕业生学历偏低，文化科学知识不足，确实需要提高。但是如何提高？我们采取了一种激进的办法：取消中师，改由师专或师院培养小学教师。中师取消后，有些师专和师院近来确实培养了一批高水平的小学教师，但是从全国范围来讲，中师几近消失了（现在大约只剩下100余所），小学教师的水平不仅未能提高，反而据许多小学反映，师专毕业生并不适应小学教师的要求。一是师范生的生源水平降低了。原来各地中师都是提前招生，许多优秀初中毕业生，特别是农村学生报考师范，现在师专招来的学生却是高考中分数最低档次的学生。二是师专与中师培养的方式不同。过去中师非常重视教师的职业培训，重视教育学、心理学的教学，重视书法、音乐、美术、舞蹈等方面的训练，现在师专的课程中，教师的职业训练科目削弱了。有的师专为了追求学生考上研究生的比率，甚至只在研究生考试的科目上下功夫，极大地削弱了师范性；同时，高中毕业生由于年龄关系，在音乐、美术、舞蹈等方面的可塑性大不如中师招的初中毕业生。现在看来，我们当初就不应该简单地取消中师，可以像法国或者我国台湾地区那样采取渐进的方式：逐步延长中师的学制，从提高中师学生的科学文化知识水平做起；保留中师的建制，提高毕业生的工资待遇，逐渐过渡到使小学教师达到本科学历水平。

三

今天，我们需要重新思考教师教育的重建问题，师范生免费教育也为我国教师教育的重建提供了契机。

第一，要形成尊师重教的社会风尚，吸引优秀青年报考师范，长期从事教育工作。师范生免费教育的消息传出来以后，社会上就议论纷纷，赞成者有之，反对者有之。反对的一种意见认为，师范生免费教育是计划经济时代的产物，现在实行市场经济，师范生免费教育是否倒退？另一种意见是担心师范生毕业以后能不能真正去当教师，特别是能不能到最需要的中西部去当教师。也就是说，对免费教育能不能达到预期效果表示怀疑。这几个问题是非常实际的，需要认真回答。

我认为，首先，需要站在国家发展全局的高度来认识这项举措对我国教育发展，甚至对国家发展的重大而深远的意义。其次，要在制度上精心设计，使这项重大举措取得预期的效果。比如，可以采取以下政策：提前招生；扩大师范生保送名额；招生名额向中西部倾斜，将来回得去，留得住。至于有人说，不应该再用计划经济的办法吸引优秀青年上师范，我认为这项举措与市场经济或计划经济没有必然的联系。这是政府的一项政策，是政府对教育的导向。任何国家在必要的时候都会出台政策来引导教育的发展。例如，市场经济最发达的美国，1958年为了与苏联竞争，通过了著名的《国防教育法》，由联邦政府拨款设立大量奖学金名额，鼓励优秀青年上大学。发达的资本主义市场经济国家尚且有如此政策，为什么我们社会主义市场经济国家就不能有这种政策呢？特别是我国还有许多学生由于家庭贫困而难以就学，虽然有贷学金制度，但毕竟无法充分缓解贫困家庭的经济压力。如果有免费教育，我想会有不少贫困家庭的优秀青年报考师范。2007年招生成功的事实也说明了这项政策的有效性。

第二，教师教育体系要重建。学校是分层次的，有幼儿园、小学、初中、高中多个层次。各层次学校对教师的要求也是不一样的。与此相对应，师范教育的模式也应该有所区别。从教师教育体系上说，需要从国情出发，在实行教师教育开放性的同时，保留师范院校的独立体系，并以师范院校作为培养师资的骨干，逐步鼓励非师范性高等学校参与培养教师。

要明确师范教育的办学方向。实行师范生免费教育的目的是培养一批长期从事教育工作的教育家，因此，师范教育要彻底改革。师范院校与综合性大学是两类不同性质的学校，他们培养的目标不同，规格要求不同，因此，这两类学校是没有可比性的。当然，一名现代教师需要有渊博的学识、扎实的学科知识，但更需要有当教师的愿望，有热爱学生、热爱教育的感情，有把知识教给学生的能力，即有教书育人的能力。

长期以来，我国师范院校由于强调学术性，忽视师范教育的特点，师范毕业生首先在思想上不愿意当老师，在业务能力上也缺乏职业训练，因此，应该用新的模式来培养未来的教师。师范生一进师范学校的校门就应该接触中小学校，接触孩子，进行专业思想的教育。还要切实加强教育实习。教师这个职业是应用性的职业，不是学术性的。教师只有课上得好，才能受到学生的喜爱和尊重。当然，扎实的学科知识对于上好课也非常重要。所以，学术性和师范性结合，才能培养出合格的教师。

第三，要多给青年教师提供进修学习的机会。为什么过去许多青年不愿意当教师？其中原因之一是，他们看到教师终日忙忙碌碌、平平庸庸，缺乏发展的机会和空间。青年总是希望上进的，因此，要给他们的发展提供机会。例如，从教几年以后就可以进修半年或若干月；中西部地区的老师可以到东部优质学校挂职进修；允许报考教育硕士学位研究生；选拔优秀的青年教师出国进修考察等。青年有了发展的机会，就会更加热爱教育工作，就会不断学习钻研，提高教育质量，成为将来的教育家。

向灾区英雄教师致敬[*]

第24届教师节将要来临，这个教师节有着特别的意义。四川汶川地震灾区的教师们为我们谱写了一曲可歌可泣的英雄赞歌，让教育界为之震撼，让全社会为之震撼。

在这次大地震中，我们的教师充分地表现了敬业爱生的崇高的教师道德精神。他们舍己救人，坚强不屈，在大震面前毫不畏惧，奋不顾身，抢救生命。

有这样一批教师，当在废墟中找到他们的遗体时，身躯都是屈着的，肩背着千斤楼板、万斤横梁，身下却护着自己的学生；有的教师原本已经撤离，但听到楼里还有学生时，又冲了进去，学生得救了，他们自己却永远压在楼板下。把生的机会让给学生，把死的危险留给自己，这是什么精神？这就是舍生忘死以护生的教师道德精神！

有这样一批教师，在大震面前临危不惧，毫不犹豫地投入抢救学生生命的战斗中，他们不顾自己的孩子和亲人还埋在废墟里，却先救学生。他们一面忍着身体、心灵的伤痛扒着、挖着，一面喊着："孩子别怕，老师来救你了！"这是什么精神？这就是无私无悔的教师道德精神！

---

* 　原载《中国教育学刊》，2008年第9期。

有这样一批教师，在大雨中手撑着雨布，挡着淋漓的雨水，只为让孩子睡个安稳觉。这不是几只手在支撑着，而是一种精神在支撑着。这是什么精神？这就是教师敬业爱生的精神！

有这样一批教师，他们在失去亲人的悲痛中，在余震不断、惊慌未定的情况下，最先想到的是如何创造条件让孩子们上学。于是帐篷学校出现了，临时辅导班出现了，他们想方设法让学生复课学习。几千名学生在异地的安全地区得到安置，教师们时刻不忘自己的职责：敬业爱生！

教师，是一种很平凡的职业。在平时，他们就是备课、上课、批改作业，工作烦琐；教师，又是一个崇高的职业。伟大的教育家夸美纽斯将其誉为"太阳底下最光辉的职业"，因为其教书育人，把一棵棵幼苗培育成参天大树，为人类的未来培养人才。敬业爱生是教师的天职：敬业就是忠诚于党和人民的教育事业，兢兢业业，把每个学生都培养成才；爱生就是爱护每个学生，使他们的身心不受任何伤害，得以健康成长。这种爱是无私的爱，是不求回报的爱，是对民族的爱，对人类的爱。为了这种爱，他们可以把自己的一切奉献给学生，奉献给国家的教育事业。教师这种敬业爱生的崇高精神在这次四川汶川大地震中得到了充分的显现。四川汶川大地震震出了英雄教师的群体，不是个别教师，而是千万名教师的群体，这充分说明我们广大教师恪守教师的天职，是值得广大家长信赖的，是值得全社会尊敬的。

让我们向灾区的英雄教师们致敬！向他们学习，不断提升自己敬业爱生的精神境界。灾区的英雄教师们将是树立在我们心中的永恒丰碑！

同时，我们也要向工作在敬业爱生岗位上的所有教师致敬，祝他们节日快乐！

做一名人民尊敬的教师[*]

第24届教师节即将到来，此时学习贯彻新修订颁布的《中小学教师职业道德规范》有着特别的意义。

真正要成为一名合格的、成熟的教师，需要在教育实践中不断学习和提高，特别需要有高尚的职业道德。教师这种职业有着与其他职业不同的特点。教师的教育教学不是靠什么工具来塑造人才，而是要靠自身的知识、智慧、人格来影响学生。教师是知识的传播者、智慧的启迪者、情操的陶冶者、心灵的铸造者，因此，教师的思想情操、职业道德比任何职业都重要。

教师的职业道德可以归纳为三个方面。

一是对国家的责任，对社会的责任。教师是教育者，同时又是普通公民，因此，他首先要对祖国、对人民充满爱，拥护中国共产党的领导，拥护社会主义事业，遵纪守法。教师要忠诚于党和人民的教育事业，努力贯彻国家的教育方针。这就是教师热爱祖国、热爱人民的具体表现。

二是对本职工作的责任。教师要爱岗敬业、关爱学生、教书育人、为人师表；要忠于自己的职责，就要勤奋努力，乐于奉献，在业务上精

* 原载《中国教育报》，2008年9月12日。

益求精，在教书育人中体现自己的人生价值。

没有爱就没有教育，这是每个教师应有的信念。教师这种爱不同于父母的爱，这种爱是对民族的爱、对祖国的爱的具体体现，是一种无私的、不求回报的爱。关爱学生是教师的天职，教师要像爱护自己的生命一样爱护学生，使他们不受到任何伤害，得到健康的成长。2008年四川汶川大地震中涌现出了一批英雄教师群体，他们舍己救人，坚强不屈，在大灾害面前毫不畏惧，奋不顾身抢救学生的生命，充分体现了崇高的师德精神，值得全体教师学习。同时我们也相信，所有具有爱岗敬业、关爱学生精神的教师，在天灾困难面前都会表现出这种无私无畏的精神。

关爱学生就要平等对待每个学生，不用言语行动伤害学生；要理解学生，善于与学生沟通；要信赖学生，相信每个学生通过教育都能够成才。

三是发展自己的责任。教师要成为一名优秀的教师，真正成为一名教育家，就要努力学习，终身学习，不断提高思想水平和业务能力，逐渐形成自己的教育风格。终身学习是未来世界每个人的生活必需，教师尤其要有终身学习的意识，不断充实自己，才能引导学生不断发展。教育是一门科学，需要教师学习钻研教育理论，掌握青少年成长的规律，掌握教育教学的规律。教育又是一门艺术，需要教师根据不同学生的特点，采取不同的方法，因材施教，在学习和创新中形成自己的教育风格。这样，教师才能成为一名有理论、有思想、有创新、有风格的教育家。

新修订颁布的《中小学教师职业道德规范》正反映了这三方面的内容。新的教师职业道德规范共六条，比起1997年颁发的《中小学教师职业道德规范》更加精练，更加集中，更具有时代精神。由于广泛征求意见，它体现了教师共同参与、共同遵守的特点。我们应该组织广大教师认真学习这个规范，使它成为每个教师的行为指南，成为促进教师专业发展的动力。

每到教师节来临的时候，我都会想，作为一名教师，我应该怎样来庆祝自己的节日？有两种心情总是萦绕在我的心头：一种是感到无比的自豪，这一天总有许多学生打电话、发短信来祝贺节日，一种工作的成就感油然而生；另一种心情是深感责任重大，学生是我们民族的未来，教育是民族振兴的基石。要使每个学生都能成才，教师要担负起重大的责任！只有不断学习，努力提高，适应形势的需要，才能把自己的工作做得更好，努力做一名值得人民尊敬的教师。

教师要努力成为教育家[*]

温家宝总理多次指出，要培养一支德才兼备的教师队伍，造就一批杰出的教育家，而且强调由教育家来办教育。如何造就一批杰出教育家？除了进一步完善教师教育体系，实行免费师范生教育，鼓励优秀青年长期从事教育工作外，更重要的是教师要在教育实践中不断学习，在学校课堂上不断钻研，在学习中促进自己的发展，逐步成为成熟的优秀教师。

一名教师要成为成熟的优秀教师大致要经过三个阶段：第一个阶段是职前培养阶段，即在学校学习教师专业知识和养成初步的教书育人的技能，这个阶段一般要用3～4年时间；第二个阶段是入职锻炼阶段，即进入教师队伍后，在教育教学实践中向老教师学习，把理论应用于实践，不断钻研业务，提高业务能力，成为一名合格的教师，这个阶段需要2～3年时间；第三个阶段是成熟的阶段，即在教育教学实践中不断学习钻研，反思自己的教育行为，总结经验教训，悟出教育的真谛，逐渐形成自己的教育风格，成为一名成熟而优秀的教师，这个阶段需要3～5年，或者更长的时间。如果教师长期从事教育工作，不仅有自己的教育风格，而且能够提炼自己的教育思想和理念，他就是一名教育家。

---

* 原载《中国教育学刊》，2009年第3期。

这其中，学习钻研是关键。除了国家和地方教育部门组织的进修培训以外，近几年来许多地方和学校成立的教师发展学校是一种很好的教师进修学习的形式。这种教师发展学校不是正规的教育培训机构，而是教师自己组织起来的，结合自己的教育教学实践，学习理论，钻研教材，研究学生，反思自己的教育行为，在学习反思中总结经验教训，并上升到理性认识，从而领悟教育的本真、提高业务能力的机构。

教育既是科学，又是艺术。说它是科学，是因为教育要遵循学生成长的规律，要充分了解学生的个性特点，按照教育规律进行。说它是艺术，是因为每个学生都不一样，教育的环境时时变化，教师本身也有个性特点，因此，不能用一种模式、千篇一律的方法对学生进行教育。教育具有很大的灵活性，需要教师不断地创新。教师对教育要有点悟性，同时根据自身的特点，创造自己的教育风格。

教师的学习面要放得宽一些。教师学习大致可以分为以下三个方面：一是提高教学专业水平的学习，掌握学科发展的前沿，了解学科发展的最新知识。我们常常讲"要给学生一杯水，自己就要有一桶水"。实际上，更重要的是，除了给学生打好基础以外，还需要引导学生进入未知世界，启发他们去攀登知识的高峰。这就需要教师自己有渊博的专业知识。二是提高教书育人能力的学习，掌握教育学、心理学、教学法的理论和能力，不断改善教育方法。教师特别需要学习怎样与学生沟通，怎样处理好师生的关系。我认为这是当前教育实践中十分重要的问题。三是提高文化素养的学习。就像温家宝总理说的，学文科的要学点理科知识，学理科的要学点文科知识，提高素养，陶冶情操。只有具有较高的文化素养，才有宽广的视野，才能领悟教育的本真、人生的价值，才能成为名副其实的教育家。

教师要不断学习，经常总结经验，最好把学习的心得和总结的经验用文字记录下来。写作的过程就是一个反思、学习的过程。用新的心得和经验与以前的心得和经验相比较，教师就会不断提高，就会凝练出自己的教育思想和风格。写出来的心得和经验在哪里发表？就可以在我们中国教育学会主办的《中国教育学刊》上发表，当然也可以在其他杂志上发表。

《中国教育学刊》为教师的成长提供了很好的平台。创刊29年来，许多在本刊上发表文章的优秀教师成为我国著名的教育家，如提倡爱的教育的霍懋征老师、创造情境教育的李吉林老师，等等。《中国教育学刊》也是一个园地，老师们可以在这块园地上发表自己的经验和意见，可以对当前教育界关心的热点问题开展广泛的讨论，百家争鸣，通过讨论繁荣学术，提高认识。

我特别建议教师读点教育史[*]
——《中外教育思想概览》序

改革开放30年来，我国教育得到了蓬勃的发展，普及了九年义务教育，高等教育走入了大众化阶段，高中阶段的毛入学率已经达到60%。教育越来越受到国家的重视，"科教兴国"成为我们的国策，"教育先行"成为全社会的共识。当前，我国教育正处在由数量发展向质量提高的转折点上。提高教育质量的关键在于教师，因此，教师队伍的建设受到党和国家领导人的高度重视。2009年教师节前夕，中共中央总书记胡锦涛同志在全国优秀教师座谈会上做了重要的讲话，从全球化的视野和民族兴衰的高度，深刻论述了教育的基础性、先导性、全局性的地位和作用，论述了教师在人类文明的传承、推动教育事业发展、培养高素质人才方面的重要作用。国务院总理温家宝同志在与北师大师生座谈中也强调了教师的重要地位。他还多次提出，要培养一批终身从事教育工作的教育家，让教育家来办教育。

教师要担负起传承人类文明和培养人才的重任，只有努力学习，才能不断提高自己的思想水平和业务能力。学习，除了学习所教的学科专

---

* 原载《教育学报》，2010年第1期。

业知识以外，还需要学习教育理论。教师的职业具有双重性：一是所教学科的专业性，二是教师职业的专业性。当前的师范教育在学科专业性上的基础打得比较扎实，但在教师职业的专业性上不够重视，师范生毕业以后还不知道如何教学，特别不知道如何与学生沟通。因此，教师的继续学习面需要广一些，以帮助教师开阔视野，增进智慧。我特别建议教师读点教育史。人类文明几千年，人类教育也已有几千年的历史。历史上有许多大教育家，我国如孔子、孟子、韩愈、朱熹、陶行知等，外国有柏拉图、亚里士多德、夸美纽斯、卢梭、杜威等，他们都有许多关于教育的精辟论述。学习他们的论述，可以启迪我们的教育智慧，更新我们的教育观念。教育是一门科学，我们从教育先哲的论述中可以摸索出教育的普遍法则；教育是一门艺术，我们可以从他们的经验中领悟到教育的魅力。

近20年来，我国教育史学界推出了多部巨著，如山东教育出版社出版的《中国教育通史》和《外国教育通史》，上海教育出版社出版的《中国教育家评传》和《外国教育家评传》，湖北教育出版社出版的《中国教育大系》和《世界教育名著通览》，湖南教育出版社出版的《中国教育思想通史》和《外国教育思想通史》，江苏教育出版社出版的《世界教育大事典》，等等，各种专著和译著更不胜枚举。这些著作对于系统地研究教育理论当然是十分重要的资料，但是对于一般读者来说，似乎觉得过于浩瀚，难于检索到所需要的资料。东北师范大学、深圳大学和华中师范大学的一批中青年教育理论工作者有鉴于此，编写了这部《中外教育思想概览》。

说起这部著作，可以说经过了众多曲折和磨难。早在20世纪90年代初，吉林教育出版社的于靖权同志和广东教育出版社的两位同志找到我，推荐我担任这部书的主编。1993年11月就完成了初稿。在当年正值北京白雪皑皑的时候，于靖权同志拿了初稿来找我。我初步审阅以后感到还有必要做进一步修改和完善。于靖权同志也同意我的意见，并将初稿拿回去准备修改。谁知就在这个时候，于靖权同志不幸罹病仙逝，编纂工作骤然停止。撰稿的同志也因工作变动等种种原因，工作未能继续。直到21世纪初，才由深圳大学熊贤君教授接手，重新启动。熊贤君教授接手后，联系了深圳大学和华中师范大学的中青年教育理论工作者，在原来东北师范大学几位老师工作的基础上，按主题精选了相关的教育思想、观点和论述，又紧扣教育理念，撰写了各编的概述，介绍了主题中的各派各教育思想家的教育言论。前后又用了三四年时间，才终于完稿。

这本书有不同于其他教育史书的特点：其一，它不像其他史书那样，史论结合，以论为主，看不到原作者在某个问题上的原始论述，而是采取史论分开的做法，即按专题摘引教育家的论述，每一个专题的前面写一篇导论（"教育思想发展概述"），评述各家的论述，同时也起到引导的作用；其二，它不像其他史书那样，按历史顺序介绍各家教育思想，而是按专题汇集各家言论，便于读者对某个专题进行检索；其三，它不像其他史书那样，古今中外分别介绍，而是熔古今中外于一炉，每个专题都摘录了古今中外各家各派的教育论述，由读者自己去检索和比较。当然，摘录各家论述有个摘录是否精当的问题。我们都有过深刻的教训，即语录往往可能会出现以偏概全、断章取义的缺点。本书作者注意到了这一点，尽量摘得全面一些，但恐怕难免有疏漏之处。每篇导论是点睛之作，没有对专题的深入研究是难以写出水平的，本书作者虽然努力为之，但恐怕也不能尽善尽美。由于本人才疏学浅，再加上未能全力以赴，作为主编，实在没有尽到完全的责任，因此，无论在选材上还是在评述上，都要请同行不吝指正。

在教育家书院成立大会上的讲话[*]

尊敬的各位领导、各位嘉宾、各位专家、各位老师：

北京师范大学教育学部教育家书院今天在这里成立了。感谢各位嘉宾来参加今天的会议。我需要讲一讲，为什么要成立教育家书院？可以从三个方面来讲。

第一，我们想为教育家成长提供一些条件，搭建一个平台。温家宝总理多次提到，要由教育家办学。《国家中长期教育改革和发展规划纲要（2010—2020年）》也提到："创造有利条件，鼓励教师和校长在实践中大胆探索，创新教育思想、教育模式和教育方法，形成教学特色和办学风格，造就一批教育家，倡导教育家办学。"但是，一说起教育家，人们就会想到中国古代的孔子、韩愈、朱熹，近代的蔡元培、陶行知等，西方的柏拉图、苏格拉底、夸美纽斯、赫尔巴特、杜威等。说到当代中国，好像就没有教育家。有13亿人口、2.5亿学生的大国没有教育家，无论如何也说不过去，也与事实不符。中国教育虽说还有不少问题，但成绩是很大的，培养了众多人才，创造了许多经验，难道就没有教育家？我们不要把教育家看得太神秘，要求得太高、太严格。其实，热爱教育事业，长期从事教育工作，做出了优异的成绩，并对教育

---

* 原载《教师教育研究》，2010年第4期。

有研究，有自己的教育思想和先进理念，形成了自己的教育风格，在教育界有一定影响的，就可以称为教育家。不久前去世的霍懋征老师就为我们树立了教育家的榜样。霍懋征老师毕生耕耘在小学教育园地，敬业爱生，矢志不渝，为祖国的教育事业倾注了全部的爱和心血。她师德高尚，学业精通，勇于创新，追求卓越，是世人的师表、教师的楷模。从教60余年，她不仅为国家培养了大批卓越人才，而且提出了"没有爱就没有教育"的思想，创造了一套小学教育的理论和经验。这就是中国当代的教育家，并且受到国家领导人的高度尊重。

当然，教育家不是随着教龄的增长自然成长的，而是在于不断学习钻研，不断反思自己的教育行为，总结提高，上升为理性认识，有成熟的经验和理论，才能有自己的教育风格。因此，学习和提升是教育家成长必由之路。教育家书院就想为我们的优秀教师成长为教育家提供一个平台。

第二，从北师大教育学部来讲，我们对培养教育家有义不容辞的责任。北师大就是培养教师的摇篮，也应该是教育家成长的家园。北师大也有一定的条件。北师大是以教师教育为特色的综合性大学，不仅在教育学科上有强大的优势，而且文、理各科都有强大的学术优势。北师大校园有浓郁的学术氛围，每天都有国内外专家的学术报告。中小学老师在北师大校园中可以受到学术的熏陶。我一向认为优秀教师要提高，不能只围绕着中小学的教材转，也不能只学习教育理论，更重要的是提高整体素养，养成教育家的气质。教育既是科学，又是艺术，艺术需要有点悟性，教育也需要有点悟性。悟性从哪里来？就是从整体素养中来。北师大可以为教师提高整体素养提供条件。

第三，优秀教师到北师大教育家书院来，也给北师大教育学部带来了鲜活的经验，有利于改造我们的学习。前面讲到，北师大是培养教师的摇篮，每年有几千名新教师要走出北师大校门，奔向全国各地中小学；我们还有几百名在职攻读教育硕士学位的教师。他们不仅需要学习教育理论，提升学科知识水平，而且要理论联系实际，学与思结合，知与行结合。教育家书院的研究员，也是优秀教师，可以给学员带来实际经验。在教育家书院工作期间，不仅你们要学习，也要请你们给我们的本科生、研究生介绍你们的经验。

总之，教育家书院是一个学习园地，在这里不是单向地学习，而是互相学习，互相切磋，共同提高。也不能说进了教育家书院就成了教育家，教育家书院只是提供一个共同学习的条件，将来能否成为教育家，还需要靠学员的不懈努力。当然，我们希望你们将来都成为教育家。

教育家书院的工作方式，我想是这样的，学员到来以后，为每一名学员配备一名合作教授。学员结合自己的经历提出进修提高的设想，与合作教授研究一个方案，报学术委员会。我们请几名学术委员审核这个方案，认可以后就可以开始进行学习研究。因为考虑到学员都是在职的优秀教师，不能脱产时间太长，因此要求在院期间1～5个月，研究方案以1～3年为期，研究成果由教育家书院组编发表。

感谢学术委员们，感谢他们能够接受我们的邀请。他们都是海内外知名的教育家，不仅有深厚的教育理论，而且有各自独特的研究领域；他们有丰富的学术成就，而且始终站在学术的前沿。他们担任教育家书院的学术委员，使教育家书院更具权威性。

再一次衷心感谢你们！

最后，祝大家研究有成，工作顺利，身体健康！

要与反教育行为作斗争*

　　曾看到一张照片，标题是"后进生伺候优秀生吃饭"。画面说明是，某校夏令营为了让学生"体验人生百态，把握自我命运"，根据学生的表现打分，把学生分成"上士""中士""下士"三等。"上士"吃三菜一汤，还有一杯代表身份的"红酒"；"中士"吃两菜一汤；"下士"站在桌子旁边伺候"上士"吃饭，只有等"上士"吃完了，把碗筷收拾了，才能去吃比较差的饭。谁看到这张照片都会感到十分吃惊，这位校长竟然想出这种馊主意！

　　教育的根本目的是育人，培养德、智、体、美全面发展的人才。学校的职责是敬业爱生，促进每个学生健康成长，但是现实生活中时时出现上述那种教育，笔者把它称为"反教育行为"。今天我们大声疾呼："育人为本"不应再停留在号召上、口号上，而应该针对育人中存在的问题，加以批判和纠正，与反教育行为作斗争。目前，教育中反教育行为表现在许多方面。

　　反教育行为之一，是把学生分成三六九等，特别歧视所谓"后进生"。上述那张照片不就是对学生人格的极大污辱吗？前几年山西某报登过一篇文章，标题为"谁毁了我一生？"，讲述一名非重点学校学生

＊　原载《中国教育学刊》，2011年第9期。

考上重点高中后，受到重点学校一位英语教师的歧视。该教师常用语言伤害这名学生，使其功课一落千丈，对学习失去了信心。

当前有些学校设重点班或实验班，有的教师对非实验班的学生歧视，说非实验班的学生都是"烂学生"，使学生心灵受到极大的伤害。有些班主任甚至当着家长的面数落学生的缺点。这都是有损学生人格的反教育行为。

反教育行为之二，是用暴力对待"后进生"。电视曾曝光这样一件事，杭州有一所西点男子学校，用黄连、辣椒、鞭子等惩治顽皮的儿童，画面上还展示了一名儿童背上的条条鞭痕。另据报道，武汉某训练学校居然把学生整死！这种反教育行为严重违反了《中华人民共和国义务教育法》和《中华人民共和国未成年人保护法》，是一种违法行为。此外，家长体罚子女的事也屡见不鲜。这都是违背法律和教育规律的行为，我们是不是应该与之斗争？

反教育行为之三，是用非人性的标语、口号来督促学生拼命学习。有一所学校高三班的黑板上方贴着这样的标语："生时何必多睡，死后自然长眠。"何等惊人！类似的标语、口号常见于高三毕业班上。这不仅不利于鼓励学生努力学习，而且会增加学生的压力；把学生捆绑在分数的战车上，更不利于学生理解人生的真正价值。

反教育行为之四，是在学习中提倡竞争。有一种错误的观点认为，市场经济讲竞争，社会上竞争激烈，因此，应该把竞争机制引入学校。这是违背教育规律的，历代教育家都不主张学生在竞争中学习。学校应该营造互相切磋、互相借鉴、互相帮助的学习气氛，使学生共同进步，但现在学校强调竞争，学生间互相保密、互相歧视。有一个孩子考了100分，回家大哭一场。母亲问她："考了100分为什么大哭？"孩子说："因为还有一个同学也考了100分。"这种竞争滋生了嫉贤妒能的心态，是不是也是一种反教育行为？

反教育行为之五，是拔苗助长，对学生实施过度的教育，过早地给儿童加重学习任务，用沉重的学习负担剥夺其幸福的童年。这不仅使儿童身体受到损害，而且使其社会情感受到扭曲。江苏瓜农施用膨大剂，使未成熟西瓜在地里裂开。我们的教育是不是也在向学生施用"膨大剂"？这值得大家反思。

反教育行为，学校中存在，社会、家庭中也存在。陶行知先生说过，好教育培养出好人，坏教育培养出坏人。反教育就是一种坏教育，学校、家庭、社会都要与之斗争，特别是学校，作为育人的阵地，更要坚决与之斗争。

教育工作必须把握两条信念[*]

我曾经在北京师范大学附属中学（简称"北师大附中"）工作，这段经历给我一些在思想教育理念上的启发，即教育工作者必须有两条信念：一条是"没有爱就没有教育"，另一条是"没有兴趣就没有学习"。现在的父母、老师都爱学生，但是我感觉很多父母、很多老师不知道怎么去爱。父母爱孩子，最主要的是要理解孩子，要相信孩子，同时要和孩子沟通；老师爱学生，最主要的是要理解学生。沟通了才能理解孩子，才能信任孩子。我不担心我们的老师不会教学生，而是担心我们的老师不会爱学生。

我最近写了一篇小文章，叫作《要与反教育行为作斗争》，我觉得我们现在教育里有许多反教育的行为。《中国教育报》前几年曾拍过一张照片。照片显示在一个夏令营里，老师把70个学生分成三等，按照军事编制，优秀学生叫"上士"，中等学生叫"中士"，后进生叫"下士"。"上士"学生在夏令营里吃的是三菜一汤，还有一杯代表身份的红酒；"中士"学生吃的是两菜一汤；"下士"学生站在优秀学生桌子旁边，为"上士"服务，等"上士"吃完了，自己收拾好桌子，才能吃饭。这是不是一种反教育行为？

---

*　原载《基础教育参考》，2012年第1期。

2011年6月，我到一所学校，一进门，一个大的标语写着"争一分多一分，一分定终身"。这是不是反教育行为？这难道就是老师爱学生吗？我觉得老师不会爱学生，没有爱，哪来创造性的人才？没有老师的爱心，哪来创新？"没有爱就没有教育"这个经验是我在北师大附中当老师的时候得出来的。

师生关系是一个很重要的教育因素。好的师生关系是最大的教育力量，但是我们现在的师生关系并不那么好。北京市有一所重点学校设了实验班，有一次我的一个学生到这所学校去开家长会，他的孩子是一个普通班的学生，这个普通班的老师对他说："我对你们普通班的家长没有什么要求，普通班的学生都是烂的。"这样的老师能培养出人才来吗？我觉得普通班里也会出创新人才，也可能会出杰出的人才。

第二个问题，没有兴趣就没有学习。怎么培养创新人才？学生首先要有兴趣。有一位老同志，搞了十几年的人才比较研究，比较英国苏格兰地区和环太平洋地区，历史上为什么这两个地区出人才。他收集所有大英百科全书里有名的人物，上千人，对这上千个人做了比较，包括他们的出生地、性格、身体状况、家庭，还包括他的兴趣、爱好等很多指标。最后，他写了系列报告，还出了两本书，一本叫《兴趣是最好的老师》，另一本叫《杰出人才多磨难》。第一本书里讲到兴趣是最好的老师，兴趣是最好的动力，讲了很多故事。比如，讲"化肥之父"李比希，他的父亲是药剂师，他从小喜欢做实验。有一次，他在课堂上做化学实验发生了爆炸，被学校开除，可见不是什么好学生。被开除以后，他的父亲让他到朋友的店里去当学徒。他当学徒期间还继续做实验，又发生了爆炸，把这个朋友的屋顶都给掀了。后来，他研究化学，研究雷酸，最终成为世界上有名的科学家。他第一个发明了化学肥料。所以，我觉得我们要培养创新人才，首先要培养学生的兴趣。

我们基础教育的目的，一个是培养兴趣，另一个就是培养克服困难的毅力。我认为，"兴趣+毅力=成功"。（或者加意志，毅力也是意志当中的一项。）所以，我们的教学培养模式要改变，我们要把选择权还给学生。现在教育的最大弊端——用网络语言——叫作"被教育""被学习"。我希望将来能够把这个"被"字去掉，让学生主动接受教育，主动学习，把选择权还给学生。

教育变革中的教师专业化[*]

党的十八大把教育放在改善民生和加强社会建设之首，从坚持教育优先发展、全面贯彻党的教育方针、深化改革创新、推动教育协调发展、大力促进教育公平、加强教师队伍建设六个方面，明确提出了下一阶段教育事业科学发展的战略目标和任务。

要完成十八大提出的教育改革和发展的任务，办好人民满意的教育，关键在教师队伍的建设。只有好的教师，才有好的教育。因此，提高教师专业化水平，就是当务之急。

一、现代教育的变革

教师专业化的提出，有它的时代背景。

第一，教育的大发展和教育的民主化、大众化。20世纪60年代是世界教育大发展、大变革的年代，发达国家普遍普及了中等教育，高等教育进入了大众化阶段。

第二，教育的现代化。1958年美国国会通过《国防教育法》，推动了课程改革、设备更新、人才培养模式的更新，促进了教育现代化。

---

* 原载《未来教育家》，2012年第4期。

第三，教育信息化。信息技术的发展，以及在教育领域的应用，极大地改变了教育的环境和手段。教育信息化，特别是信息网络化，改变了课堂教学的模式和师生的关系。教师已经不是知识的载体，不是传授知识的权威，而是学生学习的指导者、设计者、帮助者。

第四，终身教育思潮的兴起，推动了教育的变革。终身教育是在科技进步带来的生产变革的背景下提出来的。生产的变革带来了劳动的变换、职业的变动和工人的流动。随着教育的发展，终身教育的理念已经扩展到所有教育领域，成为学习型社会的重要特征。

第五，教育的国际化。随着经济全球化的到来，国际交往越来越频繁，国际合作越来越广泛。留学生的增多，学者交往的频繁，课程的网络公开，各国互相承认学位、学分等，都促进了教育国际化。

二、教师专业化的内涵

在历史上，教师的职业虽然被许多思想家、教育家捧得很高，如夸美纽斯说教师是"太阳底下最光辉的职业"，但是在以往，教师并非专业化的职业，只要有知识的人就可以担任不同层次学校的教师。

"教师专业化"的概念是在普及教育后要求提高教育质量时提出来的，最早见联合国教科文组织于1966年提出的报告："应把教学工作视为专门的职业，这种职业要求教师经过严格的、持续的学习，获得并保持专门的知识和特别的技术。它是一种公共的业务。另外，对于在其负责下的学生的教育和福利，要求教师具有个人和集体的责任感。"

提出教师专业化的重要意义如下。

一是为了提高教育质量。因为：第一，教育是有规律的，儿童的成长是有规律的，只有掌握了这些规律，才能取得较好的教育效果；第二，科学文化知识在发展，教师只有掌握了最先进的科学文化知识，才能培养出适应时代的人才。

二是有利于教师社会地位的提高。社会职业有一条铁的规律，即只有专业化才有社会地位，才能受到社会的尊重。如果一种职业是人人可以担任的，则在社会上是没有地位的。教师如果没有社会地位，教师的职业不被社会尊重，那么，这个社会的教育大厦就会倒塌，这个社会也不会进步。教师要成为不可替代者。怎么得到社会的尊重呢？假如你自己没有独特、有效的教学法，不值得人们尊重，怎么能得到社会的承认呢？教师本身要专业化，要提高自己的水平。

教育专业化的要求：要有较高的专门（所教学科）知识和技能体系；经过较长时期的专门职业训练，掌握教育学科知识和技能，并经过"临床实习"；有较高的职业道德，敬业爱生。

2012年4月，经济合作与发展组织发表了《为21世纪培育教师，提高学校领导力：来自世界的经验》报告，汇集了来自世界各地60多个研究机构的250多名研究者的意见，指出21世纪学生必须掌握以下四方面的技能：①思维方式：创造性、批判性思维，问题解决、决策和学习能力；②工作方式：沟通和合作能力；③工作工具：信息技术和信息处理能力；④生活技能：公民、生活和职业，以及个人和社会责任。"这些变化对教师的能力要求有深远的影响，教师必须将21世纪的生存技能更有效地教给学生……使他们成为终身学习者，掌握无定式的复杂思维方式和工作方式，这些能力都是计算机无法轻易替代的。"

三、教师专业标准的特点

最近教育部制定了《幼儿园教师专业标准（试行）》《小学教师专业标准（试行）》《中学教师专业标准（试行）》征求意见稿，不久即将正式公布。这三个专业标准分别对幼儿园教师、小学教师、中学教师的专业提出了要求。这是贯彻落实《国家中长期教育改革和发展规划纲要（2010—2020年）》的具体措施，是严格教师入职资格、规范教师行为、促进教师专业发展、实现教育现代化的必要制度建设。

教师专业标准的基本理念是：学生为本、师德为先、能力为重、终身学习。这是精神，是指导思想，具有如下特点。

第一，强调对教师专业的理解和认识。教师对教育工作要有正确的认识，要热爱教育事业，热爱学生。各级教师要认识各学龄段儿童的特点，懂得教育规律和学生成长的规律，并尊重这些规律，给学生提供适合的教育。本来我喜欢文学，喜欢艺术，你非要我去学奥数，这不是教育的极大不公吗？

第二，教师要了解有关教育法律、政策，了解党的教育方针，明确培养什么人、怎么培养人的重大问题。教师的责任不仅是向学生传授科学文化知识，更承担着使学生身心健康成长、维护学生合法权利，把学生培养成全面发展的人才的责任。

第三，强调师德，把师德放在专业标准的首位，列入第一级指标的标题中。强调教师要爱岗勤业，"没有爱就没有教育"。真正的爱表现在：相信学生，相信每个学生都愿意学习，都能成才；了解学生的需要，理解他们的想法；善于和学生沟通。为什么学生在网上可以跟网友无所不谈，跟老师和家长却不谈自己的心里话，就是因为老师和家长觉得自己说的话都是对的。《第56号教室的故事》一书中的美国教师雷夫说："学生不一定尊重我，但学生都很信任我。"我想，这一点是需要老师做到的。

第四，突出生命教育。要求教师"将保护学生的生命安全放在首位"；尊重学生的人格，尊重学生的个体差异，平等对待每个学生，"不讽刺、挖苦、歧视幼儿"；主动了解和满足有益于学生身心发展的不同需求，让学生拥有快乐的学校生活。汶川地震时涌现出舍身救护学生的教师英雄群体，佳木斯十九中张丽莉老师为救学生伤残的英勇事迹，体现了教师爱护学生生命的天职。

第五，教师要具有全面性、专业性、通识性的知识结构。全面性是指既要掌握所教的学科知识，又要掌握教育专业知识。这涉及师范教育一直争论的学术性与师范性，两者不可或缺。专业性也体现在两个方面，即学科专业和教育专业。这里主要指学科专业，要求教师深入掌握所教学科的学科基本理论、基本体系、学科发展历史、学科发展趋势和前景。通识性要求教师具有相关学科的知识。当前科学文化知识日新月异，而且知识的创新点都在交叉学科中。许多学者认为，引领21世纪科技发展的是生命科学、认知科学、信息科学、材料科学（纳米技术）四大学科及其综合点。通识性还要求教师有较高的自我文化修养。理科老师学点文科知识，文科老师学点科普知识，提高自身修养。教师要成为教育家，要有悟性。悟性来自提高自身修养。真正用自己的人格魅力来影响学生，才能成为教育家。

第六，教师要掌握具体的教育教学能力，包括教学设计能力、利用各种教育资源的能力、应用信息技术的能力、组织学生活动的能力、表述能力、自我控制能力和团队合作能力等。对小学教师还提出要具备写好黑板字、毛笔字、钢笔字的能力。

第七，教师要自我发展、终身学习，成为建设学习型社会的典范。教师要在工作中不断学习钻研，反思自己的教育教学行为，不断改进，不断提高，成为一名成熟的、优秀的教师。

教育是一门科学，虽然没有精细到自然科学那个程度，但它有自己的发展规律，这种规律我们要认识它，适应它。过去我经常讲教育有点像我们的中医，有很多道理说不出来，但它确确实实存在。科学是可以重复的，但我们的教学是不能重复的，因为教育不仅是科学，还是一门艺术，具有个性化。教师要不断创新，创建自己的教育风格，要把读书作为工作和生活的一部分，通过读书增进知识，提高自己的文化修养。

优秀教师无不把学生当作学习主体[*]

　　参加北京市西城区教委举办的"华应龙数学教学思想与实践研讨会"，听了华老师《融"错"课堂　求真做人》的教学思想汇报，也观摩了他的课，我很受启发。华老师是北京第二实验小学的一位特级教师，他身上有许多光环，代表着他在小学教育方面的成就。今天的研讨会，对华老师来说，具有教育家成长道路上的里程碑意义。

　　对于华老师的教学思想和教学经验，我也是刚刚接触，所以对其认识也只能是初步的。当我初次看到"融'错'教育"这种说法时，一下子还不能理解什么叫融"错"教育，看过他送给我的一些资料后，我逐渐理解了。其实，华老师的融"错"教育，与其他许多优秀教师的教学经验都有一个共同点，或者说一个共同思想要素，就是始终把学生当作学习的主体。早在20世纪80年代，我在主持编写中师《教育学》时，就提出"学生主体"的教育思想。学生既是教育的客体又是教育的主体，对于这样的提法，那时还是很有争议的，当然，现在大家已经接受了这个观点，并且已经写入国家的教育文件。《国家中长期教育改革和发展规划纲要（2010—2020年）》指出："要以学生为主体，以教师为主导，充分发挥学生的主动性，把促进学生健康成长作为学校一切工作的出发

---

*　原载《中国教育学刊》，2012年第8期。

点和落脚点。关心每个学生，促进每个学生主动地、生动活泼地发展，尊重教育规律和学生身心发展规律，为每个学生提供适合的教育。"

虽然在教育理论界对学生是学习的主体或者说是教育的主体这种思想，已经没有什么疑义，但是离将其落实在教育实践中，体现在教师、家长的教育行为中，仍然存在较大的距离。把学生当作学习的主体，核心是尊重学生，具体表现为爱学生、爱孩子。那么，怎样才算爱学生、爱孩子呢？像"虎妈""狼爸""鹰爹"那样"教育孩子"的行为，我认为就不是真正爱孩子。教师只是重视学生知识学习、眼睛盯着学生成绩的做法，也不能说是真正爱学生。父母也好，教师也好，都希望孩子将来有幸福的一生，而不是幸福一时。那么，什么是幸福的一生？关键是要让孩子拥有健全的人格。家长爱孩子也好，教师爱学生也罢，首先就要培养孩子健全的人格，理解孩子，相信孩子，尊重孩子，尊重孩子的意愿，尊重孩子的需要。我觉得华老师的融"错"教育充分反映了这一点。华老师把课堂教学中的差错融化为一种教学资源，并将其融入后续教学过程中，促进学生全身心地融入创造性学习活动中，感受到学习数学的乐趣。华老师认为，有差错，才有真正的学习，才有实质性的学习活动发生；有融"错"，才有我们期待已久的主动学习、独立思考、创新活动的发生；有融"错"课堂，才有学生快乐健康地成长。华老师这个"融"字用得好！融者，不是排斥错误，把错误和成功对立起来，而是把出错作为一种学习的资源、成功的资源，融入成功之中。这是一种理念境界，也是一种教育艺术。

进一步而言，融"错"，就是允许孩子犯错误。错误是成功之母，每个人都会有错误，所以我一再呼吁不要评"三好学生"，现在我听说北京第二实验小学不再评"三好学生"了，这个事情我是鼓掌的。为什么说不要评"三好学生"呢？因为孩子是会犯错误的，他的发展不是线性的，而是曲折的。现在要连续三年"三好学生"才能保送，这对于学生来说，不是加一个紧箍咒吗？我曾经跟一个"三好学生"交谈过，学生说评了"三好学生"以后，就能够约束自己的行为。我说不该做的事本来就不该做，而这种所谓行为约束，无非就是要学生听话，要学生表现出教师期待的好行为。要都是这样的约束，我们谈何培养学生的创新精神？

总之，华老师所践行的融"错"教育，以及他对孩子的理解、对数学的理解、对课堂的理解，都蕴含着深刻的哲理，我们学习华老师的教学经验，重要的是要深刻把握和理解他的经验中所蕴含的哲理。

新时期呼唤教师培训新变革[*]

当前，我国教育到了一个新的发展阶段，对教师提出了新的要求。首先，我国教育从精英教育进入大众教育的时代，已经解决了人人有学上的问题，现在的问题是要上好学。高质量的教育必然需要高素质的教师。其次，科技发展日新月异，传统人才培养模式已经不适应时代要求。教育不能局限于传授知识，更重要的是要培养学生的批判性、创造性思维。学生创新能力的培养，来源于教师的创新，因此，教师创新能力的培养必须更加强化。最后，教育信息化为学生自主学习、个性化学习提供了条件。教师不再是知识的权威，学生可以从多种渠道获得信息。教师的角色必须转变，转向为学生创造良好的学习环境，指导学生获取有用信息的策略和方法，帮助学生解决成长中的困难，成为学生学习的设计者、指导者、帮助者和学习伙伴。

教师的素质和水平至关重要。为此，近年来，国家和地方对教师培训加大了投入力度，"国培计划""省培计划""县培计划"和校本研修正在轰轰烈烈地开展。当前教师培训要注意以下几个问题。

第一，师德为先。必须重视教师职业理想和职业道德教育，增强教书育人的责任感和使命感；教师要热爱学生，尊重学生，理解学生，善

---

* 　原载《中国教育报》，2013年5月15日。

于和学生沟通；公平地对待每一个学生，坚决杜绝体罚学生、变相体罚学生的反教育行为；要建立民主、平等、和谐的师生关系，用教师的人格魅力影响学生。

第二，能力为重。教师培训要以提高教师教书育人的能力为重点，培训要结合教师提高的实际需要，联系教育教学实际。要改变培训模式，改变"培训教师滔滔不绝地讲，学员静静地听"的模式，增加案例教学，让培训教师和学员共同讨论；把集中脱产培训和校本培训结合起来，在实践中一边学习一边反思，学思结合，知行统一，改变培训和教育实践两张皮的现象。特别要警惕，不要像过去那样，把教师培训变成提高教师应试能力的训练场。

第三，要培养教师终身学习的意识和习惯。当今科学文化知识日新月异，教师只有不断学习、终身学习，才能提高自身的文化素养，满足学生渴望新知识的需求。

关于提升我国中小学教师质量的思考[*]
——基于世界各国的政策经验

百年大计，教育为本；教育大计，教师为本。综观世界各国教育发展的经验，教师是决定教育质量的关键因素，而基础教育又是整个国民教育的重中之重，我国有1 600万名教育工作者，其中有1 200万名是中小学教师，如何提升中小学教师质量已成为社会各界关注的一大问题。2012年2月，教育部颁布了《幼儿园教师专业标准（试行）》《小学教师专业标准（试行）》《中学教师专业标准（试行）》，分别对幼儿园教师、小学教师、中学教师的专业提出了要求。这是贯彻落实《国家中长期教育改革和发展规划纲要（2010—2020年）》的具体措施，是严格教师入职资格、规范教师行为、促进教师专业发展、实现教育现代化的必要的制度建设。除此之外，世界主要发达国家和地区还有哪些教师教育发展的经验值得我们吸收和借鉴？2013年9月，北京师范大学国际与比较教育研究院组织开展了世界主要国家教师队伍建设的政策研究，从各国教育政策的角度，总结了以下几点经验。

---

* 原载《比较教育研究》，2014年第1期。

一、立法明确中小学教师的公务员身份

教师的法律身份是定位教师的工作性质与教育内容、确定教师与教育环境各要素之间关系的核心依据。许多发达国家考虑到教育之于国家的重要性，都先后颁布法律确定了公立学校教师的国家公务员身份。如早在19世纪末，法国就颁布了"1889年法"，确定小学教师为国家公务员，工资由国家财政支付；1947年，日本也通过《国家公务员法》明确了国立学校教师的国家公务员身份；1981年，韩国颁布《教育公务员法》，在第一条就明确指出："考虑到教育公务员服务全体国民的职务特点和责任的特殊性，本法作为国家公务员法和地方公务员法的特例法，以特别规定适用于教育公务员的资格、聘用、报酬、培训及身份保障相关内容为其目的。"此外，还有部分国家和地区采用了地方公务员制度，如原西德地区公立学校的教师通常都是各州的公务员。因此，要吸引优秀人才从教，保持在职教师的工作热情，需尽快立法，明确中小学教师的公务员身份，以保障广大中小学教师稳定、优越的身份地位及其各项权益。我国教师目前还没有实行公务员制度。虽然许多学者曾提议建立中小学公务员制度，但还有种种制度性障碍。是否可以实行准公务员制或特殊公务员制，把教师纳入公职人员，这样有利于保证教师的资格认定、配置调动及待遇保障，吸引优秀青年从事教育工作。

二、提升中小学教师的学历标准

教师质量直接关系教育质量。近年来，世界各国先后出现了中小学教师"硕士化"的趋势。如2008年7月2日，法国部长联席会议决定于2010年9月1日开始实施中小学教师培训与录用硕士化标准。按照新的规定，在师范生录取考试成绩公布之时，候选人应具备硕士学历。硕士学

习可以在综合性大学的各个院系完成，也可以在已经被纳入大学教育体系的教师培训学院完成，学习的内容既有学科知识，又有教育理论和教学实习环节。芬兰教师通常也需要拥有硕士以上的学位，他们不仅要掌握教育科学知识和教育研究的技能，而且要在日常工作中熟练地运用这些知识和技能，使之与他们自身的专业发展融为一体。与此同时，日本也把职前培养逐步提高到研究生教育的水平。2013年8月，我国教育部印发的《中小学教师资格考试暂行办法》依然遵循的是1993年通过的《教师法》的学历要求，即申请小学教师资格，需中等师范学校毕业及其以上学历；申请初级中学教师资格，需高等师范专科学校或者其他专科毕业及其以上学历；申请高级中学教师资格，需大学本科或以上学历。这明显落后于世界其他国家，因此，有必要尽快提升我国中小学教师的学历标准。

三、完善国家教师资格考试和注册制度

第一，要提高教师质量，教师资格的设置必须专业化，不仅要设置不同学段的教师资格，而且要设置不同等级、不同类型的教师资格。如韩国1978年颁布的《教师资格审定法》就规定，中小学教师资格种类从资格等级上分为预备教师（准教师）、二级正教师、一级正教师；从资格内容上可分为中小学各科目教师、图书管理员、技术教师、保健教师、营养教师。日本的教师资格也分一级教谕、二级教谕等。如此更为细致的专业等级划分，一方面有利于保证教师的专业质量；另一方面也为教师的专业发展提供了阶梯。而我国现有的教师资格制度虽然设计了从小学到大学、从普通教育到职业技术教育的各级各类教师资格，但在各级各类教师内部缺乏更为细致的划分。当然，这涉及中小学教师岗位设置的问题。我国的中小学教师岗位设置应更多元、专业，分别设置从

学科教学到图书管理、心理咨询、营养保健等多方面的岗位，以确保获得以上教师资格证的优质教师有岗可聘，有志可为。

第二，我国的教师资格考试是"一次性"考试，虽然分为笔试和面试两部分，但笔试通过后即可参加面试，中间无相关实践经历的要求。而世界上许多发达国家将教师资格证的考试设为多个环节。如德国分为两次，学生学习结束时（相当于硕士毕业）参加第一次国家考试，只有通过第一次国家考试才有资格进入第二阶段的见习期。见习阶段结束时，师范生参加第二次国家考试，通过第二次国家考试方可获得教师资格证书。澳大利亚的师范生也必须经过教师准备、临时注册和完全注册（通常为两年的专业能力评价）三个阶段的考核，才能获得正式教师资格。建议建立严格的教师国家考试制度和资格证书制度，考试合格者取得教师准入资格，再经过两年的教育教学实践，经过第二次考试合格者，方能取得教师资格证书，聘任为正式教师。这有利于提升教师行业的门槛及专业性，保障教师队伍的整体质量和标准。

第三，世界各发达国家的教师资格证都有定期更新的制度。例如，2009年日本开始实施教师资格证书更新制，教师首先必须参加资格更新讲座的学习（课时要在30小时以上），方有资格更新证书。2011年1月1日，俄罗斯也开始实施新《国立和市立教育机构的教育工作者考核条例》。根据新的考核条例，俄罗斯将对中小学教师进行每五年一次的素质考核，在此之前所获得的教师资质证明一律失效。澳大利亚的中小学教师在获得正式教师资格后，也需要参加教师注册局每五年一次的考核，完成教师资格的重新注册。我国于2013年9月也出台了《中小学教师资格定期注册暂行办法》，规定中小学教师资格实行五年一周期的定期注册制度，但仍有必要建立教师资格的退出机制。例如，取得教师资格在两年教育实践后，第二次考试不合格的取消教师资格；已经获得教师资格证书的教师，每五年考核一次，考核不合格的，取消教师资格。

二次考核合格者可有终身教师资格，以后不再考核。教师如有触犯刑法或有伤害学生行为者，应取消教师资格。

四、改进职前教师的选拔和培养方案

第一，选拔适合从事教育事业的优秀人才。教师职业有其特殊的职业性质和要求，凡是从事教育工作的人必须对教师职业有清晰的认识，并具备良好的文化素养和实践能力。近年来，世界许多发达国家纷纷提升师范专业的入学标准，同时加强对候选人职业认识的考察，旨在选拔优秀的、适合从教的人员进入未来的教师队伍。例如，教师在芬兰就是一个要求很高，而且有高度竞争力的行业。2011年，赫尔辛基大学小学教育专业共有2 400人申请入学，但录取名额仅有120人。他们首先必须在大学入学考试、高中平时表现、校外表现，以及一项专门针对教育问题的全国性考试中表现优异；通过这一关后，还需接受大学的面试，重点考察选择教育专业的动机。可以说，入选小学教育专业的学生几乎都是最优秀的高中毕业生。从2012年9月起，英国也规定只有取得二等及以上学位证书的学习者，才能进入教师教育学院学习并得到政府提供的助学金，且不接受学位水平为三级及以下的学生进入教师教育学院。此外，从2013年9月开始，英国还将对考生进行语文和数学能力测试，只有在测试中达到较高标准的人才能进入教师教育领域进行职前学习。美国ETS（教育考试服务中心）近年来开发的"教师实践考试系列"就是针对教育学院大学二年级学生进行的职前学术能力测试，主要测试学生阅读、数学和写作方面的基本技能，以判断学生是否有资格接受师范教育。德国学生也可以经过相关的专业测试，考察自己是否适合师范类专业的学习。我国亟须建立一套师范教育人才选拔的标准，以确保能够选拔出适合从事教育工作的优秀人才作为未来教师队伍的后备军。

第二，增强教师教育管理和教学研究技能的培养。目前，我国教师教育的职前培养重点强调基础学科知识，对学生认知方式、管理能力、教学技能、研究方法、评价手段等方面的培养较为薄弱。而综观世界各国的教师标准，这些都是极为重要的教师素养。例如，法国2010年修订的《教师培训大学学院培训手册》明确规定了教师十大职业能力，其中就明确列入了"能够设计并实施教学，组织班级教学，评估学生，掌握信息与通信技术"等能力。德国的师范生不仅要掌握本学科的专业知识，而且要学习认知手段、工作方法及学科教学法等方面的知识。芬兰也强调让每一个教师都成为研究型教师，几乎所有的师范课程都会培养合作性学习、基于问题的学习、批判性反思和信息技术运用的能力，同时要求学生开展研究性项目，以了解研究在教育实践指导中的重要作用。芬兰教师教育强烈的研究型色彩不仅使得芬兰教师在知识经济的今天能自如、科学、有效地解决日常工作中所带来的问题，而且进一步提升了芬兰教师的专业地位，进而吸引更多更优秀的年轻人从事教育行业。我国亟须加强师范生认知方式、管理能力、教学技能、研究方法和评价手段等方面的培养。

第三，延长教学实习周期，培养解决实践问题的能力。教学实习是学生在实践过程中吸收、消化并创造性地运用其所学知识的重要环节。教学实习之于教师的意义，等同于临床实习之于医生的意义。目前我国的教学实习一方面时间太短，通常为6～10周；另一方面流于形式。世界各发达国家对于教学实习环节均非常重视，不仅周期较长，而且类型丰富。例如，德国教师的见习期从18个月到24个月不等，学生一方面在学校接受实践锻炼，另一方面在师范学院就实践中的问题进行理论方面的分析和反思。俄罗斯的教学实践共计20周，从学生入学到毕业，安排连贯的教育见习和实习计划。英国的职前教育培养模式有两种：一种是以大学为主导的培养计划；另一种是以学校为主导的培养计划。前者要保证学习者在大学学习相关理论课程的同时，投入相当多的时间在中小学进行实践；而后者要保证学员在学校教学的同时，到大学学习相应的课程，使他们在课堂和行为管理中有更好的准备。法国的实习分为三类：第一类是观察实习，帮助新教师对职业进行初步接触和全面观察了解，观察的内容包括学校运转、课堂教学、家长访谈等；第二类是资深教师陪同实习，也就是在指导教师、培训教师或班级督导委员的帮助下，对教学实践进行观察和分析，指导教师也可以安排少量的教学活动，旨在让新教师进一步认识教育系统内容的连续性和补充性；第三类为责任实习，新教师在培训教师和教学主任的帮助下，尝试独立开展教学活动和班级管理。2005年，法国的《面向学校未来方向和计划》针对职业高中教师和准外语教师设立了企业实习和海外实习。建议我国实行师范毕业生1年实习预备期制度，考核合格者方可获得教师资格证书。

应重视和加强教研队伍建设[*]

上海中学生于2009年、2012年连续两次参加经济合作与发展组织
（OECD）实施的"国际学生评估项目"（PISA）测试，以明显优势位居
榜首，世界为之震惊。总结经验，可以说，这绝不是一个偶然的现象。
我认为，这是多年来上海市高度重视基础教育均衡发展、着力提高教育
教学质量的必然结果，也是十多年来上海市深入推进基础教育课程改革
的必然结果。在深入推进基础教育课程改革中，有一支教育观念先进、
理论基础扎实、实践经验丰富、研究能力突出的专业保障队伍不能忽
视，这就是教研员队伍。他们本着对教育工作的高度责任感和使命感，
充分发挥研究、指导、服务的职能，带领上海市中小学教师深入研究课
程标准的核心思想，指导上海市中小学校扎实推进基础教育课程教学改
革，提升了上海市中小学教师的专业素养和实践能力，从而为上海市基
础教育教学质量的显著提升做出了重要贡献。

我国教研员队伍的建立可以追溯到20世纪50年代。当时的中小学校实
施的是统一的教学计划、教学大纲及统编教材。为保证教育质量，各地
方教育局设立了教学研究室（简称"教研室"），从学校抽调一批优秀教
师充当教研员，帮助学校教师研究教学大纲、统编教材、集体备课，在

---

* 原载《中国教育报》，2014年3月5日。

当时师资条件比较差的情况下，为保障课堂教学质量发挥了重大作用。

20世纪末，我国开展了新一轮的基础教育课程改革，提出了以学生发展为本的教育理念，强调根据时代要求，培养学生的创新精神、实践能力和社会责任感。这就要求中小学教师注重培养学生的独立性和自主性，引导学生质疑、调查、探究，促进学生富有个性地学习，使每个学生都能得到充分发展。在课程改革起步阶段，广大中小学教师和教研员都不适应，使得课程改革初期步履维艰。但是，在广大教研员队伍的深入研究、积极指导、全力服务下，中小学教师在课程改革中获得了更多的专业支持和工作自信，有力地促进了课程改革的稳步推进。上海市徐汇区教师进修学院的发展之路就能说明这一点。

上海市徐汇区于21世纪之初成为中国教育学会第一批教改实验区，我曾经去过三四次，亲眼看到徐汇区教师进修学院在引领、指导全区中小学校一步一步地推进教育教学改革方面取得了良好的效果。他们在总结经验时讲到，转变观念是第一位的。他们认为，过去那种忠实执行"统编教材"的运行机制已经成为深入推进基础教育课程改革的障碍，于是在第二期、第三期的课改实验中提出了"忠于课标、调适教材、创生方法"的实施指导思想，采取"学期课程统整"的运行机制，效果显著。我认为，在这个过程中，徐汇区教师进修学院的教研员们发挥了很大的研究、指导、服务的专业支持作用。他们根据新时期的教育形势和目标任务，与时俱进，及时调整了过去教研员的角色定位，积极探索、勇于创新，从而成为新课改实施的专业研究者、引领者、指导者，不再是教育行政计划的命令者。他们与一线中小学教师共同研究新课改的精神和要求，积极推进课程教学改革，将基础教育的内涵发展和质量提升作为教研工作的重心。

据不完全统计，我国教研员队伍约有10万人，可以说，这是一支很有战斗力的队伍。一是各地教研员都是从学校选拔出来的优秀教师，其中有不少特级教师，他们有较强的专业理论和丰富的实践经验，在研究、指导、服务方面具有一定的专业权威性；二是各级教研部门多是服务教育行政部门决策的研究单位，在工作中往往受教育行政部门委托，行使一定的专业权力，例如，评价教师教学业绩、评审教师职称等，因此，在学校教育教学工作中，教研员具有"发号施令"的指挥权。如果教研员的教育观念正确，能够领悟新课改的精神和要求，就能够指导和帮助一线教师实施新课改，我国基础教育的质量就有了根本保证。

当前，一个紧迫问题是，全国教学研究工作缺乏顶层设计、宏观研究、整体协调和工作评估，各省级教学研究工作缺乏业务指导单位，工作开展呈现出各自为政的现象，缺乏主流声音，难以形成共同深化基础教育课程改革、落实立德树人根本任务的强大合力。部分地区教育行政部门对教研工作不重视、不了解、不检查，缺乏总体规划，教学研究工作相关制度建设与政策制定比较滞后；部分地区教研工作基本工作经费和专项工作经费严重不足；部分地区教研人员的专业发展、职称待遇等问题迟迟得不到有效解决。

因此，就进一步重视和加强教研工作，我提以下三点建议。

第一，教育部对教研部门的建立、教研员队伍的建设应有明确规定，确立编制，制定章程，明确各级教育行政部门在教研工作中的职责，使各地教研工作高效开展有章可循。

第二，应把教研员的职后进修培训纳入各级骨干教师进修培训计划之中，不断提高教研员队伍的研究水平、指导水平和服务能力。要从促进教育公平、整体提高教育质量的目标出发，更加重视、支持、加强农村地区的教研工作。

第三，成立全国性的教研员研究组织。任何一个专业都有自己的行业组织，使他们有组织地进行学术研究与交流活动。教研员队伍也应建立行业的自律机制，指导、规范各级教研工作的开展。

既做经师，更做人师[*]

今年（2014年）第30个教师节前夕，习近平总书记到北京师范大学视察，与师生代表座谈，发表了重要讲话。习近平总书记在详细阐明了当今世界教育在国际竞争、增强国力中的重要地位以后，号召广大教师要做一名好老师，并详细阐述了好老师应该具有四方面品质，即需要有理想信念、道德情操、扎实学识、仁爱之心。这四方面品质中，教师的思想品德是核心，师德是教师的灵魂。

习近平总书记在引用唐代韩愈的话"师者，所以传道授业解惑也"后说："'传道'是第一位的，一个老师，如果只知道'授业''解惑'而不'传道'，不能说这个老师是完全称职的，充其量只能是'经师''句读之师'，而非'人师'了。古人云：'经师易求，人师难得。'一个优秀的老师，应该是'经师'和'人师'的统一，既要精于'授业''解惑'，更要以'传道'为责任和使命。"也就是说，一名好老师，既要是经师，更要是人师。

人师首先要有理想信念。教师的理想信念应该有两个方面：一是坚持中国特色社会主义道路，担负中华民族伟大复兴的历史使命；二是热爱教育事业、热爱学生，把学生培养成国家的栋梁。正如习近平总书记

---

* 原载《中国教育报》，2014年9月27日。

所说的，教师不是一般的谋生的职业，它关系到年青一代的成长、千家万户的幸福，关系到民族的未来、国家的盛衰。实现"两个一百年"的奋斗目标，实现中华民族伟大复兴的中国梦，要靠几代人的努力，要靠教育培养人才。教师要帮助学生"筑梦、追梦、圆梦"，教师首先要有理想信念。

教师要传道，自己就应该有高尚的道德情操，做道德的楷模。教师要践行社会主义核心价值观，以身作则，做学生的榜样，才能引领帮助学生把握好人生方向，"扣好人生的第一粒扣子"。

习近平总书记讲到好老师要有仁爱之心。他说："教育是一门'仁而爱人'的事业。"这一点讲得特别好，我深有体会。我经常讲"没有爱就没有教育，没有兴趣就没有学习"，这种爱就是仁爱。孔子曾说："仁者爱人。"人要有爱人之心，老师对学生更应有仁爱之心。老师要用爱心激发学生学习进步的火花，开启通向知识的智慧之门。爱学生就要尊重学生、理解学生、宽容学生。老师要相信每一个学生，相信每个学生都能成才。这也是老师的职业信念。老师要尊重每一个学生，只有尊重学生，学生才能尊重老师。老师要理解学生，理解学生的各种需要，理解学生平时的学习和生活，才能有的放矢，因材施教。习近平总书记还专门提到老师要对学生有宽容之心。他说："不能因为有的学生不讨自己喜欢、不对自己胃口就冷淡、排斥，更不能把学生分为三六九等。"这一点非常重要。好老师总是用放大镜去发现学生的亮点，而不是用显微镜去寻找学生的缺点。学生是有差异的，发展也是不平衡的，有时是会犯错误的。老师不能歧视学生，要公平、公正地对待每个学生，培养学生自尊、自信、自强的精神。

做好人师，也需要做经师。好老师要有扎实的学识。所谓学识，就是学问和见识。教师的责任是传授知识，培养能力。教师本人就要有扎实的知识，而且有开阔的视野、深邃的智慧。好老师不仅要有扎实的学科专业知识，要给学生一杯水，自己应有一潭水；而且要懂得教育规律，懂得青少年发展的规律，遵循教育规律，用最有效的方法把知识传授给学生。当今信息化时代，教师已经不是知识的唯一载体，但教师闻道在先，有丰富的知识和教学经验，可以为学生设计良好的环境，指导学生高效学习，帮助学生排难解困。好老师要成为学生学习的设计者、指导者、帮助者，做学生学习的伙伴。

怎样才能做一名好老师？就是要学习，把学习作为进步的动力。习近平总书记提出的对好老师的四点要求，就是每个老师学习努力的方向。习近平总书记的讲话，娓娓道来、循循善诱，非常平实，很有人情味。老师们要认真学习、细细体会。首先要提高对教育事业的认识，提高对教育事业的热情。有了高度的认识和热情，就会不断去钻研、反思自己的教育教学行为，不断改进，不断提高。著名教育家吕型伟说过："教育是事业，其意义在于奉献；教育是科学，其价值在于求真；教育是艺术，其生命在于创新。"要成为一名好老师，就要有奉献精神、求真精神、创新精神。要求真、要创新，就要学习。教育的发展在于改革，教育的改革在于创新，教育的创新在于学习。老师要终身学习，成为建设学习型社会的典范，不仅要学习教育专业知识，而且要学习相关专业的知识，甚至与教师职业无关的知识。教理科的老师不妨学点文学艺术；教文科的老师不妨读点科普作品，以便提高自己的文化修养。文化修养提高了，不仅自己的生活品位提高了，而且能高屋建瓴地理解教育的真谛，从而构建自己的教育思想、形成自己的教育风格，成为习近平总书记要求的好老师。

教育装备要始终坚持为育人服务*

编者按：在《教育与装备研究》创刊之际，为探寻教育与装备的关系，本刊采访了国家教育咨询委员、北京师范大学资深教授顾明远先生，倾听教育大师的声音。顾先生是当今中国教育理论研究领域的大家，他从教育发展历程视角，分析教育要素和教育装备的特点，并结合自身求学成长的切身感受，谈及装备在教育中的地位与作用、现代化教育装备对教育改革的支撑与促进，提出教育装备发展要始终符合教育目标、要坚持为育人服务的方向。现将谈话整理如下，以飨读者。

一、教育装备是教育的重要因素，教育现代化不可缺少现代化教育装备

教育过程一般有教师、学生和教育环境几个要素，其中，教育环境包括教育内容和教育手段。教育装备是教育手段的重要内容，所以，在教育要素中离不开装备。

从教育的发展历程看，随着科学技术进步，教育手段越来越先进，教育内容随着社会发展和教育手段进步而不断拓展丰富。原始教育方式

---

* 原载《教育与装备研究》，2016年第3期。

是一对一的口耳相传，教育要素主要是教师和学生。孔老夫子施教的时代，只能老师讲，学生听，用心记，连课本都没有。随着造纸、印刷、手工业制造等技术的发明与运用，教育教学活动运用了课本、粉笔、黑板等工具手段。工业革命之后，形成了班级授课、分学科课程，其中很重要的因素就是教育技术和教育装备的出现与运用。以我自己的学习经历为例，就能说明教学设备对教育教学效果和质量的影响。我上中学的时候，正逢抗日战争，我就读的学校被炸，所有教学仪器设备都被损坏，无法开设任何教学实验内容，都是黑板上画实验，教师讲实验。我生长在农村，汽车没见过，连自行车也很少见，对物理课讲到汽车拐弯产生离心力、向心力没有直观认识，难以理解。现在一下子就懂了，因为自己骑自行车拐弯时有感受。化学就更不用说了，这个物质加那个物质发生反应，会有颜色变化，会产生新的物质。因为没有实验设备，看不见实际现象，无法理解。我中学物理、化学等学科学得特别不好，充分说明实验设备、教育装备对教育教学的重要作用。

现代科学技术的发展，特别是计算机、互联网等技术在教育中的应用，极大地促进了教育发展，教育装备的作用更加凸显。信息技术和互联网，彻底改变了整个教育环境。学生获取知识的方式多样了，教学活动不再拘泥于传统的课堂教学，学生可以通过互联网从各种媒体获得知识。教育内容的空间扩大了，教师讲课资料、学生学习内容，不再受课本、教参、复习资料等纸质资源的限制，可以按照学生兴趣、特定背景等因素广泛选择。师生关系也变了，教师已经不是唯一的知识载体，也不再是知识的权威，教师是学生学习的设计者、指导者、帮助者，是与学生共同学习的伙伴。

以信息技术为特征的信息化装备的应用会引起一场教育的革命。信息化装备在满足个性化学习要求方面有很大优势。教育教学从古代到现代经历了几个发展阶段，原始状态的教育和早期的学校教育还属于个别教育，由于没有教学手段，只能采取个别口授方式。到了文艺复兴以后，进入了工业化时代，学校有了黑板等常规设备，具备了实施集体教学的基本条件，出现了课堂教学，从个别教学发展到集体教学。古代的教育不分学科，主要讲经典。工业革命以后，特别是进入知识经济时代，仪器、设备、工具、材料设计的研究和生产能力迅速发展，成为物理、化学、生物、艺术、体育等学科教育深化发展的支撑和推手。进入信息化社会后，教育装备越来越先进，信息化教育装备的优势就是可以为每一个人提供适合的教育，可以为每一个人设计个人学习所需要的环境，能够满足个性化教育的需要。从教育教学发展历程来看，这期间已经有不少次变革，从个别教学变到集体教学，再变到课堂教学，现在又要返回到个性化的教学。

我认为，普通常规教育装备也好，现代信息化教育装备也好，都是现代教育教学所不可缺少的重要元素。

二、教育装备发展改变了教育，应进一步认识信息化教育装备的优势和特点

现在很多老师对教育信息化的认识是，会用电脑了，会做课件了，会上网了，但我认为，教师对信息化所带来的教育变革的认识仍然不清楚。做课件、使用电子白板，可以代替黑板，使教学内容更形象、更生动、更丰富一点，这仅仅是信息化装备的浅层次应用，是对教育信息化的浅层次认识。对信息化装备优势和特点的认识与应用，特别是互联网的认识与应用，要注意以下三个方面。

第一是个性化。信息化装备提供了大量丰富的学习资源，每个学生通过互联网找到自己感兴趣的学习内容，选择适合自己的学习热度，按照自己的意愿安排学习时间和学习地点。信息化装备可以为每个学生提

供个性化的学习环境，为每个学生设计个性化的学习方案。

第二是互动性。"互联网＋教育"不是简单地做一个课件，让学生看一看。现在有的教师使用课件只是黑板搬家，没有真正发挥信息化装备的作用。信息化装备的重要作用在于互联互通互动，通过信息技术达到师生之间、学生之间的互动，可以在互联网上讨论问题，扩大学习的空间，丰富学习的方式。现在信息化装备的互动性在各级各类教育中应用得还不够，包括远程教育，应用得也不理想，也是课堂搬家，将课件放到网上，将优质课放在网上，让学生学习。学生听懂了没有，也没有反馈，这样就失去了互联网的优势。对教师培训也是网上看课件，但是教师听课的时候有什么反应、听懂了没有，没有互动。互联网很大的优势就是互动性，要充分利用"校校通""班班通""人人通"等网络平台，互通互联，实现互动，教师将课件放网上，让学生不断地学习，有问题可以互相讨论。这一点，目前很多教师没有做到，还用得不够。

第三是开放性。资源开放是互联网的特点和优势。过去课堂教学资源是封闭的，封闭在教材里，封闭在教师的授课里，教师讲什么，学生听什么。现在教师的授课内容资源可以开放，在开放的空间选择和设计教学活动；教师的教学案例可以开放的，与其他教师共享。目前教师普遍还未认识到这一点，没有认识到开放对于教学的意义与作用。同样，学生的学习资源也是开放的，可以鼓励和引导学生通过互联网找到很多授课教师不一定会讲到的资料，丰富学生的认知。当然，开放还包括国际性，是我国教育与其他国家教育的互联互通，借鉴和使用国际上先进的课程。开放也具有探索性，引导学生从实际问题出发，运用信息化装备，在开放的环境下探寻解决问题的方法。切实、有效地应用信息化装备，能够使整个人才培养模式发生很大的变化。我们现在还没有完全做到，中小学人才的培养模式还没有转变。包括大学，也是教师讲得多，学生自己探索得少。

三、教育最根本的任务是培养人，教育装备的发展应该始终坚持为育人服务

探究教育与装备的关系，还应落实在教育的本质这个问题上。教育最根本的任务是培养人，所以教育装备应该以培养人为目的，而不能为了装备而装备，教育装备要为育人服务。党的十八大提出育人目标是立德树人，教育装备要按照实现教育目标的要求而发展。

过去，长期以来我国基础教育的核心是"双基"教育，即基础知识和基本技能。那时候对教育装备的要求比较简单，主要是说明现象、解释原理、训练技能，常规装备就可以满足。进入21世纪，基础教育课程改革提出"知识与技能""过程与方法""情感、态度与价值观"三维教育目标，对教育装备提出了新的要求，学校的教育装备要跟随实现这样的目标来设置。现在党和国家强调核心素养的培养，要立德树人，要树立社会主义核心价值观，要弘扬、继承中华民族优秀传统文化，培养学生服务国家、服务人民的社会责任感和健康、高尚的社会情操。装备也要随着人才培养目标的变化而不断发展，要注重教育装备的人性化，要更好地加以利用。

对教育信息化，我提出"器、技、气"三个字的关系。一是"器"，即器具，就是信息化装备具有工具属性。在教学过程中，过去使用台式电脑，现在课堂上出现了平板电脑，将来可能发展到使用手机或其他设备，器具在不断发展变化，这是教育装备研发、配备等部门应该跟进研究的。二是"技"，即技术，就是教师要掌握运用装备的技术。要对先进的信息化装备有深刻、全面的认识，会熟练地使用信息化装备。要加强对教师的培训，使信息化装备发挥应有的作用。三是"气"，即神气，就是信息化装备的配备与使用要有人文精神。我们不能绝对地依靠信息化装备，它毕竟是教学的一个辅助手段。有人讲，互联网的出现，在网

上就能学习，学校将消失，教师职业也将消失。我认为这种观点不正确。一个人走向社会就需要学会与别人沟通，学会与别人共同生活。幼儿园和中小学校是一个孩子、一个学生走向社会的第一步，他们在那里学习如何走向社会，在那里逐步适应社会，所以学校不可能消失。如果学校消失，孩子就只是家庭里的个人，缺失了社会化的机会。教师职业也不可能消失，教师不仅教书，还要育人。在教育过程中，教师的人格魅力是不可缺少的。所以，使用信息化装备不能缺少人的因素，学习过程不能变成只是学生与机器的对话，要重视人与人的对话，重视人与人的交流，机器永远不能代替教师。

信息化装备也会带来一些负面作用，需要客观面对。有人利用互联网传播一些不良信息、从事一些违法活动等，这需要教师指导学生收集、处理、应用有益的信息，防范不良信息。有人提出，上课用课件，不再需要黑板了。我不赞成教师45分钟都用课件讲课，我认为黑板应该保留，教师在黑板上写一写、画一画，比课件里做的更能吸引学生。教学活动是发展变化的过程，其中会出现许多不同于教学预设的现象和问题，这时，特别需要教师在黑板上写一写、画一画，这样对学生会有更好的启发性，要避免对信息化装备的误用，我们应强调正确应用信息化装备。

随着科学技术的发展，教育装备也会不断变化，并且教育装备的创新发展会影响到教育的改变。前面说过，以前基础教育的核心是"双基教育"，21世纪基础教育课程改革提出"三维目标"，现在提出了个性化、创新人才培养目标，这些都是具体培养目标的改变。将新技术应用于教育装备产品，出现了数字化数据采集系统、3D打印机等仪器设备，实现了传统教育装备无法实现的功能。现在这样的仪器设备在学校很普遍，很多小学都配有。3D打印机等新教育装备的功能特点，有利于启发学生的创造性思维，支持学生自己设计和完成探究活动，实现了个性化学习，使得教师在培养学生的创新意识、创新能力等方面的目标更加具体，不断深入。这是教育装备技术发展所引起的变化。教育的总目标是立德树人，具体目标会随着技术发展、装备发展、社会对人才培养的新要求而有所变化。万变不离其宗，教育装备一定要为育人服务，要按照教育目标的方向发展，为培养人才服务。

教育装备发展不能只关注教学领域，还应拓展到整个校园，关注全面育人所需的环境条件。装备还可以做很多事，要关注学生成长过程中的生理发展和心理健康，为其配备适切的设备；现在国家提倡校园足球，但许多学校没有足够大的场地，如何利用小场地，培养学生对足球的兴趣，等等，这都是装备需要研究的。

教育装备不能只重视发展现代信息化仪器设备，常规设备不能少，试管、烧杯这些仪器设备有其不可替代的作用，还要使用。有人讲，化学、物理实验可以虚拟化，可以在网上做。这是不行的，这样怎么能培养动手能力和实践能力？任何创造发明都要落实到基本的劳动技能上。如果连烧杯都不会用，钳子都不会用，怎么能培养创新人才？所以，教育装备研究应该让信息技术与常规技术同时发展，互相补充，取长补短，充分发挥各种教育装备的作用。

为"在线教师"说几句公道话[*]

最近，一名在线授课教师上传一节课到互联网，共获得1.8万元报酬。一时间，媒体议论纷纷，谴责者有之，赞成者亦有之。我认为，在评论这件事之前，我们首先要搞清楚三个问题。

第一，在线课程的内容是不是符合课程标准的要求。如果说这节课是为应试准备的，没有多少知识含量，不能启发学生的思维，即使受到家长和学生的欢迎，我们也不能提倡。如果的确是一节好课，不仅能传递给学生知识，而且可以激发学生的学习兴趣，我觉得无可非议，这样的优质课在网上多多益善。

第二，教师1小时获得1.8万元报酬合不合理。请问，为什么教师1小时就不能获得1.8万元报酬？教师1小时的课难道不用准备就能讲好吗？教师1小时的课并非1小时之功，可能是1 000小时之功，一辈子之功。我听过几位名师的课，真切地感觉到他们是经过长期磨炼才具备了过硬的能力，才能上出那样精彩的课。要知道，一位画家、书法家的一幅字画可以拍卖到几十万元、几百万元，难道他们的字画是一日之功吗？正是因为他们有千日、万日之功，才有了这样有价值的作品。网购巨头马云的企业仅"双十一"（11月11日）一天，网上交易额就有500多

---

* 原载《中国教师报》，2016年4月13日。

亿元，他一天收入有多少？为什么媒体不议论此事是否合理，而讨论教师获得1.8万元报酬是否合理？难道教师就不可以创造那么大的价值吗？为什么我们的社会把艺术家、企业家捧上天，而把教师压在地，这样做公平吗？教师是传承文化、传播知识、培育民族下一代的人，本应受到社会的尊敬，如果教师的劳动不能得到社会的认可，我想，这个社会将很难发展。

第三，"在线教师"是不是有偿家教。有偿家教指的是教师在校外另辟课堂，收生授课，获取报酬。有偿家教往往是有些教师不认真教课，在学校的课堂上留一手，让学生到教师家中补课。这种有偿家教，我们要坚决反对和取缔，但"在线教师"在网上的课是公开的、开放的，是人人可以共享的。如果这位教师能把优质课程放到互联网上，我想，他在学校的课堂教学也应该是优质的。

在当今"互联网+"教育时代，常常讲要用信息化促进教育现代化，那么，我们就应该鼓励教师把优质课上传到互联网，让更多的学生共享。优质课在网上的传播，是教育现代化的具体体现，也是促进教育公平的一条有效途径，至于收费多少为宜，可以另当别论，但也需要遵循互联网市场规律。

把精力放在上好每一节课上[*]

一年一度的教师节又到了。首先祝辛勤劳动的教师们节日快乐，祝大家工作有成、生活幸福。

《国家中长期教育改革和发展规划纲要（2010—2020年）》（简称《教育规划纲要》）提出，2020年我国要基本实现教育现代化。《教育规划纲要》发布以来，我国教育改革和发展上了一个新台阶，教育均衡发展得到进一步推进，学校办学条件有了很大的改善，当前的问题是要努力提高教育教学质量。到2020年还有不到5年时间，要基本实现教育现代化，时间非常紧迫。

在我看来，要实现教育现代化，教师的教育观念首先要现代化。教育要以学生为本，一切为了学生的发展。当前，我认为教师要把主要精力放在课程和教学上。上好每一节课，教好每一个学生，才能真正办好每一所学校，实现教育现代化。

实现教育现代化的核心是要培养具有现代意识和能力的现代国民。《教育规划纲要》提出，培养具有为社会、为人民服务的责任感，有创新精神和实践能力的德、智、体、美全面发展的人才。党的十八大提出，立德树人是教育的根本任务。所以，现代国民应有理想信念、道德

---

* 原载《中国教师报》，2016年9月7日。

情操，还要有扎实的知识和能力。

随着信息技术和互联网的快速发展，当今世界已成为一个全球创新的世界。几年前，谁能想到今天携带一部手机就能走遍天下。教育是未来的事业，只有不断创新，培养学生的创新能力和实践能力，才能适应未来社会的发展。所以，我们常常讲要培养创新人才。当然，创新人才的培养是一项系统工程，不是基础教育阶段就能完成的，但基础教育要为创新人才培养打好基础。

当前各地基础教育改革轰轰烈烈、方兴未艾，这是十分可喜的现象。但培养人是一项十分精细、有深度的工程，需要在教育内容（课程）、培养方式（方法）上下功夫，不能追求表面的热闹。科学技术的发展、互联网的普及，使得课程内容庞杂，学习渠道多样，教育环境发生了很大变化。学校需要扎扎实实的工作，要遵循教育规律，根据学生的发展整合各种教育资源，改进教学方法，充分激发学生的潜在能力，促进学生的发展。

在庆祝教师节的时候，我希望每个教师牢记使命，不忘初心，坚持学习，坚持创新，在课程改革和课堂教学中创造新的经验，为实现教育现代化贡献力量。

从裁撤教育学院看师范教育转型[*]

最近，由于高等学校停止"985工程"和"211工程"，改为一流学科、一流大学的建设，许多综合性大学纷纷调整专业和学科。中山大学、山东大学、兰州大学等综合性大学裁撤了教育学院，引起了社会的关注。我认为这是一件好事。长期以来，我国高等学校存在着同质化的倾向，不顾本校发展的历史、专业的优势、社会的需求，盲目地扩充专业和学科，都向"985工程"研究型综合性大学看齐，结果浪费了资源，降低了优势学科的水平，学校没有特色。今天，国家决定停止"985工程"和"211工程"是明智的，用建设一流学科、一流大学来调动所有学校的积极性，没有条件建成一流大学的学校可以建设一流学科。为此，就要调整专业和学科，集中优势办好某些学科，使之成为一流。这种调整，我把它比喻为果树的剪枝、庄稼的筛苗。把不太健康或者多余的果苗筛掉，有利于果子和庄稼的苗壮成长。现在正是高等学校剪枝筛苗的时候，就看哪个学校勇于剪枝筛苗，将来能有一流学科出现。

几所综合性大学裁撤教育学院使我想到另一个问题，即师范教育办学体系问题。20世纪末21世纪初，我国掀起了师范教育改革的热潮。改革的内容之一是力图用开放式师资培养体系代替封闭式培养体系，即由

---

* 原载《光明日报》，2016年10月8日。

独立的师范教育体系，改变为其他高等学校参与教师培养体系，同时师范院校也向综合性大学转变。十多年来，改革并未达到预期的结果。本来国家提倡开放型培养师资，目的也是提高教师的质量，让一些高水平的综合性大学也来培养师资。但是事实上综合性大学尚未做好准备，它们都在想如何奔向世界一流，没有培养师资的愿望，而师范院校却已经纷纷改为综合性大学。另外，当年许多综合性大学成立教育学院，本来也想培养师资，但缺乏办师范的条件。除少数综合性大学举办教育硕士、博士学位研究生班外，没有哪所高校举办师范本科专业。虽然也引进了几名教育学科的人才，但都没有办师范的成套体系和机制，许多教育学院处在大学的边缘，没有真正地建设起来，现在调整也是必然的结果。

我国约有2.5亿名幼儿园儿童和中小学生，需要庞大的师资队伍。培养一支相对稳定的、高水平的师资队伍，永远是我国教育改革和发展的基石。前一段师范教育改革的经验教训使我们清醒地认识到，在我们这样一个发展中的人口大国，师范教育体系的建设不能照搬发达国家的模式，需要考虑我国师范教育发展的历史、现有的条件，建设有中国特色的师范教育体系。我认为，幼儿园、小学师资可以由师范院校教育学院本科或师范专科学校来培养。最好由师专招收优秀初中毕业生，五年一贯制培养。幼儿园和小学教师需要知识能力的全面性，能歌善舞，初中毕业生可塑性比高中毕业生强，容易培养。他们毕业后边工作边进修，通过继续教育，逐步达到本科甚至研究生专业水平。中学教师由师范学院本科培养，逐渐做到本硕连读的模式。6所部属师范大学和几所水平较高的省级师范大学，一律采用发达国家师范教育模式，师范生先在专业学院学完本科课程，再到教育学院接受教师专业培养。教育学院要做到科研与教学结合、理论与实际结合，着重培养师范生教书育人的能力。这样，结合我国师范教育发展的历史和现状，有层次、有步骤地建立中国特色现代师范教育体系。

教师应是"引路人"而非"指路人" [*]

　　教师关乎着孩子的未来,而孩子的未来关乎着我们时代的未来。21世纪,我们需要什么样的新教师?

　　日前,由北京师范大学继续教育与教师培训学院主办,北京师范大学高级管理者发展中心承办的第二届"WE教育国际论坛"召开,北师大资深教授顾明远与世界级管理学大师、系统变革学院创始人彼得·圣吉,以及来自一线的400余名优秀教师代表,共同探讨了教师在面向未来转型中的挑战与困惑、整个社会系统该如何转变才能支持教师转型等深刻问题。

　　这些宏大的命题从一个小问题开始——如果用一个词描绘教师,你会选择什么?论坛开场后,顾明远与彼得·圣吉同时面临一次"小考"。

　　巧合的是,两人不约而同地在纸上写下了同样的答案——引路人(guide)。

　　与传统教育体系中教师作为知识的载体、知识的权威不同的是,互联网时代到来后,学生可以从各种渠道获取知识,教师不再仅仅是知识的传授者。新的时代,教师要做什么?顾明远认为,教师应该成为一个设计者,为孩子的学习设计一个适合其发展的教育环境、教育计划;教

------

* 原载《中国教师报》,记者黄浩,2016年11月9日。

师要成为一个指导者，要指导学生获取有用的信息，剔除无用的信息；教师还应是一个帮助者，当学生遇到学习或生活上的困难时，教师要给予帮助；同时，教师还应是学生的学习伙伴。

"设计者、指导者、帮助者、共同学习的伙伴，教师的这些身份，共同指向一个角色——引路人。"顾明远说。

同时，顾明远还特别强调，"引路人"不是"指路人"，他举我国教育专家吕型伟亲历的一个故事为例。一次，吕型伟听某特级教师的一节公开课，课上教师提了许多问题，学生很积极地回答，教师每每听到满意的答案，便不再往下讲。但是，总有一个学生在问题结束后举手，这个教师"非常有经验"，走到学生身边示意其把手放下，可是这个学生还是会举手，后来教师不耐烦了，把学生的手按了下去。

"吕型伟说，这节课不是好课，学生要提问，提出来的想法可能与教师不相同，教师应当借机让大家讨论到底哪个结论是对的。不让学生发言，不就是压抑了学生的学习积极性吗？"顾明远认为，我们要培养未来公民不定式的思维方式，敢于让学生去探索，这才是未来教育的方向。

彼得·圣吉回应了顾明远的观点。在他看来，传统的教育系统是由成年人设计实施的系统，而孩子们是被教育的对象。"所以，往往我们过多关注教师这个角色和群体，而没有关注学习者和学习者的体验。实际上，我们的终极目标是促进学习者的成长。"彼得·圣吉说。

彼得·圣吉在解释自己为何写下"引路人"（guide）一词时表示，所谓引路，实际是指教师要与学生一起去探索一个未知的世界。在这个过程中，尽管引路人会比学生更有经验，但并不意味着他就知道答案。

彼得·圣吉讲述了一个真实的案例。他见证了一名教书10年的专家型教师和工作仅2年的年轻教师的对话与交流。年轻教师在分享时说，他感到非常害怕，因为班上的学生都分了小组，这些学生在小组里讨论。年轻教师很担心："如果他们讨论出一些问题来找我，而这些问题我都不知道怎么回答该怎么办。"那位经验丰富的教师告诉他，这种恐惧是难免的，但是"最终你会允许让学生们来帮你。当你感觉到不知所措、不知道答案时，你其实可以分享给你的学生。当你感受到他们对你的支持和帮助时，你的心就会打开"。

"我认为，对于教师来说，深度学习应当发生在当他们放下'我是教师，我必须知道一切的答案'这样一种认知，而敢于在'我不知道'的情况下去教。"彼得·圣吉说。

尽管两位专家都表示让教师从"指路人"向"引路人"转变并非易事，需要教师付出极大的勇气，但无论如何，"启动教师内在的好奇和探索未知世界的天然渴望，在更大范围去撬动学生对学习的热情"，这一定是塑造面向21世纪的新教师的方向。

教师是与学生共同学习的伙伴[*]

习近平总书记到北京师范大学视察时谈到"好老师"的四个标准。

第一，要有理想信念。一方面，教师要坚持邓小平理论，要有走中国特色社会主义道路的信念，有爱国之心。另一方面，教师要有对教育事业的信念，要有牺牲的精神。因为教育事业关系到民族的未来，关系到国家的希望，教师的教育对象是人，是人的情感、人的灵魂。

第二，要有道德情操。作为一个国家公民，教师要遵守一个共同的道德基准，要具备公民所具有的道德要求；除此之外，教师还要有师德，敬业爱生。敬业，就是要有教育理想、教师信念；爱生，不只是爱好学生，还要爱每一个学生。我不赞成将学生分成三六九等，不要搞什么"三好学生"评选，人人都是一样的，人人都能成才。

第三，要有扎实学识。这不仅是指有学问，而且要有学识，识就是见识，有广阔的视野。

第四，要有仁爱之心。教师最重要的品质是爱，把爱给孩子，给每一个孩子。教师只有学习，不断学习，才能真正达到习近平总书记提出的"好老师"要求。

随着教育现代化进程加快，教师必须具备现代化水平。我在基层调

---

* 原载《中国教师报》，2016年11月16日。

研时发现：现在学校校舍盖得非常漂亮，设备也很齐全，信息化的硬件水平也很高，但是缺乏教师，缺乏有水平的教师。

目前，我国尊重教师、信任教师、依靠教师的社会氛围还没有完全建立起来，我们还需要呼吁。与此同时，教师本身要真正值得社会尊重，值得社会信赖，值得社会依靠，还需不断提高水平，加强学习，在学习、反思和教学实践中积累经验，摸清教育规律，掌握教育艺术。

教育界有一种浮躁心理，有些地方改革轰轰烈烈，但将力量放在课堂、放在课程还很不够。所以，教师要扎扎实实进行改革，扎扎实实开展讨论，静下心来读书，尽全力推进教学改革。

一个好教师，提高自身素养至关重要。第一，教师观念需要转变。什么是人才？是听话、成绩好的就是人才，还是有独立思想但淘气的孩子是人才？第二，教师利用技术改变教育值得思考。在互联网时代，教育环境变了，学生除了在课堂获取知识，还可以在课外或通过网络获取知识。教师不仅要培养学生掌握知识的能力，而且要让学生学会尊重生命，提升综合素质。互联网为儿童个性化学习提供了条件，个性化学习需要参与式、探索式和交流式学习。虽然互联网带给教育诸多变化，但唯一不变的是立德树人。我们要一如既往地培养有理想信念、道德情操、积极社会情绪的人，培养他们正确认知他人、正确对待他人和自己的积极态度。在互联网时代，教师是学生的指导者，通过智慧引导学生有效搜索、筛选和利用信息，教师要成为学生学习的帮助者，甚至还是与学生共同学习的好伙伴。

尤其是对新进教师，现在小学教师都是大学毕业，我倒不担心他们的知识不够，主要担心他们会不会教，会不会与孩子相处。所以，教师要多读一点书，不仅读自己专业成长的书，还要读科学与人文结合的书，如数学教师读点文学的书，文科教师读点科普的书，更好地提高自己的素养。

教育的未来是从教到学的转变[*]

今天，我们国家教育发展到了一个转变的时期，也就是从数量的发展转变到提高质量的关键时期，从传统的教育转变到现代化的教育时期。

以往教育理论、教育方式，重心总是在教的方面，现在我们把目光转到学生的身上。今天，特别要改变学生被教育、被学习的局面。要改变成"我要学、我喜欢学"的局面，我们要充分认识到学生学习的积极性和学习能力。

好奇心是儿童的天性，学习也是儿童的天性，但是我们现在的教育方式违背了儿童的天性，强迫学生学习，用大量的习题、外在的压力逼迫儿童学习，结果使他们的天性被压制。今天的教育改革就是要把力量放在从教到学的转变上。这种转变符合时代的要求和人才发展的规律。

当今时代在不断变革和不断创新，科学技术的发展日新月异，社会发展瞬息万变，如果还是用传统的方式把现成的知识灌输给学生，孩子们将来怎么能走向社会，怎么能适应世界的变化？互联网拓宽了学习的环境，拓宽了学习的领域，教师不是知识的唯一载体，也不是知识的权威，教师要成为学生学习的引路人而不是知识的灌输者，要把学生放在

* 原载《现代教育报》，2016年12月20日。

主体的地位，相信他们潜在的能力，引导他们探索未知的世界，让他们发现问题、分析问题、解决问题，重视发展学生的思维。

什么叫教育？什么叫学习？教育的本质就是发展学习的思维，人的观念的变化是学生成长的重要变革。

当今时代是变革的时代，只有思维的变革才能适应时代的变革。所以，2012年经济合作与发展组织发表了一个非常重要的报告，提出了21世纪我们要培养的学生的基本技能，有四个方面，第一个就是思维方式，培养学生的批判性思维、创造性思维、不定式思维。

怎么培养学生的思维？最根本的是教育从教到学的转变。"学而不思则罔"，学生只学习不思考，不能学到真的知识，学习不会进步，社会也不能得到发展。同时，我们要考虑到学生的差异。学生的天赋是有差异的，家庭的环境也有差异。我们要注意到这些差异。互联网为个性学习提供了有利的条件，学生可以根据自己的兴趣爱好设计学习的进程、学习的方案，教师可以根据学生的差异和兴趣爱好，为他们定制个性化发展的方案、学习的方案。

营造一种尊重教师、信任教师、依靠教师的社会风尚*

第32个教师节又将来临，我首先向耕耘在第一线的教师致以敬意，祝大家教师节快乐！

通过每年的教师节来体现大家尊重教师、敬爱教师的感情，并表扬一批先进教师，这固然是一件很有意义的事情，但何时才能把尊重教师变成社会风尚中的一种常态呢？

最近河北涿鹿县科教局局长郝金伦辞职的信息在网上走红，郝金伦"三疑三探"的教育改革在家长的一片反对声中夭折了。无独有偶，2014年武汉市规定，暑假不组织学生补课，结果家长联名到教育局请愿。似乎我国的教育不是依靠教育规律来办事，不是依靠学校和教师来实施，而是被家长绑架着走。家长的心理，我们也能理解，以"唯分数论"的思维来理解学校的成绩，担心教改实验会降低学习成绩。

其实，这里面包含两方面问题：一是究竟什么样的学校是好学校，什么样的学生是好学生？是不是考试成绩好就是好学生？媒体上经常报道，某某优等生，高考成绩极佳，但心理不健康，缺乏与人沟通和自我管理的能力，结果走入歧途。但家长对此视而不见，只认定考试成绩。

---

* 原载《中国教师》，2016年第17期。

二是教育改革，特别是减轻学生课业负担是否一定会导致学生考试成绩下降？从全国范围看，凡是实施教育改革的地方，教育质量都有提高。山东杜郎口中学、江苏洋思中学就是典型的例子，更不用说北京、上海的一些优质学校了，它们都是在教育改革中走向卓越的。

那为什么许多的教育改革会受阻？一方面，是教育部门和学校的工作做得不细，没有充分地和家长沟通；另一方面，是尊重教师、信任教师、依靠教师的社会风尚还未形成，社会、家长对教育改革的质疑多、支持少。

关于涿鹿县科教局局长辞职的风波，我想多讲几句。有文章批评他不懂教育，瞎折腾，辞职是一场闹剧。我觉得这个批评太过分了。当今，一位教育局长能够反思教育弊端，锐意改革，是难能可贵的。我们批评他，首先要看他的改革方向对不对，符合不符合课改要求。根据报刊采访他的谈话，我觉得教改的方向似乎没有什么问题，主要是工作作风问题，他企图用局长的权势，用行政命令推动教改，这才引起教师和家长的不满。

从这件事情可得出的经验、教训是：教育改革要能顺利进行，必须让教师认识、家长理解、媒体支持，共同努力，用行政手段强行推进是不可取的。习近平总书记讲，改革是一场革命。任何改革都会触犯一部分人的利益。教育改革也一样，一部分教师和家长会不习惯。因此，我经常讲，教改首先要转变教育观念。教育管理工作者要善于做教师的工作，细致地给他们讲解国家的教育方针、课改精神，让教师转变观念，让家长理解教改精神，经过试点成功，再加以推广。

当前学校处于上下夹击的两难境地：上面要求改革，新的课程改革特别强调学生参与、探究、实践，以减轻负担，推进素质教育，提高质量；家长则希望教师多讲解，多布置作业，多做练习，以应付考试。另外，不少家长把学校看作托管单位，似乎孩子上学了，就是把孩子交给学校了，学生的事情一律由学校教师负责，而不是尊重学校、尊重教师，和学校教师沟通，共同培养孩子成人。

我常常举这样一个例子，为什么芬兰的教育质量高？就是因为他们充分尊重教师、信任教师、依靠教师。教师的待遇虽然与其他行业相比并不高，但很多优秀青年愿意报考教师专业，就是因为教师的社会地位很高，教师有荣誉感、幸福感，同时有强烈的责任感，努力工作，提高教学水平。

营造一种尊重教师、信任教师、依靠教师的社会风尚，是我国教育发展的最重要任务。这需要全社会的努力，需要在建设创新型社会、文明社会、民主社会与和谐社会的过程中逐步形成。

教师应该是学生成长的引路人[*]

我国教育正处在一个转变的时期，即从教育大国转变到教育强国的关键时期，从传统教育方式转变到现代化教育方式的重要时期。在这个转变的时期，教育的环境正在改变，教育的方式正在改变，师生关系也在发生变化。特别是互联网在教育领域的应用，扩宽了学习的环境，改变了学习的方式，也改变了师生关系。教师已经不是知识的唯一载体，也不再是知识的权威。那么教师应该发挥什么作用呢？习近平总书记在2016年教师节前夕在北京八一学校与教师座谈时提出，教师是学生锤炼品格的引路人、学习知识的引路人、创新思维的引路人、奉献祖国的引路人。这就为新时期教师的定位和作用指明了方向。

唐代韩愈在《师说》中说："师者，所以传道授业解惑也。"教师历来是知识的载体，是知识的权威。但是，在新的时代，教师的职能已经发生了变化，教师已经不可能是知识的唯一载体。当今信息社会，学生可以从各种媒体获取知识，而且正如2015年11月联合国教科文组织发布的报告《反思教育：向"全球共同利益"的理念转变？》中说的，人的一生除了在学校正规学习外，更多的是非正式学习。在互联网时代，学生可以时时学、处处学。所以，教师不能只传授知识，而应该成为学生

---

* 原载《中国教师》，2017年第1期。

成长的引路人。传统的教育是以教师为中心的体系，传统的教育系统是由成年人设计、实施的系统，儿童只是被动的接受者。而现代教育，儿童是中心，教师应该是学生的引路人。把教师视为学生的引路人，就需要树立以学生为本、学生是主体的观念。一切为了学生的健康成长，相信学生的潜在能力，让学生自己去发现问题、解决问题。认为学生是主体，那么教师是什么？教师的主导作用怎么发挥？强调学生是主体，是因为一切教育结果都要体现在学生身上。学生不是被动的录音机、留声机，能够把老师的讲解都记录下来。学生是主观能动地汲取教师的讲课和教诲的人，学生只有通过自主的积极活动，才能把教师传授的知识内化为自己的知识和智慧。因此，教师的主导作用，恰恰就在于启发学生的主体性，启发学生自主学习的主动性和积极性，也就是孔子说的"不愤不启，不悱不发"。只有自觉的学习，才能有所收获。教师的作用就在于了解学生的需要，把他们引入知识的海洋。

在互联网时代，学校是不是会消亡？教师是不是会消失呢？当然不会，只是改变了教育的形态、学习的方式，改变了教师的角色。《反思教育：向"全球共同利益"的理念转变？》报告认为："学校教育的重要性并没被削弱。学校教育是制度化学习和在家庭之外实现社会化的第一步，是社会学习（学会做人和学会生存）的重要组成部分。学习不应只是个人的事情，它作为一种社会经验，需要与他人共同学习，以及通过与同伴和老师进行讨论及辩论的方式来学习。"这一段话，既说明学校教育的不可替代性，又说明当代学习方式的变化。学习不是个人埋头读书，而是需要与同伴和老师共同学习。教师应当成为"向导，引导学习者（从幼儿时期开始，贯穿整个学习轨迹）通过不断扩大知识库来实现发展与进步"。

在互联网时代，教师的任务更加艰巨、复杂。教师不是拿着教科书传授现存的知识，而是要了解每一个学生的需要，为他们设计合适的学习方案；教师要指导学生获取有益信息的策略和方法；在学生遇到困难时要帮助学生排除困难；同时需要与学生共同学习，互相讨论学习中的问题。因此，教师应该是学习的设计者、指导者、帮助者和共同学习的伙伴。教师应该是学生的引路人。这个引路人主要是指引方向，不是指定具体的路径。因此，教育还需要学生发挥主体作用，使其自主选择发展的路径。

习近平总书记说，教师要做学生锤炼品格的引路人。锤炼品格，首先要树立理想信念。习近平总书记说："教师要教育和引导学生热爱祖国、热爱人民、热爱中国共产党，教育和引导学生心中有国家和民族，意识到肩负的责任，牢固树立为祖国服务，为人民服务的意识，立志成为党和人民所需要的人才。"为此，教师首先要有理想信念，忠诚于党的教育事业，将立德树人作为教育的根本任务，在教育教学中切实贯彻党的教育方针，把社会主义核心价值观贯穿于教育的全过程。

教师要做学生学习知识的引路人。习近平总书记强调，中小学生是国家的未来和希望，中小学生要立志成才，必须勤奋学习，提高综合素质。为此，教师要充分发挥学生的主动性、积极性，从小培养学生对学习的兴趣和爱好，逐渐树立起专业志向，并为实现自己的理想发愤学习。当今社会，科学技术日新月异，知识不断更新。教师不是把现存的知识传授给学生，而是要引导学生去探索新的知识，新的世界。过去我们说教师引导学生从未知到知，从知之甚少到知之甚多，而现代教育是要引导学生从已知世界到未知世界，去创造美好的未来。

教师要做学生创新思维的引路人。我们要改革人才培养的模式，改变评价制度。改变过去只重结果，特别是考试成绩，不重视教学过程的状态。正如《反思教育：向"全球共同利益"的理念转变？》中所说的，以往的教学"主要关注的是教育过程的结果，而往往忽视了学习的过程。关注结果，主要是指学习成绩"，而忽视了"对于个人和社会发展具有重要意义的知识、技能、价值观和态度"。面对当前科学技术的日新月异，经济社会的风云变幻，没有创新精神和创新思维，很难适应这种时代的变化。因此，教育要帮助人们改变思维方式和世界观。现代课堂要提倡学生参与教学过程，采用探究式学习方式，培养学生发现问题、提出问题的能力，去探索未知世界。我们常常讲要培养创新人才，当然，中小学是基础教育阶段，不可能直接培养出创新人才，但中小学要打好创新人才的基础，通过学生自己去探索、去发现，培养创新思维。这离不开教师的引导。教师在教学中要引导学生思考。孔子说："学而不思则罔。"学习而不思考，只能获得死的知识，不能举一反三。只有培养学习的思维能力、想象能力，将来他们在工作中才能有所创造，才能应对今天瞬息万变的世界。

教师要做学生奉献祖国的引路人。习总书记反复强调青少年学生是国家的未来和希望。实现"两个一百年"中华民族伟大复兴的中国梦的最后冲刺是今天在学校学习的青少年，因此，教师要用心培养学生对国家、对社会、对人民的责任感，把奉献祖国的伟大事业作为人生最高价值追求。

总之，教师要成为学生的引路人，就要不断学习。当今世界，风云变幻，教师不能只埋头教学，要关心国家大事、世界大事，立足中国，放眼世界，要对形势有正确判断。要不断学习，学习教育理论、学科前沿，不断提高教育的专业水平。要把读书学习作为生活的一部分，不断提升自身的文化素养，真正成为习总书记要求的有理想信念、有道德情操、有扎实学识、有仁爱之心的"四有"好教师。

教师应了解一点真实的美国教育[*]
——《美国高等教育：观察与研究》序

　　教育要面向现代化、面向世界、面向未来。他山之石，可以攻玉。作为当今世界唯一的超级大国，美国的高等教育理论与实践一直受到我国高等教育界的广泛关注。美国高等教育的政策与做法，有些是成功的，值得我们学习；有些是失败的，需要我们避免；有些虽有成效却不符合我国实际，我们不可盲目照搬。我们究竟要向美国高等教育学习什么？对此，王定华先生新著《美国高等教育：观察与研究》做出了回答。

　　美国是世界上高等教育最发达的国家。其高等教育已告别象牙之塔，让广大民众可望可即，率先实现了高等教育大众化，现有各类高校4 000余所，在校生逾1 700万人。近年来，美国一方面提供各种资助，努力让更多人得以接受高等教育；另一方面积极应对经济社会发展和科技进步新变化，不断推动高等教育改革，改善高等教育治理，保障高等教育质量。我国在积极开展一流大学、一流学科建设中，有必要放眼世界，切实了解各国相关基本做法与成败得失。作为世界高等教育大国和

---

*　原载《美国高等教育：观察与研究》，北京，人民教育出版社，2016。

强国，美国高等教育改革发展的做法值得观察和研究。

《美国高等教育：观察与研究》是王定华的新作，也是其《美国基础教育：观察与研究》（人民教育出版社2016年1月第1版）的姊妹篇。这两本书是作者长期坚持教育研究工作的最新结晶，是作者多次访美的亲身体验与观察，夹叙夹议，深入浅出，娓娓道来，从过去、现在与将来的坐标轴上对美国教育进行了介绍分析，涉及国人较为关注的许多热点、焦点问题，并收录了丰富多彩的实例，体现了历史与逻辑的统一、科学性与可读性的交融。值得指出的是，作者在对美国教育长期的观察与研究中，发现美国为保持其高等教育的世界领先地位，采取了一系列提高质量的措施。

一是强调培养知识面宽的复合型人才。随着科技与经济的迅速发展，劳动力市场格局随之发生巨大变化，一个人终身从事一种职业的时代一去不复返了。这就对未来就业者的知识结构、胜任多种职业的适应能力提出了更高要求，因此，美国许多大学加强了通识教育，要求学生必修人文和自然学科的基础课程。还有许多大学设立专项资金，成立跨学科教学研究中心，鼓励文理学科交叉渗透，积极推进边缘学科发展，为学生营造了广阔发展空间。

二是提升教学在大学中的地位。针对高等教育领域容易存在的"重科研、轻教学"问题，许多大学呼吁重新反思大学使命，提出将教学置于大学核心地位，激励广大教师的教学积极性。有的大学设立了"优秀教学奖"，改变以往基础课由博士生承担的做法，鼓励知名教授进课堂，为低年级学生介绍学科前沿和发展方向，了解各学科的基本内容与研究方法。卡内基教学促进基金会指出，教学研究也是科学研究，是大学教授的基本职责。

三是普遍建立学生辅导制。一些学生在进入大学之后会产生学习方式转变、选课及专业定位等方面的困惑。建立学生辅导制可以帮助新生缓解心理压力，及时得到有针对性的指导，掌握有效的学习方法，妥善处理人际关系。新生还可以通过辅导教师结识其他高年级学生，融洽学习气氛，扩大交往范围。

四是鼓励学生从事社会实践。美国许多大学实行每学年三学期制度，学生两学期参加校内教学活动，另一学期走出校门从事社会实践，使理论学习与实践较早地结合起来，提高了学生学习积极性和解决问题的实际能力。学校鼓励学生参与教师的科研活动，协助开展动手实验，一起撰写科研论文，在实操中掌握基本的研究方法。

五是加强和改善质量评估。各州对其公立高校本科教育进行不同形式的质量评估。同时，全美六个地区性高校资格认证机构定期对公、私立高校进行资格再认证。为保障质量，各州教育部门或专业评估机构定期开展高校教学绩效评估，主要内容有：高等学校招生数与毕业率；学生获得学位的比例与时间；学生巩固率与保留率；学生从两年制转到四年制学院，或从四年制学院转到两年制学院的比例；毕业生参加职业资格考试通过率；师生比与教师用于教学工作的时间。多数州将评估结果与学校经费拨款直接挂钩。在校内，考试仍然是校方检验学生学习成绩的主要手段，不仅有例行的期中、期末考试，有的学科还举行月考。当然，考试的方式有闭卷考试、开卷答题或完成规定作业、撰写课程论文等。各门课程的期中考试时间有先有后，但期末考试时间则是大致统一的，通常利用每学期的最后一周进行。课堂教学的最后环节是课程教学评价，由全体修课学生对教师课堂教学情况做出评价。

当然，美国提高高等教育质量的措施还有许多，对公立大学或私立大学、学术型院校或应用型院校，策略也不一样。加之大学高度自治，办学招数各显神通，故而欲知详情，需要大家读读这本书，并由此扩展开来，对美国高等教育的新发展、新变化开展长期深入研究。

这本书以考察高等教育质量为主线，抓住国人关心的美国高等教育的一些重要方面，夹叙夹议，逐一展开，对美国高校类型、招生录取、本科生教育、研究生教育、留学生教育、通识教育、大学科技、大学校长、大学教师、大学董事会、大学评议会、常春藤大学、一流大学建设等问题，进行了较为客观的介绍和较为深入的分析，还对美国高等教育的历史发展、未来走向做了回眸与展望。书中内容体现了作者的真实感受和独特视角，既有理论性，又具可读性。相信这本书的出版一定会对读者有新的启发。

王定华最初是学比较教育的，青年时代曾受教于我国老一辈德高望重的著名学者滕大春先生并获博士学位。我与王定华相识已久，20世纪80年代曾主持过他的硕士学位论文答辩。1986年他在河南大学执教；1994年到教育部基础教育司工作；2000年任中国驻纽约总领事馆教育领事；2003年起任教育部基础教育一司处长、副巡视员、副司长；2012年起先后任基础教育一司司长、教师工作司司长。他在国内外刊物上发表论文100多篇，出版多部专著，其主要研究领域为教师教育政策、一流大学建设、中美比较教育。他曾经驻美多年，又长期在国家教育行政部门工作，因而他既有广阔的国际视野，对美国高等教育发展和现状有深入研究，又了解中国国情，知道国内读者关心什么、需要什么。在繁忙的行政工作之余，他一直坚持教育研究，包括美国教育研究，勤于思考和笔耕。2008年，我曾为他的《透视美国教育》写过序，今天再为其《美国高等教育：观察与研究》作序，十分荣幸。

读书是提高教师人文修养的基本途径[*]

阅读对于教师成长的重要性是不言而喻的。过去我们讲要给学生一杯水，教师要有一桶水。现代社会，知识更新越来越快，教师要把学生教好，教师就必须更好。教师只有一桶水恐怕不行了，还得有源源不断的活水。因此，阅读就变得更重要了。

过去，我们搞"国培计划"（中小学教师国家级培训计划），我每年都要给教师讲课。我一直主张，教师培训不仅要培训教师如何把本学科的课教好，还要提升他们的文化素质、文化修养，而后者才是最根本的。过去，一些教师的功利心比较强，总是想着怎样上好一门课，怎样应付考试，尤其是高考。现在，情况有所变化，大家对教师的培训都有些新想法。

教师的阅读分为学科专业阅读和跨学科阅读。我认为，要提升教师的功力，不仅需要学科专业阅读，还需要跨学科阅读。我们的语文教师应该读点科普类作品，我们的数学教师应该读点文学作品。这种读书虽然不能直接让教师学会怎么讲课，但是提高了他们的人文素质、人文修养。教师自身的素质提高了，他的教学方法好了，教书育人的能力提升了，独特的教学风格形成了，那么，他的教学质量自然也就提高了。

---

* 原载《教师阅读与基础教育》，济南出版社，2018年。

教师阅读十分重要，这点大家都知道，无须赘言。提升教师阅读素养，关键在于如何落实。我觉得教师阅读的落实与我们的基础教育有很大关系。当前，我国的中小学教师工作负担很重，压力很大。我到中小学调查，很多教师都反映没时间阅读。十几年的教育改革以来，我们在一些方面有了很大发展，但事实上"应试教育"并没有得到完全改观，许多改革依然在"应试教育"的轨道上，这在一定程度上影响了教师的工作。教师想到的总是如何让学生考得好，很少考虑怎样提升自己的文化水平，这是当前的一个最大问题。教师自己当然知道读书的重要性，但因为"应试教育"的压力，总感觉到没时间读书。所以我觉得，当前，要想促进教师阅读，问题的关键不在于让教师知道阅读的重要性，而在于怎样通过基础教育改革，让教师的阅读得到有效落实。

我们搞出版的也好，搞教育研究工作的也好，都有责任想办法给教师提供优秀读物。我在十多年前曾和钱理群先生一起主编过一套书，由广西教育出版社出版。这套书一共五本，不只有语文，还包括自然和科学。这套书受到了大家的欢迎，截至目前，已经再版多次。现代社会是一个多媒介时代，我们的阅读不仅有纸质阅读，还有互联网阅读。我们要把线上、线下阅读结合起来。这就要求我们一方面要出版好的纸质阅读材料；另一方面要充分利用多种媒体资源来引导教师阅读。

教师的阅读能带动孩子的阅读，孩子的阅读也能促进教师的阅读。为什么这样说呢？我是有亲身经历的。我的家乡在以华西村而出名的江苏省江阴市，20世纪八九十年代，那儿的经济已经非常发达了，但农村的文化氛围很差。有的人家已经有三层小楼了，可是家里没有书，没有报纸。有一次，我回家乡，到了当地一个小学，学校要求小学生的家里有个小书房，有几本书，他们请我题字，我就写了一句"从小书房走向大世界"。这句话，我当时并没有特别地考虑，结果这句话带动了整个村子的人阅读。当时是一个小书房，有几本书，后来村子里家家都有了图书室。我为什么举这个例子呢？我想说的是，学生的阅读也能促进家长、教师的阅读。明天是读书日，去年的读书日，我正在濮阳，我到濮阳本来是去一个学校，碰巧濮阳市成立全民读书协会，邀请我去参加开幕式。可见，教师的阅读不仅能带动学生的阅读，也可以带动全民的阅读；反过来，全民的阅读也能促进教师的阅读。

发展电视教育　提高民族素质[*]

报上已经公布，卫星电视教育在1986年7月1日开始试播，10月1日正式播出。这是贯彻《中共中央关于教育体制改革的决定》的重要措施，是我国人民的一件大喜事。

卫星电视教育在国外叫作远距离教育，是20世纪70年代才开始发展起来的新的教育形式。它的产生扩大了教育的范围，具有强大的生命力，许多国家开始发展这种教育形式。它的生命力在于什么呢？

首先，它不受学校条件的限制，不需要一般学校的校舍和设备，只要把教学内容制作成电视录像片，即所谓"教学软件"，就可以通过卫星传播到所有能够接收的地方。

其次，它不受时间的限制，不像学校那样，每节课都固定在一段时间内，学生错过了这段时间就不能接受教育。卫星电视教育可以将同一内容在不同的时间内反复播放，便于有职业的成年人选择合适的时间学习。

最后，可以选择最优秀的教师做电视讲演，并利用电视这种特殊手段演示肉眼看不到的物质的宏观世界和微观世界，使受教育者接受最佳信息。

---

[*]　原载《电大教育》，1986年第4期。

当然，卫星电视教育也有它的局限性，就是它不能使教师和学生面对面地对话，缺乏信息反馈。但是，如果把电脑和卫星电视结合起来，这个局限性也是可以克服的。卫星电视教育和学校教育一样，最重要的问题是教学质量问题。我时常讲，在学校教育中，提高教学质量的关键是如何处理好教师、学生、教材三者的关系，使三者处于最佳状态。这三者的关系在各级各类学校中所起的作用是不完全相同的。在电视教育中，因为教师和学生不能直接接触，教材的作用就比在一般学校中要大得多。因此，编好电视教材，编好学生自学辅导材料，对于提高教学质量就是至关重要的问题。黑龙江广播电视大学编辑出版的《电大教育》和《电大作业指导》，对办好广播电视教育、提高电视教育的质量起到了重要的作用，它们已经成为广播电视大学师生的良师益友。作为一名教育工作者，我要对他们的辛勤劳动表示感谢，并预祝这两种杂志越办越好，越办越有特色，为发展电视教育、提高民族素质做出更大的贡献！

我对电化教育的认识*

一、为什么要发展电化教育？

电化教育是20世纪20年代作为一种教学手段从国外引进的，至今已经经历几个发展时期。开始的时候仅仅从教育的媒体着眼，因为声像是通过电表现出来的，所以中国把它称为"电化教育"。电化教育发展到今天，已经不局限于教育媒体，起教育的辅助作用了，而是逐渐变成一门教育技术，参与到教育过程中。教育技术也成了教育科学群体中的一门学科，因此就发生了这门学科的名称之争。有人主张应该叫作"教育技术学"，理由是它的研究对象已经不限电化教育的媒体了，发展到课程设计、教育过程的优化等问题，而且国外也早已不再称"电化教育"了。另一些人主张"电化教育"一说通俗易懂，已经在我国通行了50多年，已为大家所熟悉和接受，内容可以有发展，名称不一定再更改。我认为，名称问题可以慎重讨论，关键是它的研究对象和方法要确定下来。的确，近几十年来，电化教育发展得很快，它的内容不限于运用教育媒体做辅助性的教育活动，还要对媒体的运用从教育学、心理学的角度加以研究，使它成为教育过程的组成部分，优化教育过程。在这种研

---

* 原载《电化教育研究》，1992年第2期。

究的基础上设计电化教材，促进教育改革和教育质量的提高。

优化教育过程、提高教育质量是开展电化教育的最终目的。为什么说电化教育能够优化教育过程、提高教育质量呢？这就要从教育过程的规律来研究。

构成教育过程的基本要素是教师、学生、教育影响。教育影响包括教材和教育手段，也有人主张四要素，即教师、学生、教材和教育手段。但是从历史的长河来看，构成教育过程的基本要素是前三者，教育手段是后来才逐渐参与进去的，而且从它的作用来讲，主要是延长和加强师生作为主体的器官的作用，使肉眼看不到的东西通过显微镜、望远镜能够看到；使耳朵听不到的东西通过声音的放大或转换能够听到。教育手段在教育过程中并非不可缺少。只要有教师、学生和教材（包括口头的和书面的），教育过程就可以进行，因此，我主张教育过程三要素说。但是随着科学技术的发展、教育过程的复杂化，现代化教育手段已经起着不可替代的作用，因此，也可以说现代教育过程是由教师、学生、教材、教育手段四个要素组成的。电化教育作为一种教育手段在现代教育过程中是不可缺少的。特别是电化教育作为一种新的教育模式，已经不是简单地作为一种教育手段参与到教育过程中，而是改变了旧的教育模式，使教育过程具有新的内容和形式。但是即便如此，电化教育本身的优势也仍然是在延长和加强师生主体的认识器官的作用。正是有了这种优势，它才能参与到教育过程中，改变教育内容和形式，优化教育过程。只有认识到电化教育的这一特点，我们才能正确地摆好电化教育的位置和发挥它应有的作用。在现代教育过程中，把电化教育说成是文字教学的辅助工具，显然是不对的，但是说要用电化教育来代替文字教学，用电化教材来代替文字教材，也是不正确的。电化教材和文字教材同样是教育过程中不可缺少的教材，它们相辅相成，共同贯彻国家的教育方针，实现教育目的。但因为文字教材已经有几千年的历史，而电化教材的历史还很短，而且还很不完善，因此，在目前来讲，还只能处于辅助的地位，这也是事实。只有对电化教育进行深入研究，并且编制出了合理的、优秀的教材，才谈得上电化教材与文字教材的平起平坐。

为了认识电化教育的优势，我们要了解一下电化教育在优化教育过程中具有哪些功能。我想，可以归纳为如下几点。

第一，提高教学质量的功能。电化教育可以使学生易于认识客观世界，启迪学生的思维。电化教育可以使学生看到平时看不到的东西，听到平时听不到的声音。例如，讲昆虫的生长过程，由蛹变成虫，由成虫变成蛾，在自然界要经过许多天的时间，但在电视中可以几分钟内看清楚。又如，远离我们的南极大地的情景，我们肉眼看不到，但利用电视录像可以生动地看到。电化教育使学生易于理解教材，这个道理是不讲自明的。由于电化教育具有这种优势，因而它改变了某些教学原则，如由近及远的原则、由表及里的原则，使我们可以按新的原则来设计教育过程。

第二，思想教育的功能，即德育的功能。思想教育不能简单地靠说教，更重要的是要用事实教育学生。但有些事实已成历史，有的事实转瞬即逝，有的事实远在他乡，不容易让学生亲身经历。电化教育可以使有些事实再现。例如，周恩来的高贵品质是人们所熟悉的，但青少年不了解，电影《周恩来》再现了周恩来总理的光辉形象，使全国人民再次受到周恩来高贵品质的思想教育。这是一个典型的例子。我国人民许许多多可歌可泣的事迹可以用电教媒体再现出来，促进学校的、社会的思想教育和文明建设。

第三，具有情绪渲染的功能，激发学生的兴趣、爱好和热情。电化教育具有形象、具体的特点，可以设计不同的教学情境，从而感染学生。《卖火柴的小女孩》的电视片，可以使学生看到小女孩为了生活，在寒冷的街头流浪，受到饥寒煎熬的画面，从而感受到资本主义社会的冷酷；在朗读课文《月光曲》时配以《月光曲》的音乐，会使学生感受到《月光曲》这篇课文的深刻含义。

第四，美育的功能。声像的设计可以使学生得到美的享受，及时培养其审美的能力和高尚的情操。

第五，促进教育科学理论的发展。前面讲到电化教育改变了教育过程的旧的模式，甚至改变了某些教育原则，它为教育理论提出了新的课题。电化教育（教育技术）已经不仅是一种手段，它的理论已经发展成一门新兴的教育分支学科，这门学科在我国还年轻，但有旺盛的生命力，应该尽快组织队伍，深入研究，以促进电化教育的进一步发展。

二、当前我国发展电化教育的指导思想是什么？

我认为发展电化教育首先要结合国情。从国情出发，当前发展电化教育的方针应该是积极创造条件，普及电化教育，并把普及和提高结合起来。

在教育方面，我国的情况是什么样呢？一是经过几十年的努力，教育有了很大的发展，特别是普通教育学校多，受教育的人数多；二是教育发展不平衡，大城市几乎普及了高中教育，边远地区还没有普及小学教育，有设备条件好、师资强的重点学校，也有设备很差、教师素质差的学校；三是教师水平不齐，大多数教师不了解电化教育，不会使用电教媒体；四是教育经费不足。从这种国情出发，我们一方面要普及常规媒体；另一方面要本着"三个面向"的精神，研究开发新的电教媒体。所谓常规媒体，是指幻灯片投影、录音等。这些媒体容易制作，价格较低，易于教师掌握。有人说，现在录像很普通，许多学校都具备。但是，且不说许多边远地区和多数乡村学校不具备，即使有一台录像机，也很难在全校开展电视教育。因为要使电视媒体参与到教育过程中，不是靠一台录像机就可以解决的，必须在学校建立闭路电视系统，才能便于每个班、每个教师使用，这在我国当前还很难做到。它只能起到辅助教学的作用，集中一个课题，集中一段时间让学生观看电视，而不是每堂课上都能使用。而常规媒体则每节课都可以使用。因此，我主张大力发展常规媒体的电化教育。

当然，我们不能停留在常规媒体上，对先进的媒体要研究，要实验，创造条件加以发展。

三、如何发展电化教育?

发展电化教育除了有正确的方针和必要的经费外，我认为还有几点值得注意。

第一，要提高各级教育行政部门和教师对电化教育的认识。认识到电化教育不是一种辅助教育手段，而是教育过程的革新，它可以提高教育质量，提高教育效果。把开展电化教育当作深入教育改革的重要内容来看待。早在50年前，鲁迅就提出要运用现代化教育手段。他说："用活动电影来教学生，一定比教员的讲义好，将来恐怕要变成这样的。"（《南腔北调集·"连环图画"辩护》）鲁迅早就看到了电化教育发展的前景，今天已成事实，我们更应该重视它。

第二，电化教育的普及在于电化教材。有了教材，才能让教师使用。设计教材、编写教材是当务之急。为了编好教材，我认为，首先要设计好电化教材的纲要，即根据当前国家颁发的教学计划和教学大纲，设计出编制电化教材的纲要。然后根据纲要，分工合作，编制教材。当然，也可以编制几套教材，各有特色。但编制纲要是十分必要的。我认为，现在各地编教材多少有一点盲目性，因为没有对现行教学大纲进行通盘的研究，只是抓到一个主题就编制一种教材。应该像文字教材那样，对现行的教学大纲（当然也可以搞实验大纲）进行通盘研究，哪些内容需要制作电化教材，制作什么样的电化教材，使用什么媒体最合适。将来国家在颁布教学大纲时应该把文字教材的纲要和电化教材的纲要进行通盘研究，制定统一的大纲。这是后话，现在可行的就是根据现有大纲设计一套电化教育纲要，使电化教材有更强的目的性、实用性和系统性。

第三，要编制系统教材、成套教材。电化教育之所以难以普及，除了许多教师不会使用现代化媒体以外，更重要的原因是教材不系统、不成套，使用起来不方便。一门课程只有个别的电化教材，教师觉得既费事费时，又不一定有多大效果，所以平时也就不愿意使用了。如果电化教材是成套的，每节课都可以使用，教师也就会有积极性了。所以，评选优秀电化教材以成套为标准是正确的，这起到了导向作用。

第四，设计、编制电化教材要实行电教技术人员、教师和教育理论工作三者结合，这样大家可以取长补短，互相补充。电化教材是让教师使用的，因此，必须听取第一线教师的意见，哪些教材是重点、是难点，教师心中最有数；哪些教材需要用电教手段，哪些不需要，也是教师最清楚的。不是所有形象的、具体的教育手段都是好的，有些形象的东西可能会喧宾夺主，用了电化教材可能反而会影响学生对主要教材的掌握。因此，使用电教媒体也有个适度的问题，如何才能适度，就要请教第一线教师。

电化教材要符合儿童的年龄特征。儿童与成人不同，低年级的儿童与高年级的青少年不同，因此，不同年级的电化教材要有所不同，不同的教学内容使用的媒体也要求不同。从心理学的角度讲，要培养学生的思维能力，强调科学性的地方，形象要精细；强调想象力、创造性的地方，有的形象就需要粗犷。这就需要请心理学家参加。

电化教材还要符合教育规律的要求，要具有思想性、科学性等，需要懂教育规律的专家参加。

当然，制作电化教材，技术人员是必不可少的。制作电化教材是一项技术性很强的工作，电教技术人员在制作中起着决定作用。如果三方面人员结合起来，那么制作出来的电化教材就会符合教育的要求，就会确实提高教育质量和效果。

第五，组织教师培训。现在许多教师不了解电化教育，不会使用电化教育媒体，因此，有一个教师培训的问题。各地的电教馆应当起到教师培训的作用，这种培训不仅是技术的培训，而且要让教师理解电化教育，认识电化教育在改进教学、促进教育改革中的作用。电教馆还要起中心示范作用，让广大教师亲身体验到电化教育的作用。

第六，要开展电化教育研究。电化教育的理论和实践都需要研究，包括：电化教育作为一门学科，它的对象和方法的研究；电化教育在教育过程中的地位和作用；发展电化教育的方针；电化教育媒体的制作和开发等。

我对电化教育还是一个门外汉，而且时间仓促，未能深思熟虑，发表的意见可能有许多错误，供同志们讨论。

教育技术学和二十一世纪的教育[*]

一、教育面临着严重的挑战

20世纪即将成为历史，21世纪的帷幕正在徐徐升起。世纪之交，各国的政治家、思想家、科学家、教育家无不在回顾过去，展望未来，迎接21世纪的挑战。

20世纪人类在认识自然、利用自然和控制自然方面取得了辉煌的成绩。科学技术得到了空前的发展，使人类社会由工业社会进入信息社会。科学技术的高速发展促进了社会政治、经济及人们思想观念的变革。教育在20世纪科技发展和人类社会进步中起到了不可估量的作用。20世纪在教育上发生了几件大事：一是发达国家普及了中等教育，实现了高等教育的大众化；二是发展中国家由教育的极端落后向普及教育迈进；三是教育观念发生转变，教育内容不断更新，教育手段日益先进，正在酝酿着教育领域内的全面革命。但是，教育制度和模式总是具有相对的凝固性，它的变革是缓慢的，跟不上科技发展和社会形势的变化。教育正面临着种种严重的挑战，表现在以下几个方面。

第一，教育首先面临着科学技术迅猛发展的挑战。科学技术的发展

---

* 原载《电化教育》，1995年第8期，收入本卷时，作者做了删节。

无论是在人才的数量还是质量上都提出了不同于以往的要求。

第二，教育面临着人口增长而引起的教育要求的挑战。人口是制约教育发展的重要因素。世界人口急剧增长是对教育的最大压力。1930年，世界人口为20亿，1975年达40亿，1990年已达52.6亿人。20世纪世界人口翻了两番，而且还在不断地增长。据联合国教科文组织统计，全球人口年增长率约为2%，也就是每年要增长1亿人，到20世纪末要超过60亿。

人口增长直接影响到教育的需求，但是这种需求与一些地区（主要是发展中国家）的经济形势形成了鲜明的反差。越不发达的国家，人口增长越快。尽管许多国家在教育投入上尽了很大努力，但教育经费的增长常常跟不上人口增长的速度。即使在发达国家，人们由于人口流动和人口结构的变化，也感受到了教育需求的压力。旧的正规教育的模式已经不能满足日益增长的教育需求，只有利用先进的教育技术才能较多地满足这种需求。

第三，教育面临着国际竞争的挑战。

第四，教育面临着各种社会问题的挑战。

总之，教育在迎接21世纪到来的时候，面临着一系列问题。教育的出路在哪里？在于改革。

教育需要更新观念，建立全民的全时空的大教育观。所谓全时空的教育，即在时间上要提倡终身教育，从生到死都要学习，要把学校教育纳入终身教育的体系；在空间上要冲破学校的围墙，扩大到家庭、社会各个领域。正像1990年3月世界全民教育会议发布的《世界全民教育宣言》中所提出的，要"满足基本学习需要，即每一个人——无论他是儿童、青年还是成人——都应该能获益于旨在满足其基本学习需要的受教育机会"。

教育需要寻求新的模式。传统的学校教育、正规教育的模式已经不能满足上述基本学习需要。现代科学技术为建立新的教育模式提供了物质基础；信息技术的发展使得远距离教育成为可能；电视录像、交互式多媒体技术使更多人获得了学习的机会。

于是，教育技术学应运而生。它将为21世纪的教育提供新的思路，为改造旧的教育模式、满足人类的基本学习需要、提高教育质量找出一条新路。

二、教育技术与21世纪教育的变革

教育技术学是教育科学群体中的一门新学科，它是以教育学的理论为基础，运用现代科学技术成果和系统科学的观点与方法，探求提高教学效果的技术手段和教学过程优化的理论与方法。教育技术所要解决的问题涉及教育的各个层次，包括教育规划、课程开发、教学设计、教学评价。

如上所述，21世纪教育与社会发展的不协调主要表现为社会对人才的需求与教育所能提供的学习机会之间的差异。解决这一问题首先要进行教育系统与社会之间的总体需求的诊断。即要分析清楚社会对教育提出何种要求，这种要求同教育现有的能力有哪些差距，教育系统为了满足社会的要求，需要在人力、物力、财力等方面增加多少投入。这就要利用教育技术手段对一国一地区的教育发展做出规划，从而实现教育的价值。

21世纪对人才的要求区别于以往任何时期。当代许多学者指出，21世纪人类面临的将是一个既相互竞争又越来越相互依赖的复杂而多变的世界。21世纪要求年青一代具有广阔的胸怀、丰富的知识、聪敏的智慧、开拓的精神、高尚的道德、完善的人格，要在德、智、体诸方面得到充分、自由的发展。经济合作与发展组织的教育研究与革新中心在20世纪80年代末提出未来的人都应掌握三张"教育通行证"：第一张是学术性的，第二张是职业性的，第三张则是证明一个人的事业心和开拓能力的。如果一个人具有学术性的知识和职业的技能，没有事业心和开拓能力，则学术和职业方面的潜力就不能充分地发挥。这种事业心和开拓能力一般是指规划、组织、合作、交流的能力和对社会、对别人、对环境的关心。21世纪人才的基本模式与特点究竟是什么？需要运用教育技术进行教育目标的设计。

要解决教育面临的问题，就必须对现有教育模式进行改造。信息社会的技术发展为解决教育问题提供了物质和技术基础。教育有必要利用这些技术来改造自身。利用远距离教育技术解决时间与地域的限制的教育模式已经在发达国家普及。尤其是近年来卫星通信技术的发展，使学习者可以摆脱学校课堂的时间和地域的限制。采取远距离教育，多媒体教学将极大地扩大教育的范围，极大地满足人们的学习需求。

教育与社会发展的不协调还表现在教育内容落后于科学技术的发展上，科学研究的分化与综合也需要教育在内容上加以革新。科学技术的发展，知识的激增，社会行业的兴衰，使课程改革将成为21个世纪教育改革的核心。要培养具有广泛社会适应能力的人才，就必须把专业和社会行业统一起来。以往的教育把专业划分得过细，一个学科又分为若干专业。而社会发展的趋势则是一个行业需要有多种学科知识，因而一个专业的课程要覆盖多种学科的内容，课程开发作为教育技术的重要领域，将得到深入研究。

21世纪教育技术将得到广泛的应用。技术手段运用到教学过程，必将引起教学领域的革命性的变化。历史上班级授课制的产生改变了过去手工业式的个别教学形式，大大提高了教育效率。但是，无论是个别教学还是集体教学，都没有摆脱教师讲、学生听的局面。在这个过程中，学生的视听觉器官没有被充分利用，学生潜在的能力也没有充分发挥，从而影响到学生对客观世界的认识。教育技术在教学过程中的应用，改变了这种局面。这种变革可以从以下几方面来理解。

第一，它改变了学生在教学过程中认识事物的过程。传统的教学过程是由感知教材、理解教材、巩固知识和运用知识几个环节按顺序连续组成的，教育技术则把感知、理解、巩固、运用融为一体。教育技术有形有声，不仅有较强的直观性，而且能够引导学生直接揭开事物的本质和内在的联系。心理学告诉我们，教学过程中运用的感觉器官越多，它们的作用发挥得越充分，对学习的知识就越容易理解和巩固。而且许多肉眼看不到的宏观世界和微观世界，以及一些事物的运动规律，都可以运用教育技术看到，使学生容易理解和掌握事物的本质，有利于学生思维能力的培养和发展。

第二，它改变了某些教学原则。传统的教学过程强调教学要由近及远、由浅入深、由具体到抽象，教育技术改变了这个顺序。它可以把远方的东西放到学生眼前，把复杂的东西变得简单，把抽象的事物化为具体。它可以把时间和空间放大，又可以把时间和空间缩小。怎样有利于学生的认识，就怎样运用。

第三，它改变了教学内容和教材形式。通过教育技术，教师可以把过去许多不容易理解的新科技内容增加到教学内容中，使教学内容现代化。由教育技术编制的教材软件，把声、像和文字结合起来，增加了教材的艺术感染力。

第四，它改变了教学过程中教师、学生、教材三者之间的关系。教师、学生、教材是教学过程的三个基本要素。它们互相影响，互相作用。历史上各种教育思想或教育流派都对三者的组合和各自的作用有过不同的主张。一派主张在教学过程以教师为中心，另一派则认为应以学生为中心；一派主张以系统的学科教材为中心，另一派则认为应以学生的经验为中心。教育技术在教学过程中的应用，使教学过程的基本要素增加为四个。它改变了从前那种或以教师或以学生为中心，或以教材或以经验为中心的论争，把教师和学生的主动性都调动起来，改变了课程教学的固有模式。教师的角色从单纯地讲授知识者转变为教材设计者，学生从单纯地接受知识转变为自我学习、自我发现。它有利于因材施教，个别教学。总之，教育技术在教学过程中的出现，不能简单地看作一个教育手段的问题、方法的问题。它对教育过程的影响是很深刻的，必将引起教学过程的革命。对这一点，我们应该有足够的认识。

教学评价技术是教育技术的另一个重要组成部分。评价技术包括诊断、分析、测量教学系统的效率和效益。随着信息社会对人才的要求从知识型向知识与能力复合型及人格发展的转变，评价技术有了一系列演变与发展，其典型的表现是由经典的参照标准测量向以知识、能力为基础的项目反应技术方向发展。随着信息技术、多媒体技术引入评价领域，以及信息社会关于人才观念的变化，自适应评价技术将成为一种新的评价方法。这种方法将在正规学校教育、工业培训、军事训练及继续教育中发挥重要作用。

总之，教育技术将在21世纪的教育改革和发展中起重要的作用。要使它沿着正确的方向发展，就要对它进行深入的研究，要把它作为高等学校中的一门科学加以研究。当前，30多所高等师范院校中设有教育技术专业，全国又有7个硕士学位授权点、1个博士学位授权点。几乎所有高校都设有电化教育中心，但是对教育技术学的认识并不一致，对它在教育改革和提高教育质量中的作用认识不足，各个高校的电化教育（科学的称呼是"教育技术"）工作开展得很不平衡。教育技术最重要的作用在于教学设计（包括教学目标设计、教学策略设计、课程与教材设计、教学模式设计），其尚未得到广大教育工作者的认识，因此，有必要大力宣传和引起高度重视。

三、教育技术与教师

教育技术的发展并不能替代教师的作用。教师永远是教育过程中的灵魂。有的教育家认为，为了培养学生的独立思考、独立工作能力，强调学生的自主性、主体性，就要淡化教师的作用。我不认为这是正确的。教师是教育方针的执行者，是教育过程的设计者，是学生心灵的塑造者。为了培养学生的独立思考和独立工作能力，教师固然不能越俎代庖，但需要加强引导和指导。学生的主动性靠谁来激发？靠教师。学生的活动靠谁来设计和组织？靠教师。学生的才能靠谁来发现和扶植？靠教师。学生遇到挫折靠谁来帮助？靠教师。教师的品格、风貌更是学生学习的榜样。因此，不论在什么时代，教师在人才培养中的作用是不可替代的。教师本身素质的高低，就成为教育成败的关键。

教育技术的发展对教师提出了不同于以往的要求。

第一，教师要更新教育观念。首先，教师要具有新的人才观。上面已经说到，21世纪将是高科技、高竞争的时代，对人才的要求显然与过去不同。21世纪要求年青一代具有广阔的胸怀、丰富的知识、聪敏的智慧、开拓的精神、高尚的道德、完善的人格。这一切都不是在书本上可以学到的。传授知识是教育过程中不可缺少的重要环节，它是人才成长的基础，任何时候不能放松。但它只是一个基础，还需在这个基础上发展学生的能力，培养他们高尚的思想品德和符合时代精神的各种优秀品质。教师要认真研究21世纪人才的素质，并对每个学生的发展进行设计。

其次，教师要认识教师角色的转变。以往的教育，教师扮演的是一种家长式的角色。在未来教育中，教师的角色主要表现在教师是设计者、帮助者、品质的示范者等方面。教师是学生的长者，又是朋友，是学生的引路人。

最后，教师要树立大教育观念。教师的眼光不应局限于课堂，而要放眼社会。在当今社会，学生接受信息的渠道已远远不限于课堂，家庭、社会有许许多多信息源，他们在那里获得的信息必然会影响到课堂学习。如果教师的眼光只局限于课堂，就不能有的放矢，因材施教。

第二，教师要不断更新自己的知识和提高自己的能力。教师掌握的知识应该既有一定的宽度又有一定深度。科学的发展正在向既分化又综合的方向发展，科学的这种发展趋势也要求教师掌握的知识既宽广又专深，但教师职前培训的时间是有限的，因此，需要把职前培训和职后继续学习结合起来，不断更新自己的知识，提高业务水平和能力。教师不论教什么专业，都需要提高人文科学的素养。因为人文科学能够帮助人们了解世界，了解自己，了解人对社会的责任心，从而改善自己的文化素养、思想情操和行为风貌。教师的这种素养会潜移默化地影响学生。

第三，教师需要掌握教育技术的理论和操作技能。教育技术在教学过程中的运用必然会改变教学过程的模式，会优化教学过程，较大地提高教学质量。但它的前提条件是教师必须对教育技术有所认识，会操作和运用，并改变旧的教学方法。这种认识和操作运用不只是技巧，而且包括教师的教学观念的变化。如果教师的教学观念不转变，即使有了出色的多媒体软件教材，他也只能把它当作一个简单的教具，作为课堂教学的点缀。我曾经看过一堂课，教师虽然采用了电视录像，但教学方法是旧的，因此，电视录像与普通的挂图没有什么两样，没有真正发挥电视录像的优势。这样使用教育技术无疑是一种浪费。因此，只有教师改变了教学观念，从而改变了教学方法，才能使教育技术发挥优化教学过程的作用。

教育技术在未来教育中将有上述重要意义，高等学校应该重视教育技术学的研究，在整个高等教育中开发教育技术。

卫星电视教育与教育现代化[*]

一、教育现代化及其基本特征

教育现代化是社会现代化的一个组成部分。国民受教育的程度反映了社会现代化的水平。现代教育是现代生产的产物。大工业生产要求劳动者掌握先进的科学技术，于是工业国家实施普及义务教育，并建立了现代教育体系。教育现代化是一个历史过程。随着社会生产力的不断发展，科学技术的日益进步，教育现代化的程度也在不断提高。自21世纪中叶，人类社会迈向信息时代，新的科技革命和生产力对教育提出了更高的要求。

教育现代化具有下列一些特征。

第一，教育的民主化——教育机会均等和教育平等。教育现代化的最重要标志就是受教育者的广泛性和平等性。近40年来，发展中国家正在大力普及基础教育，并且取得了可喜的成绩，而发达国家基本上实现了高等教育的大众化，即高等教育的入学率已达到同龄青年的15%以上。但是，教育民主化的实现遇到种种困难。在发达国家，一方面，高等教育实现了大众化；另一方面，由于贫富悬殊，生活在社会底层的贫

---

* 原载《开放教育研究》，1997年第1期。

苦人民及有色人种仍然受不到良好的教育。在发展中国家，贫穷仍是最大的敌人。由于资金短缺、人口剧增，普及初等教育还十分艰难。要实现教育民主化，除了国家要增加教育投入外，还要利用先进的技术手段，提供更多的学习机会。卫星电视教育就是很好的教育手段，它可以使更多的民众得到教育机会。

第二，教育的终身化——学会生存。教育现代化的重要标志是终身教育思想的确立和终身教育制度的建立。终身教育是学习型社会的反映，科学技术的不断革新及其在生产和社会生活中的应用，知识的暴增，使得一个人在学校学习的知识和技能已经不能满足他一生的需要。只有不断学习，终身学习，他才能确保自己生存，也才能实现自己的不断进步。

第三，教育的多样化——为一切愿意学习的人提供学习机会。要实现终身教育，社会就要为所有公民在他们需要学习的时候提供学习机会，因此，教育结构要多样化。要把学校教育与社会教育、职前教育与职后培训、正规教育与非正规教育、学历教育与非学历教育结合起来。卫星电视教育为终身学习提供了技术基础。

第四，教育的个性化——培养创造性人才。科学技术的发展使世界变得五彩缤纷，社会需要各种各样的人才。科学技术的飞速发展及社会的激烈竞争都需要培养有个性、有创造能力和开拓精神的人才。创造性是个性的核心，要充分发展学生潜在的能力，培养他们的创造性思维能力。近几十年来脑科学和心理学的发展，使人们对人及其成长的认识越来越深刻。受遗传基因的影响，人的先天素质有多种差异；人出生以后就生活在不同的环境里，因此，人的个性是千差万别的。教育只有根据不同的个性，注意他们的兴趣、爱好、特长，并施以不同的教育，才能使他们的智力和体力得到充分的发展。要克服目前教育中存在的划一性、僵化性和封闭性，树立尊重个人、发展个性、培养自我责任意识的观点。卫星电视教育为个别学习、满足不同个体的兴趣和需要提供了便利条件。

第五，教育的国际化——国际交流与合作。教育国际化是教育现代化的重要标志。实际上，现代教育制度就是国际交流的产物，现代教育更是一种国际现象。随着国际交通越来越便捷，信息交流越来越快速，世界变得越来越小，某一国家的某项教育改革会迅速传遍全世界。教育适应国际化社会的需要，关系到国家的生存和发展。教育的国际化表现在人员交流、财力支援、信息交换（包括教育内容和教育思想）、教育机构的国际合作、跨国的教育活动等方面，以此达到互相学习的目的。此外，卫星电视教育可以迅速地传播各国的教育信息。

教育现代化涉及教育的各个领域，包括教育思想的现代化、教育制度的现代化、教育内容的现代化、教育方法和手段的现代化等。它们是互相联系、互相促进的。教育思想的现代化是主导，教育内容的现代化是主体，教育制度、教育方法和手段的现代化则是保证。

一定的教育受一定社会政治、经济、文化的制约，因此，教育思想、制度、内容和方法都是随着社会的变革而变革的。教育思想的现代转变必然要求教育内容更新，要求教育制度、教育方法和教育手段变革；教育方法和教育手段的变革反过来又要求教育思想的变革。

卫星电视教育是现代科学技术发展的产物，同时又是现代社会生产和社会发展的需要，它的应用同时会引起教育思想和教育方法的变革。

二、卫星电视教育在教育现代化进程中的作用

教育技术在教育中的应用必将引教育领域的重大变革，卫星电视教育作为教育技术的一种，在这场变革中起着重要作用。

第一，它有利于扩大教育民主，给更多的人提供学习机会。当前教

育面临着人口增长而引起的教育需求扩大的挑战。人口是制约教育发展的重要因素。世界人口急剧增长是对教育的最大压力。根据联合国教科文组织统计，全球人口年增长率为2%，也就是说每年要增长1亿人，到20世纪末全球人口将超过60亿。人口增长直接影响到教育需求，但这种需求与一些地区（主要是发展中国家）的经济形势形成鲜明的反差。越不发达的国家，人口增长越快。尽管许多国家在教育投入上尽了很大努力，但教育经费的增长常常跟不上人口增长的速度。即使在发达国家，由于人口流动和人口结构的变化，人们也正受到教育需求的压力。旧的正规教育的模式已经不能满足日益增长的教育需求，只有利用先进的教育技术才能较好地满足这种需求。卫星电视教育可以扩大教育范围，不受地区和时间的限制，便于满足这种需求。

第二，卫星电视教育有利于实施终身教育。《中华人民共和国教育法》（1995年通过）第十一条第一款规定："国家适应社会主义市场经济发展和社会进步的需要，推进教育改革，促进各级各类教育协调发展，建立和完善终身教育体系。"第四十一条规定："国家鼓励学校及其他教育机构、社会组织采取措施，为公民接受终身教育创造条件。"卫星电视教育是有力的措施。中国电视教育开始于20世纪60年代，30多年来为国家培养了大批人才。自1986年开通卫星电视以来，电视教育又有了更大的发展。它不仅为在职职工提供学历教育，还为他们提供继续教育。基础教育师资的培训就是其中一个庞大的项目，它为提高教师的专业水平、提高教育质量起到了无可估量的作用。

当前，科学技术加速发展，使新科技知识不断膨胀。如果说人类的科技知识在20世纪中叶每十年增加一倍的话，则现在增加一倍的时间已缩短到3～5年。学校教育已经不可能满足一个人一生的需要，人只有不断学习、终身学习，才能确保自己的生存。卫星电视教育为人们的终身学习提供了可能，人们不仅可以在学校中获得知识，而且可以在家里通过卫星电视获取知识。

第三，卫星电视教育有利于教学改革，提高学校教育质量。卫星电视教育可以为学校教育开辟专门的教育频道，请最有经验的教师进行示范教育，提供给各地学校采用，或做教师的培训内容，或者直接应用于课堂。卫星电视教育还有利于教学内容的改革。它可以把远方的东西放到眼前，把复杂的东西变得简单，把抽象的事物化为具体。1990年在泰国宗滴恩召开的世界全民教育大会上通过的《满足基本学习需要的行动纲领》中提到，要"善于使用教学技术提高基础教育的质量和传授"。该行动纲领指出："使用现代教学技术还能改善基础教育的管理。每个国家都可以根据各自基础教育的需求和资源，定期重新审核当前的和潜在的技术能力。"我国卫星电视教育开通了3个频道，完全可以满足基础教育的需要。

第四，卫星电视教育有利于个别学习。卫星电视教育的特点是不像正规教育那样有课程和课堂的限制，每个人都可以根据自己的需要，选择需要学习的课程收看。如果卫星转播的时间不合适，接受者可以把它录下来，在合适的时间观看。这不仅便于在职职工的学习，而且适合个人不同的爱好和兴趣。

第五，卫星电视教育是培训师资的好形式。我国有800多万名中小学教师，有一部分教师至今还没有达到要求的学历，大部分教师虽然有了相应的学历，但有必要继续学习，不断提高自己的专业水平。这样一支庞大的教师队伍要学习，光靠学校教育是无论如何也不能满足的。卫星电视教育可以弥补学校教育的不足，大面积地进行教师培训。

总之，卫星电视教育是教育现代化中的一个重要环节，它必将促进教育的改革和发展。

三、开展卫星电视教育的必要保障

卫星电视教育是一种先进的教育技术手段。动用好这个技术手段必须有一些保障。

首先，要为卫星电视教育制作好的节目。卫星电视教育是依靠节目来传播知识的，节目的优劣关系到能否达到教育的目的和目标。教育电视节目不同于新闻节目，也不同于艺术节目，它必须具备下列几个特点：第一，符合教育目标的要求。不同的教育目标有不同的要求，例如，为学生制作的节目与为教师培训的节目就不相同。第二，节目内容要具有科学性、知识性，符合学科课程的要求。第三，符合学习者的认识规律。卫星电视教育可能会改变某些学习顺序，但是必须遵循基本的教育原则，如由浅入深、由具体到抽象等，同时，节目要便于学习者的自学。第四，要充分利用电视技术的优势，把节目制作得生动、活泼，声像并茂，不要变成课堂搬家。

其次，要组织好收看，提高收视率。卫星电视教育的一个特点是没有固定的学生（除了电视大学以外），人人都可以收看。但如果缺乏组织，也可能收看的人很少，达不到预期的收视率。电视教育节目不同于一般电视节目，其收看应该作为一种教育活动来组织。除了电视大学等有教育机构、有较完善的学籍管理外，一般的培训需要有一定的组织来保障，提高收视率，真正达到培训的目的。当前最薄弱的环节是缺乏有利于改进课堂教学的教学电视节目，一是数量太少，二是利用率不高，因此，在教师培训节目中除了讲授专业知识外，还应该培训教师如何利用卫星电视节目来提高自己的课堂教学质量，如何组织自己的学生收看卫星电视节目。

最后，建立评估反馈系统。卫星电视教育缺乏学校教育那种刚性的要求，因而更需要评估系统来保障它应有的效果。评估反馈系统还可以使卫星电视教育的管理者了解实际收看的情况和效益，不断改进和完善。

卫星电视教育有扩大教育范围、便于学习者学习等优点，但它是一种昂贵的教育，如果使用不好，管理不善，收视率过低，也会造成严重的教育浪费。这是我们所不希望出现的。因此，加强卫星电视教育的组织和管理是当前的迫切任务。

信息技术与语文教学[*]

信息技术是中性的：利用得好，对语文教学会起到积极的作用；利用得不好，也会有消极影响。我们要预防的消极影响有以下几个方面。

首先，防止滥用信息技术。并非所有的课堂教学都需要运用信息技术。语文课的内容，除了表达某个事件、人物、情景外，往往有深刻的内涵。有些内容需要经过老师的点拨，细细体会，不是用几张图画或卡通就能理解透彻的。特别是阅读课，需要学生多读多想，用心灵去体会它深刻的内涵。

其次，防止形式主义。在教学中运用信息技术，要经过缜密的考虑、科学的设计。关键是要抓住信息技术的优势，用它来优化教学过程。它的优势是在于能够充分调动学生的主动性。但是如果教师的教育思想没有转变，则运用信息技术往往会流于形式。我曾经听过一些课，发现有些教师为了运用多媒体教学，把简单的问题复杂化了，有些教师机械地把电视节目搬到课堂上。这些都说明他们没有真正理解信息技术的用处，也没有转变旧的教育思想。

---

* 原载《中学语文教学》，2002年第11期。

最后，现在还有一些网站，教学生不费脑子就作文。你出什么题目，它就会引导你写出作文来。这对学生的危害很大，不仅不能培养学生作文的能力，反而破坏他们的能力，不是培养人才，而是培养懒汉。我们要坚决抵制。

　　总之，怎样运用信息技术来优化语文教学，需要用科学态度认真研究。

教育对话录

中芬教育各有优势　两国要加强学习互鉴*
——顾明远教授对话哈内娜·涅米教授

2015年5月24日到5月29日，应芬兰坦佩雷大学副校长哈里·梅林（Harri Melin）的邀请，北京师范大学资深教授顾明远先生对芬兰教育进行了为期一周的正式访问考察。参访的学校包括坦佩雷大学、坦佩雷大学附属学校（1~12年级）（即坦佩雷教育培训中心）、Metsäniittyy幼儿园和坦佩雷Tredu职业学校，访问考察涵盖芬兰各级各类教育。在此基础上，北京师范大学芬兰教育中心和坦佩雷大学中国教育研究与交流中心联合发起并策划了一场题为"当东方遇见北方——学习花园之中芬教育大师对话"的活动，邀请赫尔辛基大学原副校长、芬兰资深教育专家哈内娜·涅米（Hannele Niemi）教授在芬兰教育与文化部，围绕中芬教育的文化基础、中芬教育的社会环境、中芬教师的使命与专业发展、中芬教育合作前景等问题展开了长达四小时的"中芬教育大师对话"。下面我们就来看一看两位同样有着一线任教经历，均在各自国家著名大学担任过副校长，并都在近期参观考察了对方国家教育系统的两位教育大师在此次对话中碰撞出了怎样的思想火花。

---

* 原载《比较教育研究》，2015年第9期。

一、芬兰和中国上海在PISA测试中的优异表现有相同的"秘诀"

主持人：芬兰与中国上海在PISA（Programme for International Student Assessment，国际学生评估项目）测试中都有优异的表现，两位教授认为这一优异表现背后的秘诀是什么？

涅米教授：我认为芬兰之所以能在PISA测试中成功，有很多原因。首先，卓越的教育归功于我们卓越的教师队伍。我们非常幸运，芬兰许多优异的学生都想成为老师，他们不仅有卓越的天赋，受高质量的教育，还有发自内心的教育意愿，这就造就了芬兰领先世界的教师队伍。其次，卓越的教育要归功于芬兰的教育理念。芬兰历来重视教育平等，保证每一个孩子都有得到高质量教育的机会。有困难的学生会得到老师和社会更多的支持，真正做到不让一个孩子掉队。最后，重视个性化教育。在芬兰，我们根据每一个学生的特点和兴趣，为他们量身定制适合他们的教育，及时发现和改进薄弱环节。

顾明远教授：非常感谢涅米教授给我们分享有关芬兰PISA成功的原因。我这次对芬兰教育的考察，发现芬兰确实有很多经验值得我们学习。中国上海在PISA测试中也取得了非常好的成绩。当然，上海所取得的成绩不能完全代表所有中国学生的成绩。中国幅员辽阔，各地经济、教育发展很不均衡，上海教育是中国顶级教育的代表。我很赞同涅米教授的分析，教师水平很重要。我国上海教师平均水平高，而且教师们有良好的合作精神。他们成立教研组，共同研究教学创新。同时，上海在行政部门领导下还有教学研究组织，优秀的教育教学专家们会亲临各校指导教学。此外，上海的成功还得益于21世纪我国新一轮的课程改革（简称"课改"）。新一轮课改不但继承了中国优秀教育传统，而且吸收了世界先进的教育理念，强调因材施教，促进学生全面发展和个性发展。我也常常说，给学生提供最适合的教育就是最好的教育。

二、教育的差异折射历史文化传统的差异

主持人：两位教授对中芬PISA的成功原因做了很好的分析，包括教育理念、教师质量等，其中涉及历史和文化的问题。两位能否谈谈中芬两国的历史、文化传统是如何影响两国现有的教育实践和教育体制的？

顾明远教授：教育是文化的一部分，教育必然受到文化的影响。中国有五千年历史，留下了许多可贵的教育传统，如尊师重教，又如对人格修养的重视。孔夫子的教育目标之一，就是让学生成为"君子"，即一个有高尚品德修养的人。但是，传统的文化中也有缺陷。比如，传统的教育强调知识训练和人格修养，但很少关注批判精神和创新思维。所以，我们的新课改特别强调学生个性化发展，以及批判学习能力和自主学习能力的培养。中国社会正处在转型过程中，升学竞争依然激烈，中考、高考等重重考试给学生带来巨大压力，也对批判学习和自主学习能力的培养造成极大干扰。芬兰教育平等、注重学生自由发展的思想正是我们需要学习的经验。

涅米教授：非常开心顾教授从中国的视角展开的中芬历史文化对中芬教育影响的论述。中芬传统有不少相通之处。我们也有尊重学习的悠久传统，在历史上，芬兰曾长期被瑞典和俄国统治。建国后，国内民族运动强烈呼吁建立本民族文化，芬兰需要自己的文明和教育，尤其是国家公务员和教师一定要受到良好教育。当然，芬兰尊崇教育的历史渊源还能追溯到更早。芬兰是路德教占主流的国家，路德教要求每个人都有知识，才能阅读《圣经》，才能有自主思考的能力。对路德教的推崇，使教育和知识在芬兰人心目中的地位甚至比婚姻更重要。今日，芬兰教师高度的专业自主权也得益于这样的历史。我们信任我们的教师，相信

教师能凭自己的专业能力找出适合学生发展的方案，并对此进行有效的指导。

顾明远教授：芬兰重视教育所取得的成果很值得我们借鉴，中国的情况是非常不同的。中国有悠久的历史文化，但是其中有两千多年的封建统治，在这一时期，中国的教育没有得到充分的发展，特别是100多年以前，受到一些西方列强的侵略，中国处于一个半殖民地半封建社会状态。中国本来有很多世界领先的发明、创造，但由于封建的统治和列强的侵略，这些发明创造没有能够传承并发挥作用。特别是第二次世界大战中，日本帝国主义十多年的侵略使中国的教育遭受了很大的破坏。新中国成立以后，才逐渐开始恢复和重建教育。20世纪五六十年代，我们主要进行的是一些政权巩固活动。直到改革开放之后，我们的教育才得到足够的重视，并取得了很大的发展。我们在一个拥有13亿人口的大国，用了15年时间普及了9年义务教育，这个成果是举世瞩目的。但因为中国幅员辽阔，各地区发展不均衡，教育公平和教育质量仍是当今中国教育面临的两大挑战。事实上，真正的现代中国教育只有100多年的历史，因为过去中国实行的是私塾教学，学习的是四书五经。1898年京师大学堂成立，标志着中国现代教育的开端。所以，现代教育在中国的历史很短，我们要走的路还很长。

涅米教授：是的，芬兰教育发展的历程中，也有很多里程碑式的节点。1944年，芬兰建立了7~16岁儿童的综合教育系统。自此以后，芬兰教育朝着更为综合、全面、更多选择的方向发展，教师教育也有很大提升。

顾明远教授：中国教育近年来里程碑式的节点，是中国政府在2010年公布了《国家中长期教育改革和发展规划纲要（2010—2020年）》，强调要提高教育公平和教育质量。到2020年，要基本实现教育现代化，基本形成学习型社会，进入人力资源强国行列。这是一个非常宏大的计划。

三、"教育污染"需要全社会的共同治理

主持人：相比较而言，芬兰学生的学习负担可能要比中国学生的负担轻。请两位教授谈谈对学生学习负担的看法？

顾明远教授：这个问题很复杂，中国的国情与芬兰的国情很不同，芬兰的教育很普及，也很公平。有一些教育中的问题不是教育可以解决的，其中包含很多社会问题。我去年（2014年）春节期间12天没下楼，写了一篇7万字的文章《中国教育路在何方》，谈的就是这个问题。每一个家庭都想让自己的孩子接受优质的教育，以获得优异的生活，这是无可非议的，但当下中国社会存在不同阶层，学校的层级也不同，有优质的，也有薄弱的，所以竞争特别激烈，这是社会问题，不是教育问题。另外，还有教育观念的问题，我们的家长不太愿意让孩子去读职业学校。减轻负担不是一天两天的问题，就像治理空气污染问题一样。过去我们的经济发展只看GDP，不顾环境污染所付出的代价。现在我们的"应试教育"只强调升学率，不顾影响孩子终身发展所付出的代价，我把这种现象称为"教育污染"。"教育污染"的治理和空气污染的治理一样，需要社会共识和各方参与，还有很长的路要走。2014年，国家公布了考试招生制度的改革意见，其中一项很重要的内容就是要引导我们的中学开展多样化的学习，引导学生遵循自己的兴趣爱好来选择未来的专业，将学生平时的综合表现纳入高等教育选拔系统，而不是仅从考试成绩来判定，以削弱学生之间的竞争。

涅米教授：我们相信勤奋学习是必要的，但我们同样想让学习更有趣，有效的学习应该是兴趣加努力。我们同时也强调学生和教师自信心的培养，因此，我们的评价方式以鼓励为主，让学生、教师在没有压力的情况下更好地学与教。我们不想通过标准化测试来判断学生学得怎么样，而是想用这种鼓励的方式促使教师发现学生的学习困难，从而帮助

他们。在芬兰，学习的方式、方法是很灵活的，学制系统里面没有死胡同，即使一个学生在某一个阶段失败了，他还有机会爬起来继续成长。当然，家长有自主选择的权利，但通常来说，家长都不去选择，因为每一所学校都是好的学校。当学生完成中等教育后，可以分流，职业大学与研究型大学并没有价值鸿沟，完全取决于学生的兴趣。而一旦他们觉得自己的选择有偏差，同样有机会从技术型大学转到研究型大学，他们有充分的自由去调整自己的选择。

主持人：两位教授都反复强调当今社会在历史中是有回声的。除了历史和传统因素，当代社会经济全球化也对教育有驱动力。两位教授认为当代社会环境及政策是如何影响两国教育体系的，教育如何平衡历史和当代两种力量之间的张力？

顾明远教授：教育确实是传统和现代的冲突与融合。我经常讲，就教育论教育，是说不清教育问题的。中国的教育正处于这么一个矛盾、冲突的阶段，研究一个国家的教育，必须了解这个国家的传统、文化和社会。中国教育遇到的很多困惑是历史遗留产物。以职业教育为例，中国职业教育没有得到很好的重视，是因为中国的传统是"学而优则仕"，而没有"学而优则工""学而优则农"。家长都不愿把孩子们送到技术学校去，只有学习不好的、考不上普通高中和大学的学生才去这类学校。这就是中国的文化传统对现代教育的挑战。此外，当代经济发展对教育也有挑战。30多年前，中国还是小农经济，还没实现工业化，依然以劳动密集型产业为主，对技术人才的需求不大。但是现在经济正在转型，第二产业、第三产业已经占据了很大比例，我们要从劳动密集型产业转变为知识技术型产业，就非常需要有专业技能和创新能力的人才。因此，职业教育在近年来非常受国家重视。但正如我前面所言，我们现在发展职业教育仍然受到传统观念的干扰，这就是传统与现代的冲突。

涅米教授：芬兰在20世纪50年代是农业国家，20世纪60—70年代成为工业国家，90年代成为高新技术国家。在芬兰的教育体系中，终身学习技能是非常重要的，我们从幼儿就开始关注其终身学习的技能。教师不仅帮助学生学习专业知识，还帮助他们在漫长的人生道路上学习如何去学习各种新的技能。芬兰每十年就有一个大的改革，尤其是综合学校的国家核心课程改革。2014年，芬兰教育与文化部就发布了新的国家核心课程标准，新一轮改革将在2016年实施，内容包括融入"主题式教学"，打通学科壁垒；用"现象教学"（phenomenon based learning）分析现实生活，进一步实现合作学习和个性化学习。但这一标准只是对当地学校起到一定指导作用，我们的学校完全有自主权，可以根据自己的发展战略来选择、调整。

芬兰教育改革的重点之一是"放权"。各地区负责当地教育质量，国家核心课程只是起到宏观指导作用。各地区和学校可以根据当地特色编制当地课程。教师们也有权自主选取教学方式、教材、评价方式、课堂组织形式。比如，一个教室或者一个教师教学，或者两个教师合作教学，这些都是由学校和教师们决定的。当然，这一切自主权都是基于国家核心课程中的基础价值观念，即要保证教育公平和教育质量。

四、要让教师成为一种不可替代的职业

主持人： 正如两位教授所强调的，好的教育离不开教师的质量与培养，下面请两位教授具体谈一谈对教师培养的认识。

顾明远教授： 教育大计，教师为本。要把教育办好，首先要有优秀的教师。教育专业化的问题是20世纪60年代提出来的，联合国教科文组织提出教师是一个专门的职业。1985年，在我们的呼吁下，中国设立了"教师节"，倡导全社会尊师重教。但仅仅靠社会呼吁是不够的，要使教师在社会上真正受尊重，就必须使教师像医生、律师一样，成为不可

替代的职业，因此，1989年，我写了一篇文章——《要使教师成为不可替代的职业》。同样，为了提高教师的专业水平，我在担任全国学位委员会教育学科评议组组长期间，就建议国家设置了教育硕士专业学位。1997年，教育硕士开始招生，到现在，中国已经培养了几万名的教育硕士。从2013年开始，我们国家又设立了教育博士专业学位，为教师的进一步发展提供了新的平台。

以往，中国的师范教育体系是三级体系，即中等师范教育、专科师范教育、本科师范教育。但从20世纪末开始，中国的师范教育体系经历了很大的变化，所有的幼儿园教师和小学教师都要接受高等教育的培养，同时建立了一个教师资格考试证书制度。2013年，国家教育部颁布了幼儿园教师、小学教师、中学教师的专业标准。2014年又颁布了校长专业标准，同时规定每一名教师每五年要重新认证一次教师资格。所以，最近几年的教师培训如火如荼。中国的中小学教师有1 200万人，培训也分国家一级的培训和省一级的培训。1 200万名教师，这个数目非常大，想整体提高他们的教学水平，是一个非常艰巨的任务。特别是农村的教师。农村比较艰苦，很多取得师范学校毕业资格证书的学生不大愿意回到农村当教师。怎么吸引优秀青年到农村当教师，是我们当今面临的一个很大的问题。为了加强农村教师专业化，我们制订了城市教师向农村流动的计划。我觉得就教师专业化的培训来讲，最重要的还是要树立一个正确的教育观念。首先，教师要热爱教育工作，热爱每一个孩子。教育是一个国家的事业，教师拥有重要的责任，当他们意识到这一点的时候，他们才会有动机提高他们的专业水准。教师专业化发展永远是最重要的问题之一。

涅米教授：谢谢顾教授为我们全方位地介绍了中国的教师专业发展。芬兰也具有一些相似性，同时也有一些区别。顾教授提到教师要爱学生、爱教育事业，这一点与我们芬兰有很大的相似性。只有爱教育、爱学生，教师才有积极的动机与责任。

　　20世纪60年代末，芬兰的教师专业学历水平也经历了从中等教育水平提升为大学水平的阶段。现在，所有的教师都必须具备硕士学位。他们在攻读硕士学位的过程中，学校不仅要教授教学法方面的内容，而且对其学术研究能力有一定的要求。学生必须撰写他们的硕士毕业论文，研究的选题也必须具有一定的学术研究价值。在知识型社会，我们的目标是培养每一位教师具备创新能力和批判性思考。同时，我们还要求每一位教师有很强的实际教学能力。当然，除了学术能力和实践能力的要求以外，教师还需具备高尚的职业道德。每一个教师不仅对学生学习知识负责任，而且要对学生的个人成长负责任。尽管我们的教师已经非常满意他们在大学所受过的五年教育经历，但是随着社会的发展进步，他们依然需要进行在职培训，我们也为他们提供了在职培训和继续教育的机会。此外，与中国不同的一点是，芬兰没有教师专业发展资格认证更新制度，地方学校校长就是负责教师专业发展的重要人物。我们始终认为，对教师的支持永远重于对教师的监督。当然，芬兰教师培养也面临着一个新的问题。尽管我们的师范生从大学毕业以后已经拥有比较好的学术背景，但当他们毕业后进入一所学校成为一名新教师时，如何引导他们还是非常重要的。通常，我们会指派一名老教师对新教师进行为期三年的引导，帮助他们很好地进入角色，但如何具体引导也还需深入研究。

　　主持人：教师不断适应新的挑战，其中一大挑战就是信息技术在教育中的应用。关于信息技术在教育中运用的优势，我们已经有很多讨论。特别想请教两位教授，能否谈谈信息技术可能对教育产生哪些负面的影响？

　　涅米教授：一说到信息技术对教育发展的影响，我们通常强调的是它带来的好处，而忽略了它的负面作用。我想，可能的风险包括以下几个方面：第一，因为信息技术发展得很快，我们的教师就必须学会利用信息技术为学生个性化的学习提供资源和学习方式，如果只有电脑而没有良好地运用，这不能算信息技术在教育中的运用。第二，由于信息过于丰富，我们的学生就必须具备一定的媒体素养，在海量的信息里面识别出哪些信息是有意义的，哪些是无用的。第三，信息技术的发展本身应该具备道德感，欺辱、暴力等不良因素会影响学生的学习生活，所以学生、教师都要加强对信息的辨别与处理，共同促进信息技术的良性发展。

顾明远教授：信息技术的发展及其在教育领域的应用是未来教育发展的必然趋势，但中国很多教师还不太能够真正理解信息技术的价值。信息化最大的优势是使教学个性化、网络化及国际化，互通有无。至于负面影响，我想可能有以下几个方面：第一，缺乏人—人的交流，变成人—机的交流。所以，我强调教师利用信息技术的时候要处理好三个关系——器（硬件）、技（软件）、气（人文精神），不管用什么技术，都要贯彻人文精神。第二，信息不等于知识，知识也不等于智慧。现在的信息很多是无用的垃圾信息，年轻人可能没法辨别，我们教师就应该指导学生在信息的海洋里如何选择与处理这些信息。第三，学生可能会迷恋技术，比如，小孩玩电脑游戏、迷恋手机等。

主持人：很抱歉时间有限，最后想请两位教授对今天的讨论进行总结，怎么通过互相学习与合作来提高两国的教育水平、促进教育发展？

涅米教授：今天我们有机会相互学习，从教育的结构、系统和不同层次等角度进行中芬教育的比较。我作为一个大学教授和普通公民，真的希望能够建立一些中芬教育合作研究项目，比如，在环境工程、学生健康等领域，我们应该开展多学科的多方面合作交流，而不仅仅是在高等教育领域。我相信我们有很多方法来促进两国的合作与学习，比如，我们可以加大力度进行联合办学，可以让我们的芬兰学生更加了解中国的教育体系，中国的学生也可以来芬兰，更好地了解芬兰的教育和社会。希望我们今后能够有更多的合作。

顾明远教授： 从今天上午开始到现在的讨论可以看出，中国和芬兰在国情、教育方面有多么不同，但是培养人是有一些共同的规律和观念的，我们需要互相了解、互相学习。我觉得我们今天有了一个很好的开始，开展交流需要一个机构和平台，组织今天对话的坦佩雷大学中国教育研究与交流中心起到了很好的作用。我们北京师范大学也成立了一个芬兰教育研究中心，通过这个平台，今后双方可以更好地促进合作与研究。我来芬兰访问的时间短，有许多问题需要进一步了解，所以我们交流合作的空间非常大，我希望未来可以加强这种交流和合作。

主持人： 谢谢两位教授对中芬教育发展的未来和合作前景的展望。今天两位教授对共同关注的一些教育问题进行了深入交流，通过对话增进了相互间的理解与认识。我们还可以通过顾明远先生的《中国教育的文化基础》、涅米教授的《无边界的教室》等著作，进一步理解两位教育大师的教育思想。

（本次对话主持人为芬兰坦佩雷大学中国教育研究与交流中心副教授蔡瑜琢。文稿由滕珺、毛霁燕、郑灵臆根据对话记录整理，特别感谢赫尔辛基大学博士研究生王岩的全程录像。）

未来的教育：我们如何迈向新的时代*
——顾明远与彼得·圣吉凝聚东西方智慧的跨界对话

跨越过去，展望未来。2015年10月27日，北京师范大学京师学堂京师厅，一场凝聚东西方智慧的跨界对话在这里举行。对话双方分别是中国教育界泰斗、著名教育家、北京师范大学资深教授顾明远先生与世界级管理学大师、学习型组织理论创始人、"2030中国未来乡村学校计划"首席专家、北京师范大学名誉教授彼得·圣吉（Peter Senge）先生。两位大师围绕"未来的教育：我们如何迈向新的时代"这一主题展开深入的思想交流。北京师范大学副校长周作宇教授担任对话主持人。

一、教育经历与心智模式有密切关系

周作宇：两位大师一位来自东方，一位来自西方；一位是1929年教育老兵，一位是1947年的管理新人。在跨越两个世纪的过程中，两位大师各自在美国、在中国，在教育界引领了时代的发展，打造了理论的地基，同时又展开思想的翅膀，迎接未来的广阔空间。所以我们说，今天的对话是一次跨越时空的对话。两位先生从系统、历史的角度相向而

---

* 原载《比较教育研究》，2016年第1期。

行：一位曾经报考上海交通大学的运输管理系，从工程走到了教育；另一位从事管理，并从管理走到了教育。教育在两位大师身上都有深深的烙印。所以，我想请两位大师首先谈谈教育对你们自身发展的影响，在两位大师心智模式的形成中，教育起了什么作用？

顾明远：小学、中学，我都是在我们国家最黑暗的年代度过的，从三年级开始到初中毕业，我们的国家一直遭受着日本侵略军的残酷践踏，之后又是国民党统治的体系。可想而知，当时学校办学条件很差，什么设备都没有，是在黑板上讲实验。但是，我遇到了好的老师，他们给了我很好的教育，对我影响很大。其中有一个老师，20多岁就得了肺病，我们学生都不知道。可这个老师上课时始终神采奕奕，讲课特别生动。她是讲几何的，所以我的几何学得特别好。还有一个音乐老师，也兼任美术老师，我们当时也没有什么乐器，只有口琴，他就给我们组织了口琴队。当时我们的学校非常自由，搞了很多活动。我还是足球队的领队，但是没有参加过比赛，因为同学们嫌我个子矮。我们还有一个曙光文艺社，后来又办报、办杂志。我受的教育是这样的教育。所以，我现在经常讲，学生成长在活动中。

当然，家庭教育也非常重要。我的父亲很早就离去了，但是我的母亲对我的教育让我印象深刻，最主要的是，她的诚心、勤劳、谦虚、替别人着想等很多优良品质对我影响特别大。

彼得·圣吉：这个问题特别好，我以前还没有从这个角度思考过。这让我想到我受教育的经历，它相当于在我心中种下一个很强的价值理念。

我是在洛杉矶长大的，我长大的过程中一直喜欢玩棒球，因为洛杉矶的气候好，所以我从小总是在户外玩。我上的是公立学校。您提到教育对心智模式的影响，我体会到里面有一个很微妙的东西。我们家不是特别贫困，但也不是很富裕，我们根本没有想过要去私立学校，所以在我的潜意识甚至无意识层面，从小就觉得教育应该是面向普通大众的。我接受的是非常主流的教育，大部分在洛杉矶长大的孩子接受的都是我这种教育，这是一个非常好的教育。那时候，我的心中就种下了一颗很强大的价值观的种子，那就是所有的孩子都应该接受到好的教育。其实，我们都会有一些活生生的记忆是关于老师的，有的时候觉得这些老师在你的生命中留下了很深的印记，他们就是你生命中的一部分。

在我上七年级的时候，一个代数老师留给我深刻的印象。他是一个日裔美国人，至今我都能够"看到"他的音容笑貌。他非常喜欢代数，所以如果让我不喜欢代数，这太困难了。其实，一名教师是在教授你是谁、你是什么样的人，而不仅仅是在教授具体的知识。这对我们今天的教育很有启发，因为现在的教育很大部分时间在强调老师如何把教学大纲教给学生。做一个商业领域类比的话，就相当于你要销售一个你不相信的产品，而最好的销售员永远都是那些对他们的产品真正有信念、有信心的人。谈到今天的教育变革，一切都需要先回到如何培养老师成人，老师如何身体力行地体现他对学科的热爱上，这可能是对学生最好的教育。

教育对我心智模式的影响还发生在我上大学和上研究生学习期间。我本科在斯坦福大学工程系，真的非常幸运，我碰到了一些非常好的老师，然后我又考上了麻省理工学院的研究生，遇到了我的一位导师，他就是系统动力学的创始人福瑞斯特先生。他经常说，一个教师应该是一个实验室，你只有通过行动才能学习。这也成为我的一个心智模式，就是：学习是通过心、脑、手共同产生的。我们真正深入理解一个事物来自整合式的理解：一方面，它的确是概念层面的；另一方面，它应该成为你身体反应的一个部分，也就是说你能够做什么，而不仅仅是你能够想到什么。

二、工业时代"流水线"教育下，学生只能"被教育""被学习"

周作宇：在教育的现状中，有一些是值得继续坚守的，还有一些是需要不断改造的，需要改造的就是现在教育中存在的问题和弊端。请两位大师从自己对所在国家教育现状的观察、长期积累的教育智慧出发，点评一下教育现状。

顾明远：教育是文化的一部分，中国的教育与西方的教育有共同的地方，也有很大的差异。共同的地方是培养人，人的成长有一定的规律，培养人也有一定的规律，但是不同的地方有不同的文化背景，所以很难说哪个国家的教育好，哪个国家的教育不好。教育需要借鉴。

就中国来讲，现在教育最根本的问题在于教育观念相对落后、陈旧，培养模式也相对落后。我们还不像彼得·圣吉先生所讲的那样，能够充分认识学生的能力，还没有真正把学生放在学习主体的地位，充分发挥学生的主动性、积极性，也很少注意到学生的差异。我曾经提出，要把学习的选择权还给学生。现在我们的学生往往是"被教育""被学习"。特别是家长让孩子盲目地上各种补习班，孩子并不一定喜欢，所以我特别强调，没有兴趣就没有学习。有兴趣才能把学习积极性调动起来，这是最好的方法。一个人做任何事情，都有一个动机在驱动，有内部动机，也有外部动机。外部动机就是考试的压力，或者父母的压力、奖励，这种外部动机很容易消失。内部动机就是对每门课的兴趣爱好，我们现在的孩子缺少这种兴趣爱好，所以孩子大学报考的专业往往不是自己的志愿，不少孩子进大学以后要转专业。为什么？因为他觉得这个专业并不符合他的要求，这个专业志愿往往是父母的，甚至是爷爷奶奶的，这样不能培养出人才。

从中国的教育来讲，首先要改变教育观念，培养的模式要转变，要让学生动手动脑，在活动里亲身体验学习的愉快、学习的成就。当然，我们现在正在进行改革，也有很多好的经验，也有好的学校、好的校长、好的老师，他们有改变的愿望和热情。

彼得·圣吉：20年前我被邀请做一个发言，邀请我的是耶鲁大学毕业的科莫先生。当时我开始思考工业时代对于现在的教育提供了怎样的大背景，我们人又是怎么学习的。

首先，所有的学习都是在行动中发生的，这是显而易见的。大家想想你怎么学走路、怎么学说话的呢？学走路要先试着走几步，学说话就是从说不清楚开始的。你试着用筷子吃饭，刚开始你没办法把食物送到嘴边。所以，所有学习都是来自行动，可以确定的是，开始学的时候一定会犯错，学习就是一个不断试错的过程。

其次，就是刚才顾教授提出的，没有兴趣就没有学习。学习者要去学习他想学的东西，这是学习的非常重要的第一原则。顾教授也提到，动机是复杂的，我们小的时候来自外在的动力非常重要，我们希望老师、家长喜欢我们。但如果你问一下，我学走路是不是为了让爸爸妈妈高兴，还是说我学走路就是因为我想走？这时候你就能很快区分出内在动机和外在动机有什么不同。

最后，学习是社会化的过程。学习是为了个人的成长与发展，同时学习也有一个更大的关系背景，因为人是在社会关系中学习的。无论在美国还是在中国，在世界不同文化背景下，当我们学走路的时候，家长在做什么？他们有没有尝试去教你走路的知识？家长们是不是很自然地鼓励孩子说"真好""太棒了"？正如顾教授所说，这种关怀的环境、支持的氛围是至关重要的。

这些方面是相关的。学习是一个试错的过程，当然，你需要一个关爱的氛围，因为我们学走路的时候肯定会摔倒，但是我们不想摔倒。关爱和支持的环境非常重要，就在于它支持你、允许你去犯错。当你想到这些，再对照我们工业化时代下的教育体制，你就会觉得非常奇怪。工业化背景下的教育体制里发生的一切教育行为，与我们对于学习的天然理解都是背道而驰的。我们让学生坐在椅子上不能动，老师会不断强调说"静下来，不要乱动"。其实，这个情况下是不可能有学习发生的。另外，如果有人犯了错误，我们就会说这意味着失败。我们在非常微妙地、慢慢地教孩子们谁是聪明的、谁是笨的——"你犯了很多错误，所以你不聪明。"

工业化时代的学校教育，目的根本不是为了学习，而是训练工厂里的工人。十一二岁的孩子上完学，是要去工厂工作的。这个工厂里不需要学习者，需要的是高服从性的工人。如果观察老师和学生之间的互动关系，你会发现工业化时代下的学校中，老师和学生们之间的关系实际上是工厂监工和工人的关系。工厂监工负责流水线的运转，监工主要的工作就是让这个流水线可以运转下去。也就是说，你必须按照时间把你的教学大纲都学完，今天学什么、明天学什么，其实，这就是一个流水线。之所以我们的教育是这样的方式，是因为它背后最初的设计就是这样的。全球范围内，大家都意识到工业化时代下的教育体制、学校不是我们今天需要的学校，所以当顾教授提到现在的教育改革正朝着一个正向的方向时，我感到备受鼓舞。

我还有一点反思，从学校体系出来的学生们已经很长时间不会毕业了就去流水线工作，就算我们到一些大型的制造业企业去工作，现在的流水线跟200年以前的流水线也已经完全不一样了。所以，真正的问题在于为什么200年后的今天还在用这种方式？对于今天的教育者来说，我们的系统为什么如此顽固？我们到底可以做出什么样的改变？

三、中国教育的问题不仅有工业化教育的弊端，还有封建社会文化的遗毒

周作宇：两位大师都有深厚的文化基础。顾先生在20世纪90年代就研究文化和教育的关系，彼得·圣吉先生在十几年前就开始关注中国的文化，特别是和南怀瑾先生有过多次对话。两种文化在碰撞的过程中有很多值得我们进一步探讨的问题，下面请两位大师从社会分层、社会竞争、文化基因等角度，谈谈当前工业化时代的教育弊病及产生的根源。特别是在国际化、经济全球化的背景下，教育的未来可以从哪里找到突破口？

顾明远：这个问题很大，几句话很难说清楚。刚才彼得·圣吉主要谈了工业化教育的弊端，我认为，中国教育的问题可能不光是工业化教育的弊端，还有封建思想的弊端。我经常讲，教育是在一个社会背景下进行的，跟文化有密切的关系，所以教育观念落后也跟我们的社会和文化有关系。就教育论教育，是说不清楚教育问题的，必须从教育的文化背景、政治背景及经济背景来理解。

刚才彼得·圣吉先生说到工业时代的教育十分顽固，200年来都没有变化。过去还有人说过一个笑话，说工业化初期的人死了以后到现在，过了200多年醒来了，一看世界都变了，没有变的就是两个东西，一个是教堂，另一个就是学校。为什么没有变化？就是跟我们的文化传统有关系。文化传统比经济、政治对教育的影响要深刻、长远。

我们国家的教育不仅有工业化的教育，而且有封建的教育。比如，"学而优则仕"，我们从来没讲过"学而优则工""学而优则农"，所以家长都希望孩子们读书做官。当然，这个"官"的概念今天要扩大一些了。因为公务员比较有社会地位、有权力，工作比较稳定，所以每个家庭都在追求。

中国教育中还有中国人的攀比文化影响。为什么现在竞争越来越激烈？现在上大学的机会比起我们那时候应该说是很多了，但是为什么教育竞争还那么激烈？因为大家都想上重点大学，特别是想上清华大学、北京大学。这其中就有攀比文化的因素。我们的大学也是这样。全国的大学都想办成清华大学、北京大学，专科想升本科，本科都想成为世界一流大学，哪有那么多世界一流大学？如果都是世界一流大学的话，也就没有世界一流大学了。这都是攀比文化，好大喜功。我不是贬低中国的文化，中国的传统文化有很多优秀的部分，比如，我们讲天人合一、自强不息，我们讲义、礼，等等，但是传统文化中也有一些落后的、不适合时代的，就像攀比文化。

　　为什么我要研究教育和文化的关系呢？我是研究比较教育的，我发现同样是一个经济发达国家，或者同样是资本主义制度的国家，它们之间也有很大的不同，欧洲大陆的教育和美国的教育有很大的不同。但是像日本和中国，教育有很多相同的地方，中国讲考试第一，日本也是，孩子也上补习班。为什么日本和中国的教育观念有很多相同的地方？包括我国台湾地区及韩国，这里就有一个东方文化圈的文化影响在里面。

　　因此，当我们讲弘扬传统文化时，一定要加上"优秀"两个字。优秀的传统文化可以促进我们教育的现代化，同时，我们也要认识到我们文化里的缺陷，这样才有利于我们现代化的进程。什么叫文化自信？就是我们要有自知之明，知道我们优秀的地方在哪里。不要什么都是西方好，不要虚无主义。我们也要知道我们的弊端在哪里，只看到优点看不到缺点，也不能说是文化自信。我们要自强、自信，同时要用自信来改正我们的缺点。

四、相信孩子的力量，相信教育的力量

周作宇：谢谢顾先生对中国文化持两点论的态度和观点，任何一种文化都有精华和糟粕，有需要发扬光大的地方，也有需要改造和摒弃的地方。中国文化讲"学而优则仕"，这涉及培养人的目标。我们再请彼得·圣吉分享他的教育社会观、教育文化观。

彼得·圣吉：这真的是一个很大的问题，也是一个非常好的问题。刚才顾教授讲的一点，我非常认同，就是教育和文化是密不可分的。在某种意义上，如果我们想去看这个国家、这个地区的文化怎么样，看看这里的教育就知道了。

在这个问题上，我经常会从另一个角度来看，就是我们的文化需要什么样的变化。文化是有很古老的根的，但文化也是鲜活的，是在不断进化的。我有一个美国朋友，他1983—1985年住在上海，他的中文非常流利。2010年，这位朋友再回到上海，他觉得他已经不会讲中文了，因为现在的中文比起20世纪80年代变了很多。所以说，文化是流动的，是不断变化的。就像语言，它也是文化的一个部分。从某种意义上来说，我们可以跳出一步来看，未来我们想怎么生活？我们希望我们的文化有什么样的转变？而这个转变对于我们现在的教育又意味着什么？

可以说，今天推动文化的一个重要力量是商业的力量。大家都能看到，孩子们很快就会觉得教育的终极目标就是让人挣很多钱，然后买房、买车，他们的家长可能希望孩子当官。但是我在观察中发现，还有一种很微妙的东西存在。除了我们可见的商业化带来的表层影响，今天孩子们对这个世界当前的状况是有他们的意识的。这些孩子是第一代真正在这个世界中成长起来的，这在之前是没有发生过的。今天这一代孩子不是在中国长大、在美国长大，而是在全世界长大，所以他们看得到这个世界的种种问题。

过去的十年，我经常做的一件事情就是主持学生对话，让学生共聚一室，他们开始聊，然后我们大人来听。顾教授刚才也提到，教育的主体是学生。我们发现，这个活动对成年人来说很困难，让大人能够真正静下来去听太难了。因为老师的第一反应就是控制，他想主导这个对话过程。所以我们必须有一个规定，就是孩子们坐在里圈，老师坐在外圈，至少一小时不允许老师发言，然后老师们在那儿就坐不下去了。这意味着老师也有学习的空间。

　　我经历的这些孩子们的对话都是在西方，所以我不应该大而化之，但我猜测，在中国也好，在西方也好，其实是差不多的。孩子们总会有一些他们关注的话题，像贫困这个话题。孩子们看到这个世界上有特别富的人，同时又有特别穷的人，他们不理解的是为什么没有人做任何事情来改变。另外，他们也总会提到我们的环境、气候的变化。他们也不知道为什么成年人没有做更多。他们反复提到的一点是，似乎成年人并不是很关心他们的未来。我们可以看到，在这样的世界中成长的孩子，对当今世界的认知是非常高级的，甚至有些比我们老师都要深刻。

　　所以，当我们谈到文化的时候，我们不得不问文化中到底需要哪些改变。我也认同顾教授提到的中国传统文化中非常重要的基石，就是人与自然的和谐。这不仅对中国人很重要，而且对全世界的人都很重要。人与人之间的和谐也如此。没有人能够说他可以使这个文化发生改变，因为文化不是一个独立的机器，可以重新编程。真正能推动文化深层改变的，是我们对问题的深入理解。在某种意义上，能够让我们的理解发生改变、让文化发生改变的力量，往往来源于系统的边缘。

　　在今天的时代背景下，促进文化改变的还有另一个重要的力量，就是孩子。顾教授谈到学生作为教育的主体，这一方面从教学法的角度来看很重要；另一方面，对于我们的文化如何进化也是至关重要的——我们需要聆听孩子们的声音。

顾明远：我非常同意彼得·圣吉先生讲的文化是动态的，我在我的书里也讲文化有它的顽固性、凝固性，同时也有它的时代性。文化是不断变化的，而且我们要不断创造新的文化，尤其要靠我们年青一代。21世纪出生的年轻人和我们过去不一样，他们比较开放、开朗，有创新精神，我相信我们年青一代可以在继承我们优秀传统文化的基础上，创造出一些新的文化。

彼得·圣吉：刚才说我们可以互相提问的时候，就有一个问题跳入我的脑海——我们如何能够更好地共事？这一方面是指我们两个人，如果跟您有这样持续不断共事的机会，我会非常荣幸。另一方面，我们两个国家之间或者说文化之间，如何能建立更好的共识？我觉得孩子们早就准备好了，如果我们能把它编织到经济全球化的环境中，那么意义会很不同。

顾明远：我们这次对话就已经有很多共识了，得到共识就是靠对话。我们最主要的一个共识的基础，就是我们都想培养未来的人。我们的教育都是在为未来社会做准备，所以我们的目标是一致的。在这个一致的过程中，我们通过各种活动来取得共识，得到的共识需要在活动中实现。对学生来说，学生的成长是在活动当中。我们通过多种活动，为了同一个目标，有一个共同的愿景，进行对话和讨论，就可以更好地研究我们教育今后的出路在哪里。同时，我们也相信这个最好的出路还在于现在受教育的这一代人。我们要相信学生们可以自己掌握自己的命运。

当然，我没有否定老师主导的作用，就像刚才彼得·圣吉先生讲的，老师起的作用是提供一些工具。我的理解就是要为每一个学生设计适合他学习的环境——老师是一个设计者。同时，老师要使学生在当前的信息海洋中不迷失方向，这就是说老师要成为一个指导者。学生遇到的困难，我们要相信学生自己能解决，但是有些地方，我们还是要帮助他们。孩子在走路的时候摔倒了，他自己会爬起来，但是有的会受伤，这个时候我们要扶他一把，所以老师也是学生的帮助者。另外，像孔夫子讲的，教学相长，在当今信息海洋、知识爆炸的时代，老师要成为跟学生共同学习的伙伴。我认为当今的老师应该是一个设计者、指导者、帮助者，以及和学生共同学习的伙伴。

五、将学习的选择权还给学生，让年青一代发声

周作宇： 我们这次对话的主题叫"未来的教育：我们如何迈向新的时代"，刚才两位大师的对话也讲到了过去、现在和未来。未来是经济全球化的视野，教师是未来的设计师、帮扶者。当今世界有很多共同的问题，如环境污染、气候升温，等等。过去彼得·圣吉先生也在可持续发展方面投入了巨大的精力。虽然说未来是孩子们的未来，但是成年人也不能不动，也要有所作为。我想请两位大师抒发一下对未来的情怀——对于未来，当前的教育能做什么？

顾明远： 我觉得当今的教育就是把选择权还给孩子。我相信我们的孩子能够解决时代的难题，我们的责任就是让孩子真正发声。我们的教育应该有孩子更多的声音。要做到这一点，整个学校有责任，老师有责任。

倾听学生的声音，并不等于我们就放任自流，什么都不管。老师和学校还有一个指导的作用。另外，我们相信孩子们自己会制定一些规则来控制自己的行为，他们自己进入这样的规则世界，自己会按照这个规则来办事。所以我们要相信他们，并指导他们，引导他们。

周作宇： 顾先生刚才讲的是非常经典的一个概括。他讲到"没有爱就没有教育"时，对爱有一个阐释，说爱是需要信任的，没有真诚就没有信任。对孩子是这样，对成人是这样的；对同族是这样，对其他民族也是这样的，所以信任非常重要。彼得·圣吉先生有一个"1.5个地球"的说法，说我们现在的地球容纳着1.5个地球的人，所以地球是超载的，

那我们未来究竟怎么办？

彼得·圣吉： 对于这个问题，我想结合刚才共创未来的思考来回答。顾教授有很多的论点，刚才周教授也提到了信任的作用，这让我想到二十年前美国和当时的苏联之间的一个共同的项目。那个时候两国之间还是有摩擦的。当时一个企业，有一个很好的想法，就是让美国和苏联的学生进行交流，其中很有意思的是，他们让高官的孩子们参加学生交流计划，让高官的孩子们到另外一个国家去生活。当时我遇到这个项目的创意者，问他是怎么想到这个点子的。他说，很简单，因为我不相信这些高官们知道自己的孩子在另外一个国家的时候，能忍心发射导弹。这就是一个高杠杆策略。八年之后，冷战结束了。

现在我经常在中国和美国之间往返，这样的往返已经十六七年了，今天我还是有很多担忧，有很多恐惧，就是中美都在恐惧着对方。所以我就在想，是不是我们也需要启动这样的项目？让老师、学生这两个群体在中美之间往返和交流，也许可以让高官的孩子们加入这个项目当中。因为孩子们是我们的大使，让我们这个世界更有链接感。我们需要明白这种生物角度上的链接比文化上的链接也许更强，因为我们天然就更关心孩子。所以，可能这是加速我们新时代教育的切入点。如果我们要更好地共同工作，就要一起创造共同工作的机会。

周作宇： 我发现，彼得·圣吉先生回答问题时用了很大的留白，当涉及核心内容时，就给我们留下思想的空间。这可能就是学习型组织的模式——一切都在我们的想象中。刚才他讲到国家和国家之间如何解决信任问题，战争如何消除，答案是需要信任。我们是一，还是多？是你我，还是我们？如果能够跳出各自局部的利益，从人类共同拥有一个地球来考虑，我们就会取得激动人心的结果。

（本文由北京师范大学国际与比较教育研究院滕珺副教授和毛霁燕共同整理。）

从教到学，教师如何应对*

近日，在明远教育书院成立大会上，中国教育学会名誉会长、国家教育咨询委员会委员顾明远教授与日本教育学会原会长佐藤学教授就"从教到学——学校需要哪些改变"进行深入对话。

对话主持人、北京师范大学教育学部高益民教授就学习的主体、本质、特征，如何进行合作学习等问题，请教了两位教育专家。

一、怎样转到以学为中心的研究

高益民：顾老师是我国最早把"终身学习"概念引入中国的学者。顾老师和佐藤老师每月甚至每周都去学校。20世纪80年代，顾老师就开始强调学生的主动发展，您当时是怎么想到这个问题的？

顾明远："文化大革命"结束后，我国恢复了中等师范教育，教育部要我编一本中师教科书。讲到学生这一章时，我想到教育的最终目的是让学生成长，把知识内化为自己的知识，但我们的学生一直是在被动地学，那么学生到底应该处在什么地位？我在这本教科书中就提出，学生是教育的主体。学生不是被动的留声机、相机，可以把老师讲的都

---

* 原载《中国教育报》，2016年11月17日，杨桂青、董鲁皖龙整理。

录下来。学生有主观能动性，老师讲得好，他就记住了；老师讲得不好，他就记不住。感兴趣的，他会用心听讲；不感兴趣的，他可能就不听了。

当然，对此也有很多争论，强调学生的主体地位，那么教师的主导作用在哪里呢？教的作用很重要，但教师一定要启发学生自主学习，让学生有学习的愿望，把所学内化为自己的知识。孔子讲，"不愤不启，不悱不发"。从学习的角度看，学生绝对是主体，通过主动学习而不是靠灌输来获得智慧和能力。

高益民：佐藤老师是怎样以学为中心进行教育研究的？

佐藤学：我经常说，没有国际目光和历史目光的交错，就不可能解决教育的问题。我认为，看待教育问题，要有三种眼：第一种是"蚂蚁的眼"，要看得非常细，小草、小微粒都看得到。教师观察学生怎么学习，就是要观察得非常细。第二种是"蜻蜓的眼"，会从各个角度观察事物。第三种是"鸟的眼"，能够俯瞰大地。看待教育问题时，这三种眼要结合起来，这也是教育问题难以解决的原因。

我对学校开始实际考察，是在36年前的1980年。1980年是一个非常重要的年份。1975年，日本从工业社会向后工业社会转变，初中升高中的升学率达到96%，高中升大学的升学率达到40%。当时，从明治维新开始的高速增长开始停滞了，学校问题涌现出来，一是校园暴力到处呈现，二是离婚率增高，不愿到学校的孩子增多。也就是说，日本上百年教育现代化过程开始破产。

可是这个时代，正是世界上终身学习时代来临的时代。当时，我的研究对象主要是欧美教育，我想到了两个问题：一个是现代教育体系性的解体、破产；另一个是亚洲模式的教育到了转折期。这是我当时把学习当作思考问题核心的原因。教室前面是黑板，黑板前面是课桌，这种课堂模式是工业革命兴起后形成的。19世纪后半期，日本在亚洲最早引入了西方的这种教育模式。随后，亚洲的其他国家也纷纷学习西方。日本以竞争为基础而形成的现代化教育系统，帮助解决了一件事，那就是谁学习好，谁在社会上的地位就高。以这种竞争文化为基础，日本用100年，甚至是50年时间完成了西方用两三百年完成的现代化进程。但到了20世纪七八十年代，这个体系撑不住了。同时，世界和世界教育也在发生变化，比如，原来摆得整整齐齐的课桌椅摆成"U"字形，以前的教育系统是一个教的系统，现在要转变为学的系统。如何改变？这就是当年我的课题。

我先讲到这里。我想请问顾老师，你是怎么想到以学为中心的？

顾明远：20世纪50年代，我在北京师范大学附属中学当教导处副主任。我发现，学校教学如果不把学生放在主要地位，就很难提高教育质量。1980年，我提出以学生为中心，也跟学习西方教育思想有关。当然，我也受到陶行知教育理论的启发。所以，我提倡教师要学一点教育史。杜威等许多教育家，都是主张以儿童为中心的。重新审视"文化大革命"后的教育，我结合自己的教学经验提出：没有爱就没有教育，没有兴趣就没有学习，要把学生放在重要地位。我当时提到，儿童既是教育的客体，又是教育的主体。对学习来讲，学生是主体。

佐藤学：我也有相同的经历。我二十几岁以后当教师，就开始学教育学。我开始学的是维果茨基和列宁夫人克鲁普斯卡娅的教育学著作。那时，他们的作品已经翻译成日语了。我读不懂，就学俄语，用俄语读这些著作。维果茨基说，苏联教育出现了问题，让学生一个人独立学习是不行的。克鲁普斯卡娅参考了杜威的很多思想，所以我读了克鲁普斯卡娅之后又开始学杜威。虽然他们是19世纪的教育学者，但眼光很远大，眼睛始终看着世界。

高益民：佐藤老师去过2 000多所学校，而且是从改造薄弱校开始的。请您谈谈这方面的体会。

佐藤学： 我去改造薄弱校的第一个理由是，如果没有外在保障，那些有学习困难的儿童、贫困的儿童就没有未来。所以，对于他们，一方面要有教育保障体系；另一方面要激发他们的学习热情，以保障未来生活。教育也许不能消灭贫困，但能帮助儿童从贫困中解脱出来。第二个理由是，日本有很多我很尊重的老一辈教师，他们都访问了很多学校。他们的一个方法就是为老师们做报告，但不向老师学习。我想我要向老师学习，不然，教育学不会丰富起来。我所尊重的那些前辈去的都是好学校，是有钱人去的学校。我要去他们没去的另一半学校，在那里产生新的教育理论。

二、中小学生怎样进行有效的合作学习

高益民： 关于学习的本质及特征，各国有很多争论，如学习要不要快乐，学习和快乐能不能统一，为什么这个时代要强调合作学习、自主学习，为什么中小学生要进行探究式学习，等等。教师把考虑好的内容教给学生，不是更快吗？

顾明远： 学习是学生自己的事，愉快也好，刻苦也好，都是学生的事，都应该在学生身上表现出来。三十年前，北京师范大学附属小学等七所学校提倡快乐教育、愉快教育，我很赞成。愉快学习不等于不要学习，大家打打闹闹。所谓愉快，不是老师给学生一块糖，让学生感到愉快，而是让学生获得成功的喜悦，在学习中获得成就感。有了成功的喜悦，学生对学习就有兴趣了，有了兴趣才会刻苦学习。愉快学习和刻苦学习没有矛盾。但当时很多人不同意"愉快学习"的提法。从心理学的角度说，愉快是一种情感，是感情表现；刻苦是一种毅力，是意志表现。有丰富情感，就会有坚强的毅力。布鲁纳说，学习最根本的问题是学生对学习内容本身的兴趣。所以我提出，没有兴趣就没有学习。有了

兴趣，学习就愉快了，刻苦学习后获得成功，更增加了他的愉快。

佐藤学：我到过很多所中国学校，几乎每所学校的墙上都写着要学会学习。这里面包含着两个意思，可以理解为学习是痛苦的，但无论多么痛苦都要坚持。当然，还有一个意思，那就是，学习海洋里有很多宝藏，再苦也要学。

关于什么是学习，学习有什么特点，我读了很多西方的、日本的著作，发现他们都用旅行比喻学习，我就明白了，学习是一种旅行，是从一个已知世界到未知世界的旅行。学习是一种相遇，是对话：与陌生世界、他人相遇，与自己相遇；与新的世界对话，与新的他人对话，与新的自己对话。康德写过一篇文章《什么是学习》，福柯也写过一篇文章《什么是学习》，他们都认为学习是与客观世界的对话，与他者的相遇和对话，与自己的相遇和对话。学习了这些理论，我就形成自己对学习的理解——学习是旅行。

不管东方还是西方，任何学习都需要谦虚，对什么都要虚心。我经常把这两方面当作学习的本质，所以，学习者在学习过程中特别需要相互倾听。只有相互倾听了，才能共同行动。

刚才主持人问，为什么要共同学习。我说，一个人的学习不叫学习，教师必须改变。"学"的繁体字，上面的部首表达文化传承，就像祖先的灵，下面的部首像学习的同伴，两边的部首像教师的手。我上次到山东师范大学，有人说，他们对"学"的繁体字的解释与我不一样。他们认为，学习上面的"爻"，代表的是鞭子。

顾明远：学习需要共同学习，学习是在一定环境下进行的，不能一个人关在屋子里学，学习要有一个共同的环境，学生需要互相启发、讨论，在集体学习中学到谦虚、合作精神。当前的时代已经是一个合作的时代，创造发明都要靠集体。互联网时代，更需要合作学习。

现在，人们对探究式学习、合作学习存在一些误解，实践中没有产生很好的效果。比如，小组讨论，我观察了很多课堂，发现小组讨论也存在一些问题，一个小组里总有几个孩子很积极，但也有一两个一句话也不说。

再如，探究式学习需要学生自己去探究、自己去思索、自己去找资料，不是自己做了练习就是学习了。对"学而时习之"有两种解释：一是学了之后要复习；二是适当的时候复习才有效果。

高益民：还有一些教师提出，学生那么小，怎么合作、怎么探究？探究哪有老师教来得快？

佐藤学：听了顾老师对"学而时习之"的解释，我很有同感。我小时候身体不好，特别害羞，在人面前几乎不能说话。爸妈非常担心我，觉得他们不在了，我就活不下去了，他们就想让我学修表，因为修表不用跟人说话。但现在时代不一样了，完全由自己学习的情况已经不存在了。

十年前，我看到过中国学校的小组学习。这次来中国，小组学习似乎成了浪潮。在小组学习中，不能去确定小组组长，每个人都应该成为学习的主人公。这种学习小组成功的做法是，每一组3~4人。一讨论起来，就会有特别强的人，但还要有能倾听的人。中国小孩善于合作学习，也善于探究，一定要让他们善于探究。要让学生有挑战、有跳跃，只有共同探究的学习，才有快乐。很多表面很快乐的课堂，其实不快乐，因为没有探究活动。

低龄段的学生怎样进行合作学习呢？说实话，当年我也很苦恼。低年级的学生最好是集体学习，或者一对一地两两学习，而且教师要观照全班的学习。这里有两个要点：第一个是桌椅的摆放。大家都知道日本的露天温泉，大家都在里面泡，太舒服了。一年级孩子情绪特别不稳定，要像泡温泉一样，让大家静下来，才能倾听，才能学习。第二个是老师要让学生一对一地学习。我发现，用了这两招，无论在什么学校，都能促进低年段学生的学习。

顾明远：我非常同意佐藤学先生的观点。合作学习要顾及学生的想象力和能力。我和彼得·圣吉对话时，他也强调，学生想象力和能力往往被我们低估了，让学生自己发言，他可以有很多想法。合作学习，不一定人很多，要小班化，教育现代化很重要的一点是小班化。

三、教师需要构建起"同僚性"

高益民：为促进真正学习，学校管理、学校教研怎样改革？学校应该构建什么样的文化？

顾明远：国内外教育界都在讨论，学习是怎么发生的。教师不仅要关心学生课堂上的学习，而且要关心学生的课外生活，这样才能了解学习是凭兴趣发生的还是教师、家长让他学习的。中国亟须改变的就是"被学习""被教育"的状况，解决了这个问题，真正的学习就发生了。

佐藤学：我对中国教育满怀希望。你们想想，我年轻时中国是什么样的？我做梦也想不到，中国经济、教育能发展成现在这样。这十年，我眼睁睁地看着中国教育日新月异地发展。一定要对中国教育充满希望，我对中国教育工作者满怀敬意。

学校要创设一种文化，为骨干教师、年轻教师发挥才能创造条件。教师一个人很难成长，一个人的学习称不上学习，教师成长也是这样，没有一个人的成长是孤立的，教师的共同成长需要构建起一种"同僚性"。中国在创造教师的学习上很有创意，在创造"同僚性"。我去美国，发现每位教师都是孤立的。

希望每位教师都是开放的，不是学习知识和技巧，而是研究孩子，研究什么样的学习是成功的，把孩子的学习当成教研的中心。

面向未来的教育如何定位教师角色与价值*
——顾明远与彼得·圣吉凝聚东西方智慧的再次 跨界对话^①

时隔一年，2016年10月20日，中国教育界泰斗、著名教育家、北京师范大学资深教授顾明远先生与世界级管理学大师、"学习型组织之父"、北京师范大学名誉教授彼得·圣吉（Peter Senge）先生再度聚首北京师范大学，又一次展开凝聚东西方智慧的跨界对话。两位大师围绕"更好的老师、更好的未来：塑造面向21世纪的新教师"这一主题展开了深入的思想交流，共同探讨教师发展与转型的方向、路径等问题。本次对话由北京师范大学高级管理者发展中心执行主任赵实主持。

一、教师要做学生的引路人，教育的终极目的是学习者的成长

赵实：前几天，我们通过"WE教育"^②做了一个小型的网络调查，让

---

* 原载《比较教育研究》，2017年第2期。

① 2015年10月27日，顾明远与彼得·圣吉两位大师在北京师范大学举行首次对话，主题是"未来的教育：我们如何迈向新的时代"。内容详见《比较教育研究》2016年第1期《未来的教育：我们如何迈向新的时代——顾明远与彼得·圣吉凝聚东西方智慧的跨界对话》。

② 北京师范大学继续教育与教师培训学院微信公众号。

网友选出一个词来比喻教师的角色，如"蜡烛""灵魂的工程师"等。从我们收到的300份答复来看，绝大多数教育工作者倾向于用"共同的学习者"比喻教师，而非教育工作者则更多地选择了"引路人"这个选项。请问两位先生，你们又会选择哪个词来描绘你们心中的教师形象呢？

顾明远： 我认为教师是一个引路人。今年（2016年）教师节期间，习近平总书记在北京市八一学校讲话时指出，教师是培养品德的引路人，是学习知识的引路人，是创新思维的引路人，是奉献祖国的引路人。我非常赞同这个观点。在传统教育里，教师是知识的载体和权威。然而，在当今的互联网时代，学生可以通过各种渠道获取知识，师生关系发生了很大的转变。有些人因此认为教师可以下岗了，但我认为教师不会消亡，因为我们依旧需要教师为我们引路。2015年，联合国教科文组织发表的《反思教育：向"全球共同利益"的理念转变？》也提出了类似的观点。

以前我也提出教师应该成为一个设计者，为孩子的学习设计一个最适合他们发展的教育环境。教师也是一个指导者，要指导学生获取有用的信息。现在学生获取信息的途径很多，但有些信息是无用的，甚至是有害的，这就需要教师来指导学生去伪存真。教师又是一个帮助者，学生无论是在学习方面还是在其他方面遇到困难，教师需要为他们提供帮助。此外，教师也是和学生共同学习的伙伴。引路人实际上也包含了设计者、指导者、帮助者、共同学习的伙伴四层寓意。

彼得·圣吉： 在听到顾老的答案之前，我已经把我的答案写下来了，我写的也是"引路人（guide）"。我觉得很有趣，原来我们是如此惊人的一致。透过这个问卷可以看出，我们共同感知到了教师角色的一种转变。教师这个角色在未来肯定依旧非常重要，这毫无疑问。我也非常同意刚才大家提到的这些观点，但我觉得这个问题问的方式有一点小问题。传统的教育是以教师为中心的体系，如果说得更宽泛一点，传统的教育系统是由成年人设计、实施的系统，而孩子们则是受体。因此，我们往往过多地把关注点放在了教师身上，而没有放在学习者和学习者的体验上。学习者是如何评估自己的学习的？我们如何把我们持续的关注点放在学习者身上？如学习者的体验、学习者的热情、学习者如何去学习的过程。所以我想表达的是，我们想要更好地教学，但教学只是手段，而不是目的。真正的目的其实是更好地学习，以及学习者自我学习的能力，也就是成长、进步的能力。传统的教育系统往往强调更好地教学，而实际上我们终极的目的是学习者的成长。

顾明远：我非常同意彼得·圣吉先生的观点。我在1980年曾写过一篇文章《学生是教育的主体》，引起很大的争论。很多学者提出，以学生为主体，那教师放在哪儿？其实，我并不是否定教师的作用，而是像彼得·圣吉先生刚才所言，我们过去主要是把注意力放在教师身上，而很少想到学生自身能力的发挥。以学生为主体，就是说我们的一切教学工作最后要落实到学生身上，要经过学生的自我内化，内化为他们的思想、品德、知识、智慧。所以，当年我提出的这个观点和今天彼得·圣吉先生讲的是一致的。这也不奇怪，这个话题其实很普遍。因为教育的规律是相同的，学生成长的规律是相同的。我们教育的结果都是在学生身上，是要充分发挥学生的潜在能力。在我们上次对话时，彼得·圣吉先生就很强调学生自己的能力，他认为我们往往低估了学生自己的能力。我第一次见到彼得·圣吉先生是在一个国际学校，他当时说学生自己能解决的问题，我们却总是由老师来解决。我认为在这个问题上，我们有着相同的思想。

二、教师作为引路人，不只指导学生获得"已知"，更重要的是教学生探索"未知"

赵实：对于未来的教育，教师最重要的转变应当是什么？

彼得·圣吉：刚才让我用一个词来形容教师，我写了"引路人（guide）"，后来我又思考了一下，这个引路人的意思其实是双重的。一种是我知道答案，我试图把学生引导到我已经知道的这个答案上去。然而，当我写下"引路人（guide）"这个词的时候，其实在我的想象中，它是指我们一起探索一个未知。引路人会比我们更有经验，但并不意味着引路人就必须知道答案。因此，如果让我总结未来教师转变中最深刻的一点，那么我的回答将看似有点悖论，那就是在我不知道的情况下去教。

我如何去教我不知道的东西呢？我想，那就是引导。对于教师而言，他们首先应当摒弃这样一种成见，那就是：作为教师，我必须知道一切答案。作为教师的我们都会有这样一种预期，就是在这个学科领域里自己应该是一名专家。然而，正如刚才顾老所言，由于知识的普及，大家不通过学校和教师就可以获取非常多的知识。那么如何让学生有热情，让学生想去学校呢？他们必须可以在学校和教师那里学到一些网上学不到的东西。他们是去探寻，而不是直接去找某个已知的答案，因为有些问题可能没有答案。而在这个过程中，学生的确需要引路人。我刚才在纸上写下来的"引路人（guide）"应当是这样的意思。

这些说起来容易，但要我们真正放下自己必须知道一切，以及专家这样的角色期待，的确很难。不过，我有幸看到过很多教师发生了这样的转变。有一位教师已经从教十年，可谓专家，而另一位教师刚从教两年，算是初学者。这位年轻教师在与年长教师的交流中说道，当他回到自己的班级里，发现学生们分成了小组，课桌也不再是一排排这样排好时，他感到非常害怕：如果这些学生都自己在小组里讨论，那么他们可能会讨论出一些他也答不上来的问题。那位年长一些的教师则回答，这种恐惧是情理之中的事，但你最终会让学生们来帮你。当你再次因不知道答案而感到不知所措时，其实你可以分享给你的学生，而当你感受到他们对你的支持和帮助时，你的心扉也就敞开了。我认为，当教师做到这一点时，他们将对教育更有热情，他们对自己是教师这样一个角色将产生更大的幸福感。

顾明远： 彼得·圣吉先生讲的这个例子非常有意义。我讲引路人，包括习近平总书记讲的引路人，主要是讲引导方向的问题，而不是具体地让学生怎么学习、怎么做。我听过许多老师的课，老师往往提出问题，让学生按照老师的答案来回答。这不是引路人，是指路人。曾经有一位上海的老教育家给我讲过一个故事。他说，有一次去听一位特级教师的公开课。老师提了问题后，学生很积极地回答，当回答到这位老师认为满意的答案时，老师就不再让学生回答了。但有一个学生依旧举手想回答，这位老师非常"有经验"，走到学生身边把他的手放了下来。然而，这个学生还是要举手，老师不耐烦了，直接把他的手按了下去。结果这个学生还跑到讲台上举手，老师又把他的手按了下去，后来这个学生朝后面做了一个鬼脸。我们过去总是提出问题来，让学生回答出老师满意的答案为止。我觉得这种教学方法就是我们过去常用的，可以说是我们传统教育常用的方法。这种方法不能培养学生的创造性思维和创造性能力。这位老教育家说，评课时很多老师认为这位教师讲得非常好，但是他认为这堂课是最不好的。学生要提问，他提出来的想法与老师不相同，老师应当让大家讨论到底哪个结论是对的，而不是像这样不让学生发言。这不就是抑制了学生的学习积极性吗？下次上课，这个学生可能就不再发言了。

我们传统教育里有很多这样的情况。有一位教师做过一个调查，发现小学低年级的学生提问的次数比五六年级的要多。五六年级的学生为什么反而不提问题了呢？到了中学就更不提问题了，这说明什么？说明我们的教师不是以学生为主体，而是以自己的教学为主体，不需要学生提问。因此，我们现在提倡以学生为本，让学生来发现问题、提出问题、讨论问题，自己来解决问题。刚才彼得·圣吉讲我们老师要有一种这样的心态，就是要把未知的知识教给学生，确实是这样的。

大家都在讲未来教育，未来教育是什么？未来教育是为未来社会培养人，教育的事业就是未来的事业，现在中小学的学生十几年后走向社会。十几年以前我们的孩子是生活在什么样的时代？现在的孩子生活在什么样的时代？当年我们能想到一部手机就可以走遍天下吗？完全无法想象。再过十年，我们的孩子生活在什么时代，我们能预测到吗？我们对未来社会的变革很难预测，但是有一点是可以预测的：科学技术是在不断进步的，我们的思维要不断地跟上这个时代。经济合作与发展组织曾经发表一份报告，提出我们要培养未来公民不定式的思维方式，就是说遇到不同的情况，我们不能有一种定式的思维方式。彼得·圣吉先生讲教师要学会把不知道的东西教给学生，让学生去探索，这才是我们未来教育的一种方向。

三、标准不等于标准化，个性化不等于个别化

赵实：我们过去是标准化的教育模式，未来可能更加量体裁衣。然而，规模化和定制化之间是存在冲突的，我们应当如何平衡二者？

彼得·圣吉：这是一个很复杂的问题。平衡不是静态的。我站着的时候实际上是在不断地平衡中，是一个进行时，而不是说我就是平衡的。接下来我讲的跟英文用语习惯有关，我不知道在中文里会怎么理解。在英文当中，"标准（standard）"和"标准化（standardization）"是两个具有不同含义的词。比如，当我们说我们希望学生可以达到一个什么样的状态或者什么样的结果时，这就是一个标准。这些标准是广泛适用的。我们希望所有的学生都能够达到这样的标准。然而，标准化在英文里更多的是强调通过统一的步骤、流程，使所有人最后都变成一

样。比如，生产这个麦克风的厂商有一个标准化的生产流程，因此，这两个麦克风看起来一模一样。但是在我看来，这对于教育而言是一种灾难，因为我们不想要被教成完全一样的学生，而是想让他们成为本来的样子。我认为，所有教育最根本的一个原则就是让每个人都独一无二。因此，我们可以有一个普遍的标准，希望我们的学生具备一些共同的素养，达成一些共同的目标，但我们不应通过标准化的流程让他们说一样的话、做一样的事、变成一个样子。

关于个性化或者定制化，其实我也有些疑惑。在美国，个性化有可能是说让每个学生都得到他们想得到的。这听上去有点像营销理念，其实是想说让每个人来学校上学都能学到自己想学的。作为教师，我们需要一个标准，但我们要顾及每个学生的特质。毫无疑问，这需要教师在每一个学生身上投入更多的时间，这些时间从何而来呢？这是在实践中会遇到的很现实的问题。就我的观察而言，能做到这一点的教师往往会在传授标准化课程上少耗时间，而拿节约出来的时间去关注每一个学生。

顾明远：虽然标准是要有的，但是这个标准也未必就不可变动。现在我们提倡课程的多元化，提倡减少必修课，增加选修课，就是说这个标准可以不同。个性化不等于个别化，个性化主要是适合每一个孩子的心理、生理特点，充分发挥他们的潜在能力。我们知道儿童生下来是不同的，天资不同，身体基础不同，家庭环境不同，所处的城市也不同，所以我们在教学过程中一定要考虑这种不同。个性化并不等于个别化，并不等于量体裁衣，这是两个概念。现在是互联网时代，我们都在提倡个人的学习。其实，个人的学习也不能离开集体的学习。《反思教育：向"全球共同利益"的理念转变？》也提到，学习既是集体的事情，也是个人的事情，学习不可能是一个人孤立地关在屋子里学习。我曾看到过一个报道，说有一个孩子被关起来读经，读了十年的经，连汉字都不会写。这种学习是不可取的。学习还是要在集体中学习，要和同伴进行共同探讨。所以我认为，个性化不能绝对化，不是个别化。

现在我们对个性化的学习有一些误解。我们要培养学生的创新思维和创新精神，但要注意的是，创新不能靠个人的臆想，而是在和同伴交流、学习过程中形成的。现在我们也需要培养学生的团队精神，通过团队合作来创新。如今的科学技术发展已经不是一个单独的学科能够支撑起来的，是要多种学科综合发力，所以需要团队。我们现在"天宫二号"上天了，有多少人在为它服务？这里面也有标准，但是每个人自身是不同的。所以什么叫标准化，什么叫个性化，我认为要有一个正确的认识。老师要让全班学生达到国家的课程标准，这是正确的。但是有些学生语言天赋很好，那老师也可以给他提供更多的资源，提出更高的要求。有些学生可能在语言方面能力相对就比较弱，老师帮助他达到基本标准就可以了。老师掌握好这个度至关重要。

四、教师要善于合作，勤于反思，坚持学习

赵实：面向未来转型，两位先生有没有什么建议给教师？他们如何为未来做准备？

彼得·圣吉：有些教师在职业生涯中之所以能够不断精进，往往是因为他们有一个非常好的同伴学习网络。比如，你在教学方法上有一些新的尝试但没有成功，当你有这些小小的挫败时，需要有同伴去听你倾诉，和你交流。因此，我们发现，那些能够持续创新的学校往往都存在着正式的或非正式的教师间合作网络，而这在很多时候取决于校长是否能够创建这样一种空间和氛围，让教师们去合作和对话。我们称之为反思空间。

顾明远：面对未来的挑战，我觉得第一就是要反思自己的教学。我

经常提四条教育信条：没有爱就没教育；没有兴趣就没有学习；教师育人在细微处；学生成长在活动中。我也是小学教师出身，到现在已经有68年的时间了。我在北京师范大学附属中学当了4年教师，到北京师范大学第二附属中学当了3年校长。我经常说，这几句话都是从失败中提炼出来的教训，并不是我的经验。面对未来，教师要不断反思自己的教育行为，想想我的教育对孩子的成长是不是有好处，还是误人子弟。

一名好的教师，首先是有激情的教师，热爱教育工作，看到学生就有这种激情。此外，当教师要有一定的悟性，还要有一点童心。那怎么能有悟性和童心呢？答案就是不断学习，提高自身的文化修养。我们的继续教育学院每年都有"国培计划"（即"中小学教师国家级培训计划"）。过去是培训怎么应付考试，怎么让学生提高考试成绩，我觉得培训计划应该宽广一点，首先要读读历史，知道过去，想想现在，然后再谈未来。鲁迅讲读书有两种：一种是为了搞好自己的专业；另一种是为了自己的兴趣，提高自己的素养。我认为这两种都需要。我们需要不断学习本学科专业，因为现在学科发展很快。我过去学俄语，现在听不懂了，因为产生了很多新词汇，缺乏学习。即便我们的汉语，现在很多的网络语言，我也不会，也需要不断学习。跟学生沟通，你不会网络语言可不行。除了本学科的知识，我觉得为了提高自己的修养，教师也要学习其他学科的知识。我经常讲数学教师应该学点文学、美学、艺术，教文科的教师也应该看一些科普读物。不要求精，但不能一无所知。我是学文的，但我也很关心科学技术的发展。读一点书后，真正提高了自己的修养，提高了修养就会有悟性，就会悟出一些道理来，从而改进我们的工作。面对未来，我认为唯一的办法就是学习，不断地学习，终身地学习。

五、充分信任教师，放手让教师自己去创造

赵实：我们教师是身处一个教育系统之中的，其中包括政府、社区、校长、家长等要素。为了促进教师的转型，大的系统应当做怎样的变革与调整？

顾明远：首先，我们的师范教育需要改革，要接地气，要多联系实践。其次，我们要真正形成尊重教师、信任教师、依靠教师的社会风尚。我觉得现在我们的社会还没有真正形成这种风尚。我们的家长对教师不是很信任，有些领导对教师也不是很尊重，不是很信任。2015年5月，我访问了芬兰，他们的教育水平很高，最大的特点就是教师受到社会尊重。他们教师的工资跟别的职业相比也不算高，但芬兰人愿意当教师。坦佩雷大学的教师专业招生是从10个里面选1个。因为芬兰是个高福利国家，社会比较安定，人们在物质上没有什么太大的追求，但追求精神生活。而当教师对于他们而言，是一种精神生活，能受到社会尊重，得到社会信任。因此，我还有一个建议，就是我们要放手培养教师的自信心、自尊心，放手让教师去干。几年前我曾在《光明日报》上发表过一篇文章，借用《道德经》的思想，呼吁"不言之教"。教育局局长无为，学校才能有为；校长无为，教师才能有为。所谓无为，不是说什么都不要做，而是不要过多地去限制教师。芬兰校长也讲他们充分信任教师，让教师充分自由地教学，不是限制教师要这样教那样教，而是放手让教师自己去创造。比如，教师培训应当以教师为主，让教师自己来选择，而不要把培训变成被培训。现在有些教师就是为了完成培训的任务不得不去听课，因为他们对于培训内容没有什么兴趣。

彼得·圣吉：顾教授刚才提到芬兰教育，那我也谈谈芬兰。芬兰是一个小国，无论跟中国相比还是跟美国相比，都有很大差异。我们跟芬兰有一个教育实践合作项目，有20年了。借助这20年的合作，我也有机

会深入了解他们在教育创新方面的一些做法。这个机构叫作团队学院（Team Academy），旨在培养想从商的学生。这个机构像是一个商学院、管理学院，但是没有一名教师。这个学院是让三四名学生组成一个团队，通过亲身创业来学习创业。然而，这里的学生有一个广纳全国商界精英的导师数据库（mentor database）。当学生在创业过程中面临某个特定问题时，可以通过这个数据库向相应领域的商人求教。比如，团队建设方面存在困难，他们就可以找相应的导师来指导他们怎么样更好地打造团队。他们是通过从事真实的管理活动学习管理，通过从事真实的营销活动学习营销，通过打造真实的团队学习创建团队。4年学习时间结束之后，他们也需要通过考试，并且获得学历，但是他们在这4年接受的训练并不是为了这场考试，而是为了学习他们工作中真正需要的那些技能和知识。这是一种创新性的、颠覆性的模式。或许那些商学院的教授们会对此嗤之以鼻，因为这个学院压根就没有教师。然而，这个模式实际上非常成功，在芬兰得到了很好的推广，而且在世界各地都有很多分支。

为什么这种模式会成功？作为教育工作者的我们可以从中得到什么启示呢？第一，这所学院看似没有教师，其实有很多教师，比如，刚才提到的那些带领这些年轻人一起创业的商人们，此外，还有很多的教练（coacher），有的属于全职，有的则是来自全国各地的志愿者。第二，这里的学生不是在课堂中学习，而是在真实的场景中学习他们想要学习的东西。第三，这个模式很好地实现了个人学习和集体学习之间的平衡。因为他们是团队学院，旨在培养团队企业家（team entrepreneur），他们是通过团队合作而获得成功的。

这个例子其实启示我们，首先，每个人都能成为教师，也都能成为学习者。团队学院面向的是20~25岁的青年人。那对于7~8岁的孩子而言，我们又应当如何让家长、社会共同参与到学校这个社群中来呢？我们如何共同参与孩子的教育呢？我们现在的教育是比较孤立的，学校就是学校，跟社区是分割的。其次，我们应当思考如何在做中学，如何在真实的场景中学习真正感兴趣的东西。对于8岁的孩子而言，他们真正关心的是什么？我们作为教育工作者可以做些什么来帮助他们解决这些问题？我们又如何帮助他们相互合作？最后，无论是学习还是教育，目的都要指向促进社会的不断进步。孩子也关心这个世界，他们也想为改善家人的福祉而做出自己的贡献。因此，我认为学校应当成为一个我们共同改善我们所处世界的家园。这并不意味着要抛弃数学、科学、阅读、写作这些课程，而是要让学生在真正有意义和兴趣的场景中学习这些内容。

（文稿由北京师范大学国际与比较教育研究院丁瑞常根据对话记录整理。）

图书在版编目(CIP)数据

顾明远文集/顾明远著. —北京：北京师范大学出版社，
2018.10
ISBN 978-7-303-23976-4

Ⅰ．①顾… Ⅱ．①顾… Ⅲ．①教育理论-理论研究-中国-现
代-文集 Ⅳ．①G52-53

中国版本图书馆CIP数据核字（2018）第176353号

营　销　中　心　电　话　　010-58805072 58807651
北师大出版社高等教育与学术著作分社　　http://xueda.bnup.com

GUMINGYUAN WENJI

出版发行：北京师范大学出版社　www.bnup.com
　　　　　北京市海淀区新街口外大街19号
　　　　　邮政编码：100875
印　　刷：北京盛通印刷股份有限公司
经　　销：全国新华书店
开　　本：710mm×1000mm　1/16
印　　张：23.25
字　　数：299千字
版　　次：2018年10月第1版
印　　次：2018年10月第1次印刷
定　　价：1980.00元（全12册）

策划编辑：陈红艳　　　　　　责任编辑：周　鹏
美术编辑：李向昕　　　　　　装帧设计：王齐云　李向昕
责任校对：段立超　陈　民　　责任印制：马　洁

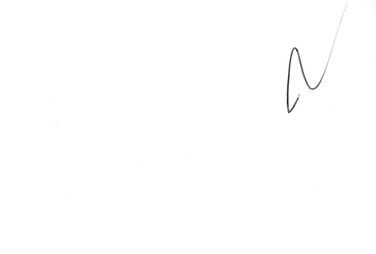